ネグレクトされた子どもへの支援

理解と対応のハンドブック

編著　安部計彦
　　　加藤曜子
　　　三上邦彦

明石書店

ネグレクトされた子どもへの支援◆目次

序章　今なぜ「ネグレクト」なのか　09

1　ネグレクト対応の歴史　09
2　ネグレクトの「発見」　10
3　子ども虐待の呼び名と分類　12
4　ネグレクト支援の変遷　13
5　ネグレクト対応の困難さの構造的な課題　14
6　本書の構成　16

第1部　理論編

第1章　ネグレクト対応の現状　21

1　各機関のネグレクトへの対応状況　21

（1）児童相談所での対応／（2）市町村における推移／（3）死亡検証報告からみるネグレクト／（4）各種調査にみるネグレクトの状態／（5）ネグレクトの対応機関／（6）支援の実態と課題／（7）今後に向けて

2　死亡事例からみえるネグレクトの実態　30

（1）ネグレクトによる死亡事例の特徴／（2）支援者らとの関係／（3）今後に向けての取り組み

第2章　ネグレクトの諸相　41

1　年齢による子どもの状態や家族状況の変化　41

（1）紹介資料／（2）年齢分布／（3）家族構成／（4）家庭状況の変化／（5）子どもの状態／（6）子どもの年齢と親子の状態

2　ネグレクトと貧困の関係　48

（1）属　性／（2）子どもの状態と貧困率／（3）家庭状況と貧困率／（4）要因の重複／（5）貧困との重複

3　ネグレクトと世代間連鎖　57

（1）子ども虐待と世代間連鎖／（2）ネグレクトの世代間連鎖／（3）世代間連鎖への支援／（4）世代間連鎖を防ぐために

4　ネグレクトにおける病院未受診　65

（1）医療ネグレクト／（2）病院未受診の割合／（3）健診未受診の関係する家庭状況／（4）貧困と病院未受診／（5）知的障害（疑）、世代間連鎖と病院未受診／（6）子どもの状態と病院未受診

5　ネグレクト事例における援助拒否と引きこもり（孤立）　73

（1）先行研究の少なさ／（2）現状はどうなっているのか

第3章　海外における定義の変遷と発生率　85

1　海外の先行研究から　85

（1）ネグレクトの原義／（2）ネグレクトの定義に関する議論／（3）ネグレクト定義の法的側面／（4）定義の困難さ／（5）養育者要因からの定義／（6）子どもの側からの規定／（7）ネグレクトの下位分類／（8）分析の視点／（9）アセスメントスケール／（10）WHOの定義

2　全米虐待発生率調査　93

（1）全国虐待発生調査の背景と目的／（2）NIS-4の設計と方法

3　NIS-4にみられるアメリカのネグレクト状況　98

（1）被害基準による発生率／（2）ネグレクトの推定値

第4章　ネグレクトのアセスメント　103

1　ネグレクト支援のための多軸診断　103

（1）子ども虐待のリスクアセスメント／（2）ネグレクトに特化したアセスメントの必要性／（3）ネグレクト支援に必要なアセスメント項目／（4）ネグレクト支援のための多軸診断の必要性

2 ネグレクトアセスメントの先行的な取り組み──アメリカのガイドラインから　110

(1) ネグレクトをアセスメントする意義／(2) ネグレクトアセスメントのガイドライン

3 子どもネグレクトアセスメントスケール（NASC – R）　117

(1) 基本的考え方／(2) 診断システムの操作法

第5章　子どもへの影響と心理的治療・支援　127

1 ネグレクトが子どもに与える影響　127

(1) 精神医学的問題／(2) 行動上の問題／(3) 知的・認知的発達の問題／(4) 調査研究によるネグレクト児の特徴から

2 ネグレクト児への心理治療と心理的支援　132

(1) 生活の中での支援／(2) 心理治療の実際／(3) ネグレクト児のプレイセラピーで大切なこと

第2部　実践編

第6章　ネグレクトの支援類型　141

1 多岐にわたるネグレクトの支援機関　141

2 支援対象のレベル　142

(1) 一般的な予防レベル／(2) 予防的な支援レベル／(3) 要支援レベル／(4) 要保護レベル

3 親のストレングス（プラス面）　146

4 支援サービス　146

5 個別ケース検討会議の重要性　147

6 子どもの年齢別にみた支援のポイント　150

(1) 乳児／(2) 幼児／(3) 学齢児／(4) 中学生／(5) ネグレクト状態の特定妊婦（中学生、高校生、無所属の未成年）

第7章　市区町村における支援　157

1　関係機関のネットワークで支援する　157

（1）市区町村における虐待対応と要保護児童対策地域協議会／（2）枚方市の虐待対応と要保護児童対策地域協議会

2　事例でみる支援の実際　159

3　支援からみえるさまざまな課題　167

（1）長期化するケースとは／（2）市区町村だからこそできる支援

第8章　児童相談所における支援　173

1　児童相談所の支援の流れ　173

2　支援の実態　174

3　ネグレクトを潜在化させず顕在化させる仕組み　176

（1）市区町村における子ども家庭相談／（2）市区町村調査から明らかになったこと／（3）3つの視点を考慮した取り組み

4　横須賀市児童相談所の取り組みからいえること　178

5　市区町村の連携による在宅支援の可能性　180

（1）市区町村の意識変化への期待／（2）具体的な専門性の習得

6　在宅志向の支援と市区町村との連携事例　181

7　児童相談所が市区町村といっしょに取り組む効果　190

第9章　保健師による支援　193

1　保健師が支援するネグレクト　193

2　ネグレクトの発見・把握　194

3　保健師の支援の基本　195

（1）養育者、親とパートナーシップを築く／（2）健康問題をアセスメントし、支援する／（3）家庭訪問し、その家の育児、生活に合わせて支援する／（4）虐待の程度を予測しながら支援する／（5）各種のサービスを活用して支援を行う

4　事例でみる支援の実際　197

第10章　学校における支援　203

1　学校ではどのようにネグレクトにかかわっているか　203

（1）チームとしての学校／（2）学校現場での子ども虐待へのかかわり／（3）子どものネグレクトとスクールソーシャルワーク／（4）学校に登校させないという権利侵害

2　事例でみる支援の実際　207

第11章　児童養護施設における支援　215

1　児童養護施設とは　215
2　シオン園の概要　216
3　入所者の特徴　216
4　ネグレクトの意味　217
5　ネグレクトに至る家族の特徴　218
6　事例でみる支援の実際　222

第12章　情緒障害児短期治療施設における支援　229

1　情緒障害児短期治療施設とは　229
2　大村椿の森学園の概要　230
3　事例でみる支援の実際　232

第13章　病院における支援　241

1　病院だからこそできるかかわり　241
2　済生会福岡総合病院の概要　242
3　ネグレクトに関連する診療科：産婦人科、小児科の特徴　243

（1）周産期の子育て支援における産婦人科の特徴／（2）周産期の子育て支援における小児科の特徴

4　事例でみる支援の実際　245

第14章　保育所における支援　251

　1　保育所とは　251
　2　保育所保育指針による虐待対応の考え方　252
　3　医療機関と保育園（幼稚園・学校）連携マニュアル　255
　4　事例でみる支援の実際　257

第15章　児童自立支援施設における支援　267

　1　非行と虐待　267
　2　児童自立支援施設とネグレクト　268
　　（1）児童自立支援施設とは／（2）本学園で出会うネグレクト事例の特徴
　3　事例でみる支援の実際　269
　4　退園後の地域における支援体制構築の必要性　280

第16章　母子生活支援施設における支援　283

　1　母子生活支援施設とは　283
　2　施設で出会うネグレクトの特徴　285
　3　事例でみる支援の実際　286

第17章　民間支援団体における支援　293

　1　ストリート・プロジェクトとは　293
　2　ストプロの特徴　295
　3　ストプロにやってくる子どもたち　300

　　おわりに　307

序　章

今なぜ「ネグレクト」なのか

安部計彦（西南学院大学）

1　ネグレクト対応の歴史

　子どもが不潔であったり、食事が十分でないなどのネグレクト状態は以前からみられた。そのため、あまりにも悲惨な状態で放置できない場合は保護の対象となっていた。現在の児童福祉法が1947（昭和22）年に制定されたのも、当時の戦災孤児への対策が一つのきっかけであった。

　その対応に当たっていた児童相談所では現在で言うネグレクト事例を、子どもを家庭で養育が困難になった場合の「養育相談」として受理し、ネグレクト状態が顕著である場合は子どもを一時保護し、親権者を説得して同意に基づく施設入所を行っていた。しかし保護者があくまで施設入所に反対した場合に、家庭裁判所に申し立てて施設入所の承諾を得るような取り組みは、制度としては当時から整備されていたが、その権限の発動はほとんど行われていなかった。

　例えば、最高裁判所の資料（2003）によれば、全国の児童相談所が児童福祉法第28条第1項で審判請求した件数は、1989（平成元）年から5年間で年平均20.2件、子ども虐待問題が徐々に社会的な注目を集め始めた1994（平成6）年からの5年間でも、年平均が49.2件であった。この数はネグレクトだけでなく、すべての子ども虐待の合計である。

　このように保護者がいるにもかかわらず子どもが不適切な状態に置かれていることが「子ども虐待」であるという認識は、児童福祉関係者の間でも、戦後長い間、ほとんど持たれていなかった。例えば市川（1989）は家庭が崩

壊する中で放置され非行に走った事例について、児童相談所の対応が不十分で子どもの人権が守れなかったのではないかと振り返っているが、掲載された場所は「被虐待児童への支援」を特集した場所ではない。

ただこのような認識は徐々に変化し、当時の厚生省が児童相談所で対応した子ども虐待の件数を初めて統計として公表した 1990（平成 2）年では全国で 1101 件であったが、その後、子ども虐待の対応件数は増加の一途をたどり、直近の 2015 年度では速報値（厚生労働省 2016）で 10 万件を突破した。これは 25 年で 100 倍という増え方である。

この 25 年間で大きな転換点の一つは、2000（平成 12）年の児童虐待の防止等に関する法律（以下、本書においては「児童虐待防止法」とする。なお戦前の児童虐待防止法と区別する必要がある場合には、その旨を明記する）の制定であった。ここで虐待の定義と分類が正式に定められ、また国や国民の対応の責務が明確になった。

転換点の二つ目は、それまで子どもの福祉を担う機関としての児童相談所が行っていた子ども家庭相談が 2005（平成 17）年から市町村業務になり、それに合わせて虐待通告先に市町村が加わったことである。それは子どもや家庭の身近な場所で、相談や支援を行うことが目的であった。同時に地方公共団体に要保護児童対策地域協議会が設置できるようになり、地域の関係機関が要保護児童や要支援児童、特定妊婦などの情報を共有し、役割分担による支援を行う仕組みが整った。

2　ネグレクトの「発見」

ところで、いつからネグレクトに注目が集まるようになったのであろうか。保坂（2004）の研究をみると、当時の厚生省編纂で全国の児童相談所等にのみに配布された「児童相談事例集」では、「環境不遇児」や「養育不良家庭」「多問題家庭」などのタイトルで事例報告はみられるがネグレクトの文字はない。また 1999 年から 2000 年までの 2 年間の「虐待」関連の国内文献 165 件（母子保健情報 2000）をみても、「虐待とネグレクト」という対語や

虐待発見のきっかけとして「食べ物への執着がつよい、教材費を持ってこない」などの表記はみられるが、文献のタイトルにネグレクトの用語はみられない。

　その後、児童虐待防止法制定によりネグレクトの定義は定められたが、ネグレクトも他の種類の分類と統合された「児童虐待」や「子ども虐待」「虐待」という用語で研究や対応策の検討が行われ、「環境不遇児」などの言い方はみられなくなる。また厚生労働省が児童相談所や市区町村子ども家庭相談対応職員向けに通知として出している虐待対応マニュアル「子ども虐待対応の手引き」（厚生労働省2013）に掲載されるアセスメントシートも4つの虐待種に共通したものが使用され、主に子どもの危険度が判断の中心である。また日本での子ども虐待対応の実務者や研究者が一堂に集まる日本子ども虐待防止学会の学術誌のタイトルが「子どもの虐待とネグレクト」であるように、「子ども虐待」と「ネグレクト」の両者を併記した用語で子ども虐待を呼ぶことも多くなった。

　ところで日本語の研究論文検索サイトであるCiNiiで「ネグレクト」を検索すると、1998年に初めて支援対象としての「ネグレクト」がタイトルで登場する。

　また子どもの生命の直接結びつく可能性の高い医療ネグレクトについては、柳川（2000）など、かなり早い時期から注目され、厚生労働省も通知（厚生労働省2012）を出して、医療機関と児童相談所との連携や対応について手順を提示している。

　しかし施設入所や分離ではなく、在宅でのネグレクトが支援の中心課題となったのは、2005（平成17）年に市町村が子ども虐待対応機関として登場してからである。この点については厚生労働省の子ども虐待の基礎資料である福祉行政報告例からも推察される。例えば市町村に関する初めてのデータである2007（平成19）年度に市町村が対応した子ども虐待ケース4万9895件のうちネグレクトは2万2148件で、全体の44.4％を占め、虐待種類の中で一番多い。この市町村が対応した子ども虐待の種類別割合でネグレクトが一番多いのは、現在まで続く傾向である。

　また2016（平成28）年の児童福祉法改正に伴い、市区町村でのすべての子どもに対する子育て支援の強化がさらに求められるようになり、その中で適

切な子育てに不安や心配のある家庭への要保護児童対策地域協議会を活用した支援が求められるようになった。

このように子ども虐待事例への在宅支援が求められるようになって以降、ネグレクト事例への支援の必要性が求められるようになったと思われる。

3　子ども虐待の呼び名と分類

ところで日本では子どもに対する虐待行為はすべて「子ども虐待」や「児童虐待」と呼ばれる。一方英語では、"Abuse and Neglect"と呼ばれることが多く、ネグレクトと他の虐待を区別して検討することが多い。その結果日本では、子ども虐待に関するアセスメントは危険度を中心に状態を判断するため、「直ちに子どもが危険というわけではないので、ネグレクトは児童相談所としては対応できない」という発言もみられるようになった。

そこで筆者は、子ども虐待に関係する名称や分類を表1-0-1のように整理した。児童福祉法の中でも「虐待」をAbuseの意味で使っている部分もあるが、養育者からの加害行為であるAbuseと、養育者から適切な養育が行われていないネグレクトは分けて考える必要があると思われる。

なおアメリカ（NIS-4）ではネグレクトを3つに分類しているが、第3章で詳しく解説しているので参考にされたい。またマルトリートメントは、欧米ではAbuseとネグレクトを包括した概念であるが、日本では高橋ら（1996）が、虐待とまでは言えないが支援が必要な状態を「マルトリートメント」と呼ぶように提唱し、今でもその意味で使われている場合もある。しかし現代では「要支援児童」が要保護児童対策地域協議会の支援対象になったこともあり、高橋らの意味でマルトリートメントは使わない方が関係者の混乱を減らすと思われる。

表1－0－1　子ども虐待の呼び名と分類

大分類	中分類	小分類	NIS-4の分類
子ども虐待 ├児童虐待 ├マルトリートメント └Abuse and Neglect	Abuse 虐待	身体的虐待 性的虐待 心理的虐待	身体的虐待 性的虐待 心理的虐待
	ネグレクト	ネグレクト	身体的ネグレクト 教育ネグレクト 情緒的ネグレクト

4　ネグレクト支援の変遷

　ネグレクト状態の子どもに対しては、過去から支援は行われていた。
　例えば母子保健ではずいぶん長い間、妊婦・乳幼児健診等で発見された「ハイリスク母子」やグレーゾーンへの支援を続けてきた。このハイリスクの内容はさまざまであるが、養育不良のネグレクトも含まれていたと思われる。当時世田谷区の保健師であった德永（2000）は、育児不安群と虐待傾向群の早期発見と、家庭訪問などを主にした継続的な支援の重要性を強調している。また教育においては生徒指導や同和教育の中で、子ども自身の「問題行動」の背後にある家庭の抱える課題への取り組みがなされていた。例えば早乙女（1978）は、父親の暴力と母親のネグレクトを背景とした非行児に対し、クラスの力で取り組んだ事例を紹介している。
　このように、個々の事例に対して家族課題に注目し、担当者個人やその属する組織で対応する方法であった。
　しかし2005（平成17）年以降、特定妊婦などを含め、ネグレクト事例への保健、福祉、教育、地域などで支援のネットワークを構築し、組織的な対応が行われるようになった。つまり個人プレーでネグレクト事例に対応していた時代から、組織プレーとしてチームでネグレクト家庭への支援が行われるようになったのが最近のことである。
　それでも発見されたネグレクト事例に対応するという現状は変わらない。ネグレクトのある家庭は、以前は「多問題家族」と呼ばれていたように多く

の困難を抱えていることが多い。そのためネグレクトの背後にある家庭課題に取り組む必要があるが、その対応は現状では十分ではないと思われる。

　幸いなことに2013（平成25）年に子どもの貧困対策の推進に関する法律や生活困窮者自立支援法などが成立した。実際には、市区町村や都道府県、政令指定都市では、子ども家庭相談と担当部署が違うところが多いため、十分な連携が取られていないと聞く。しかしネグレクトの背景に生活困窮があり、その解決によりネグレクトの改善が図られる事例も多いと思われる。

　つまり今後のネグレクト支援対策は、子ども家庭相談を担当する福祉部門や母子保健を中心とした子育て支援に加え、保護者への就労支援や生活困難者への寄り添い型支援、精神保健、子どもへの学習支援など、多面的な支援を行うことで、ネグレクトの発生予防につなげていく必要があるだろう。要保護児童対策地域協議会の調整機関に専門職配置が求められたのも、支援ネットワークを強化する必要性からだと思われる。今後のネグレクト支援は、今まで以上に家族の状態のアセスメントを行い、多方面からの支援ネットワークを構築する必要性がある。

5　ネグレクト対応の困難さの構造的な課題

　以上のように、現在の日本で在宅でのネグレクト事例への支援が注目されて日が浅く、経験の蓄積も多くない。そのためここで、ネグレクト支援の困難さをまとめてみる。

　①ネグレクトの範囲の不明確さ
　現場では、極端な状態で誰がみてもひどいネグレクトについては判断がわかれることはない。しかし状態が極端にひどくなかったり、保護者の体調等に波がある場合に、どこまでをネグレクトと考え、どこまで支援するか、というネグレクトの定義や範囲に関する疑問は大きい。事例ごとに子どもの年齢や周囲の支援状態も違い明確な線引きは困難と思われるが、この範囲の明確な基準を求める声は大きい。

②家庭が抱える多くの課題
　ネグレクト事例の多くは、さまざまな家庭的な困難さを抱えている。そのため、例えば、子どもの不潔や家で食事がない、夜間保護者不在、病院に連れて行かない、子どもだけを家に放置して保護者が出かける、などさまざまな事象に対して個別に対応しても根本的な解決にならず、解消されなかった要因が別のネグレクト状態を出現させる状況が続く。

③改善しないことへの怒り
　その結果、支援者側に保護者の改善に向けての意欲や具体的な成果のなさへの怒りが発生しやすく、保護者に対しての皮肉や強い改善要求につながる。一方、その怒りの感情にさらされた保護者は支援者との関係を遮断する行動に出やすい。そうなれば、せっかくサービスを提供しようとしても受け取られなくなってしまう。例えば食事が不十分である家庭に家事支援のヘルパーが入って母親に食事作りの指導をしようとしても、数回で断られる例は多い。このような事態が、ますますネグレクト状態の改善を難しくしている。

④支援の期限
　さらに家庭支援によりネグレクト状態の改善が図られたとしても、多くの場合は、その支援が終了すると元のネグレクト状態に戻ることが推察されるため、支援が永遠に必要となる事態も想定される。すると支援者が「いつまで支援を行えばいいか」という疑問を持ち、市区町村職員も、公行政の基本である「サービスの公平性、平等性」の原則に抵触するのではないかというジレンマを抱える。また制度上の制約からサービスを一定期間で停止せざるを得ず、その結果、今まで支援をしてきた家庭が、再度ネグレクト状態に戻ってしまう事態も生じてしまう。

⑤分離要求
　加えて、状態の変わらない家庭状況に対する保護者への怒りが、「このままの状態より施設入所した方が子どもの幸せ」と判断して子どもの分離を求める心情を生み、さらには権限があるにもかかわらず一時保護をしない児童相談所への怒りに転嫁する事態も多くみられる。それに対して、親子の分離

は民法に規定された親権の制限に当たるため、職権による分離に慎重な態度の児童相談所との意見の相違を生む。その結果、本来であれば支援者として協力し合う必要性が高い関係機関同士が、感情的に相手を非難する事態も起きている。

　以上のように、子ども自身が不適切な養育を受けていると同時に、その支援がうまくいかず、さらに支援者同士が協力し合うのが難しいのがネグレクト支援である。そしてネグレクト支援の困難さは、上記のように構造的な課題を抱えている。

　本書は、このようなネグレクト支援の困難さの構造的な課題を少しでも明らかにし、適切な支援方法をいくらかでも進める一助となることを祈念して編纂した。

6　本書の構成

　本書は、筆者に加え、加藤曜子氏と三上邦彦氏の3者で編集を担当している。加藤氏は市区町村でのネグレクト支援に関する研究を行い（加藤 2013）、三上氏は早い時期からネグレクトのアセスメントシートを提唱（三上 2004）し海外の動向にも詳しいなど、お二人とも日本におけるネグレクト研究の第一人者である。そして加藤氏の研究に私と三上氏が加わったことがこの本が成立したきっかけである。

　この編集者3人で得意分野を分担したことに加え、ネグレクトされた子どもへの心理治療で博士論文を書かれた坪井裕子氏に、ネグレクトされた子どもの心理的な影響と心理治療について特別に執筆をお願いした。

　3人の編集者の共通の目的は、ネグレクトの実態や概念を明らかにし、適切な支援方法の確立を図ることである。そのため本書の後半は、ネグレクトへの支援にさまざまな場面で直接かかわる現場の方々に、その施設や機関で出会うネグレクト事例や支援方法の特徴を概括していただくと同時に、事例を挙げて具体的な支援状況について記載していただいた。

　もちろん事例については個人を特定できる情報を削除や変更して、個人

情報の保護に配慮している。

　以上のような構成を持つ本書であるが、各章や節はそれぞれ独立した内容である。そのため読者の方は、気になる部分から読んでいただいてかまわない。

参考文献
保坂亨ほか（2004）「虐待の援助法に関する文献研究（第1報：1970年代まで）」『平成15年度研究報告書』子どもの虹研修情報研修センター
市川寿一（1989）「ある家庭崩壊児のあゆみ、児童相談事例集（21）」厚生省児童家庭局監修
加藤曜子（2013）『要保護児童・ネグレクト家庭における支援類型化の試み（主任研究者　加藤曜子）』（文部科学省科学研究費補助金研究成果総括報告書）
厚生省（1969－1998）『児童相談事例集（1~30）』日本児童福祉協会
厚生労働省「福祉行政報告例」http://www.mhlw.go.jp/toukei/list/38-1.html（2016・8・14）
厚生労働省（2012）「医療ネグレクトにより児童の生命・身体に重大な影響がある場合の対応について（雇児総発0309第2号）平成24年3月9日　厚生労働省雇用均等・児童家庭局総務課長
厚生労働省（2013）「子ども虐待対応の手引きの改正について（雇児総発823第1号）」平成25年8月23日、厚生労働省雇用均等・児童家庭局総務課長
厚生労働省（2016）「平成28年度全国児童福祉主管課長・児童相談所長会議資料」http://www.mhlw.go.jp/stf/seisakunitsuite/bunya/0000132785.html（2016・8・16）
日本子ども家庭総合研究所（2000）「文献情報『虐待』関連の所蔵国内文献（1999－2000年165件）」、『母子保健情報』42、恩賜財団母子愛育会
三上邦彦ほか（2004）「ネグレクトのアセスメントスケール作成の試み」日本子どもの虐待防止研究会『子どもの虐待とネグレクト』6（1）、70-77
最高裁判所事務総局家庭局（2003）「児童福祉法28条事件の動向と事件処理の実情（平成13年11月20日から平成14年11月19日まで）」http://www.courts.go.jp/vcms_lf/20514002.pdf（2016・8・16）
早乙女裕（1978）「非行から立ち直った少年」能重真作ほか編『続非行』民衆社
髙橋重宏、庄司順一、中谷茂一他（1996）「子どもへの不適切な関わり（マルトリートメント）のアセスメント基準とその社会的対応に関する研究（2）――新たなフレームワークの提示とビネット調査を中心に」『日本総合愛育研究所紀』32、87-106
徳永雅子（2000）「特集・虐待をめぐって　第一線レポート　保健師」『母子保健情報』42、恩賜財団母子愛育会
坪井裕子（2007）「ネグレクトされた子どものプレイセラピー」『名古屋大学大学院教育発達科学研究科紀要　心理発達科学』49、318-319
柳川敏彦ほか（2000）「分科会報告　メディカルネグレクトの対応について」『子どもの虐待とネグレクト』2（1）、101-110

part1

第1部

理論編

chapter1　ネグレクト対応の現状
chapter2　ネグレクトの諸相
chapter3　海外における定義の変遷と発生率
chapter4　ネグレクトのアセスメント
chapter5　子どもへの影響と心理的治療・支援

第1章

ネグレクト対応の現状

加藤曜子（流通科学大学）

1　各機関のネグレクトへの対応状況

　ネグレクトは一見、身体的な虐待のように緊急性が高いようにはみえないため見過ごされやすい。しかし場合によっては、脱水症状や栄養障害で餓死に至るほどの重度になる事例もあり、早期に発見対応していくことが重要とされる。
　次に述べるように2000年の児童虐待防止法の成立以後、児童相談所などでの虐待の対応件数は増加しているのに比して、ネグレクトも増えている。

(1) 児童相談所での対応

①対応件数

　全国の児童相談所での子ども虐待対応とその種別ごとの件数の推移を2000年の児童虐待防止法成立前後からみると、図1－1－1のようになる。
　虐待対応件数は毎年増加しており、1990年には1010件、1998年には6828件（登校禁止の104件は除く）であったが、2000年の児童虐待防止法成立後は急増し、2014年度は8万件を超えている（なお、2015年度の速報値では10万3260件となっている）。ここでは2014年度の内容を以下で紹介する。

②虐待種別ごとの割合

　ネグレクトが子ども虐待全体に占める割合は、2000年度は35.6％であったが2014年度は25.2％と減少している。しかしネグレクトの件数の増加傾

図1−1−1 児童相談所における子ども虐待対応件数の推移

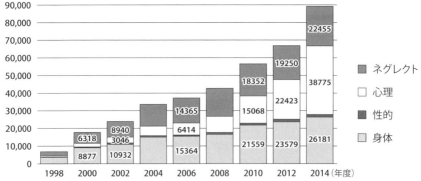

出典：厚生労働省福祉行政報告より作成

図1−1−2 子ども虐待に占めるネグレクトの割合

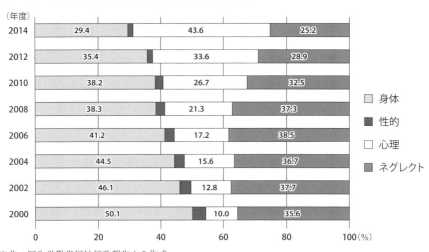

出典：厚生労働省福祉行政報告より作成

向は続いている（図1−1−2）。種別割合の変化は、心理的虐待の増加が主な要因と考えられる。

図1-1-3 ネグレクトの年齢階層の割合

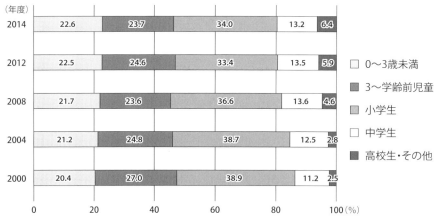

出典：厚生労働省福祉行政報告より作成

③年齢の分布

児童相談所が対応した事例の年齢割合（図1-1-3）は、3歳以上小学生までが若干減少し、その他の割合が若干増えている。きょうだい数が多いこともあるが、身体的虐待とは異なり、ネグレクトはどの年齢層にも出現していることが特徴である。このことからネグレクト状態が慢性化しているのではないかと推察される。

（2）市町村における推移

①対応件数

市町村における子ども虐待対応件数は図1-1-4のとおりで、対応件数は児童相談所と同様に増加傾向にある。

ただ我が国では統計の取り方が一定していない、つまり児童相談所での対応件数と市区町村での対応件数の重なりがどの程度か都道府県（政令市）によって異なる。そのため、両者を合計した数がその都道府県（政令市）の子ども虐待の件数ではない。それが正確な子ども虐待の総数の把握を困難にしている。

図1-1-4 児童相談所と市区町村の対応件数の推移

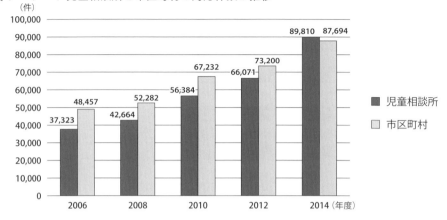

出典：厚生労働省福祉行政報告より作成

図1-1-5 市町村が対応した子ども虐待の種類別割合

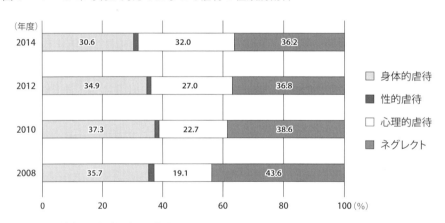

出典：厚生労働省福祉行政報告より作成

②種別ごとの割合

　市区町村が対応した子ども虐待の種類別の割合の推移が図1-1-5である。児童相談所同様に心理的虐待の割合が増えているが、ネグレクトの割合がいちばん多いのが特徴である。このことは、ネグレクトの在宅支援を主に

市区町村が担当していることとも関係していると推察される。

なお市区町村の担当するネグレクトの子どもの年齢別割合は公表されていないため、児童相談所とは比較はできない。

(3) 死亡検証報告からみるネグレクト

日本における子ども虐待による死亡事例の検証は、国（厚生労働省）の責任として現在までに12回にわたって行われている。その対象は、厚生労働省がマスコミ報道等で把握し、また都道府県等から報告があったものである。

第12次までの総計（厚生労働省2016）でみると、心中以外の虐待死事例では身体的虐待が圧倒的に多いが、ネグレクトも34.1％を占める。またネグレクト事例の子どもの年齢分布は、12次報告で、3歳未満が15名中12名の80％、3歳以上が2名、不明1名であった。またネグレクトによる死亡の原因は、遺棄が66.7％で最も多く、ついで「家に残したまま外出する、車中に置き去りにするなど、健康・安全への配慮を怠る」であった。死亡以前に確認されたネグレクトの内容は「家に残したまま外出する、車中に置き去りにするなど、健康・安全への配慮を怠る」「祖父母、きょうだい、保護者の交際相手などによる虐待を見過ごす」「医療ネグレクト」であった。

ネグレクトは「直ちに生命にかかわらない」として軽度と見られがちであるが、このようにネグレクトによって子どもが死に至る場合もあることは忘れてはならない。

(4) 各種調査にみるネグレクトの状態

①子どもの状態

三上（2012）によれば、市区町村が対応したネグレクト事例のタイプでは、保護監督ネグレクトが最も多く、また筆者（加藤2016）の特定妊婦調査においては保護監督ネグレクト、情緒的ネグレクトの割合が高かった。

海外の研究（Horwath 2007）でも、ネグレクトは子どもからみると、保護監督ができていない、栄養が足りていない、日常的なニーズが十分に与えられず、情緒的に満たされていない、あるいは医療ケアが十分にできていない、教育的ケアが十分でないなどに分けることができる。

②家庭状況

筆者（加藤 2012）の調査では、市区町村が在宅で支援している事例でネグレクトと関連していた背景要因としては以下の項目があった。そしてそれらの項目が重なった形で出現していた。
- 家族や経済問題が継続している
- 生活環境が悪い
- 育児能力・家事能力に乏しい（親の障害や病気に起因する場合もある）
- 子どもを守る人がいない
- 虐待自覚・問題意識に乏しい
- 親の養育知識が低い
- ひとり親

③特定妊婦

筆者は特定妊婦として市区町村が支援した10代の事例のうちネグレクトが疑われる事例について調査（加藤 2016）をしたが、望まない妊娠と経済的困窮、心身の問題が他の虐待タイプに比べると関連性が高かった。また年齢が上がるにつれ、情緒的な問題が高くなり、親が十分に子どもの気持ちに応えられないことからくる愛着の問題が尾を引いていると考えられた。

④サービス利用

筆者（加藤 2014）の調査では、ネグレクト事例の保護者には、生活保護、ショートステイ、医療機関連携が1年間以内に支援されていた。また、子どもを対象にした支援では、保育所入所が一番高率であった。早期の対応では、子どもに対する学校や保育での支援、家族には家庭訪問や早期の親プログラム、地域をベースにした親グループや子育て支援サポーターなどが有効という結果であった。

一方、支援が入っても養育環境が整わないままである、親の育児動機が低い状態で、親の精神疾患が治療されない、アルコール問題、放置が頻回であるなど、子どもの成長発達面から危険な事態に発展する場合には、施設利用（社会的養護）の決定がなされていた。

⑤社会的養護利用

　2013年2月における社会的養護の実態調査（厚生労働省2015a）における被虐待児の割合は、児童養護施設で59.5％、ファミリーホームで55.4％、乳児院で35.5％、里親委託児で31.1％であり、その内訳でネグレクトは、児童養護で63.7％、ファミリーホームで63.6％、乳児院で73.9％、里親委託児で68.5％となっている。

　このことは、著者らがかつて行った子ども虐待の再発要因の研究（加藤2007）でも、いったん措置解除されて自宅に帰った後にネグレクトが再発し、施設に再入所している率は高かったことに関係していると思われる。

（5）ネグレクトの対応機関

　児童相談所での2000年以前のネグレクトへの対応は、養護相談として施設措置となる事例でのかかわりにほぼ限られ、在宅のネグレクト事例に関わる歴史は、そう長くはない。一方、市区町村では、福祉事務所で生活保護を中心とした養育困難事例を家庭児童相談室が担当してきた歴史はあるが、ネグレクトという視点は少なかった。また2005年以前は子ども家庭相談は児童相談所の業務とされており、ネグレクトとしての観点で相談援助をしていたわけではない。

　このように市区町村も児童相談所も、ネグレクトへの対応経験の積み重ねは長いわけではない。

　それでも現在ではネグレクトが重度で、一時保護が必要とアセスメントされる場合には、児童相談所が主たる機関としてマネジメントを行っている。さらに社会的養護の利用が必要な場合には、主たる担当機関として児童相談所が中心になり、児童福祉施設をも射程にいれた活動を展開している。

　今後の課題は、ネグレクト状態としては中軽度で在宅の場合に、児童相談所が主に担当するネグレクト事例と、市区町村が担当するネグレクト事例を、どのように役割分担をしていくかということである。要保護児童対策地域協議会で協議し、支援していくことが重要になってくる。

(6) 支援の実態と課題

①予後

ブリジットら（Brigid et al. 2011）が言うように、ネグレクトは短期に終結するのは多くなく、長期のかかわりが必要となる。つまり在宅におけるネグレクト事例は、なかなか終結ができない。

そのためヒックスら（Hicks et al. 2010）が言うように、ネグレクトが慢性的に継続する場合には、子どもは不登校や非行などの行動化に至る。よって、予防と早期対応が重要である点はみなに理解されつつある。また多機関間で連携していく必要性も主張されてきている。

②子どものケア

子どもの傷つき度は外部から把握しづらく、治療的なかかわりや、学校における教員のかかわりがどの程度に必要なのかという点についても、今後さらにその工夫などを検討する必要がある。

ネグレクトに伴う、子どもの自信のなさや居場所のなさについては、かねてから治療的で定期的なかかわりができる心理士の働きが必要と指摘されている。そのため困難事例に数多く対応している児童相談所以外に、気楽に尋ねられる心理士がいる市区町村の児童相談室などの設置を促進すべきであろう。

③アセスメント

岡山県では、イギリスで発展させたアセスメントシートを作成している。イギリスのモデルは「The Salford Grade Care Profile Scale」[*1]で、「身体的ケア」「安全性」「愛情」「子どもが自信を持てているのか」の４項目からアセスメントするが、岡山県のシートはそれを応用したものだ。岡山県では、親向けのパンフレットも出しており、一つのモデルとして利用できるだろう。なおアセスメントについては第４章で詳しく検討している。

(7) 今後に向けて

ネグレクトは地域で予防・支援をしていくというのが欧米での捉え方であ

る。一方、日本においては最近、子どもの貧困問題との関連で取り組まれるようになった。

　しかし貧困問題＝ネグレクトではない。確かに貧困が発生するとネグレクト的な養育環境に陥りやすい。典型例は、ひとり親で収入が低いため、母親が夜のパートに出かけ、家庭では幼児だけで過ごしている事例である。この状態は放置としてネグレクトであるが、母親に昼間の職業を開拓し、経済力と働きやすさを改善することで解決する。このような事例は、子どもからみればネグレクトだが、貧困問題からみれば、母子支援対策であり、貧困対策問題である。

　このように「子の安全の保障」についてどのような点に注目すべきかを多面的に検討する必要があり、とりあえずできることを多職種間で連携し議論することが必要である。そして、それを家庭支援に活かしていく。

　また子どものレジリエンス（回復力）についての視点や、親のストレングスを活かす支援の方法も模索され始めている。ネグレクトについては予防が第一とされているため、例えばイギリスのネグレクト調査（Action for children 2013）では、ネグレクトを受けている子どもたちに以下のようなサービスが提供されていることが実践例として挙げられている。すなわち、学齢児には、朝食サービス、放課後活動サービス、学校からの食糧や衣類の配給、感情への気づきや自分を大切にする力を養うサークルタイム（子どもが輪になって座り、自分たちが不満に思うことなどの気持ちを表す。批判しないなど一定の決まりをもつグループワーク）、社会基準への働きかけ（地域で受け入れられる家庭生活とは何かを考える）、カウンセリング、親に対してはトリプルP（オーストラリアで開発された親向けの支援プログラム）、宿題や助言への親教室、家庭訪問による教育支援などのファミリーサポートなどである。日本でもこのような多様な支援メニューを創出する必要があるだろう。

注

＊1　The Salford Graded Care Profile は http://www.salford.gov.uk/ に所収されている。

引用文献

Burgess.C., Brigid.D., Scott, J., Mully, K.&Dobbin, H. (2013) The state of child neglect in the UK. an

annual review by Action for Children in partnership with the University of Stirling, 3-14
Brigid, D., Tayler, J. & Scott, J.（2011）*the Neglected Child Evidence : Based Practice for Assessment and Intervention*, JKP,120-122
Hicks, Leslie & Stein, Mike（2010）*Neglect Matters: a multi-agency guide for professionals working together on behalf of teenagers*, DCSF, 5-25
Horwath, Jan (2007) *Child Neglect Identification and Assessment,* Palgrave Macmillan, 27-38
Horwath, Jan (2013)*Child Neglect Planning and Intervention*, Palgrave Macmillan,74-75
加藤曜子（2007）『子ども虐待在宅支援事例の再発要因分析及び支援サービス内容分析（主任研究者　加藤曜子）』（文部科学省科学研究費補助金研究成果報告書）
加藤曜子（2012）『要保護児童・ネグレクト家庭における支援類型化の試み（主任研究者　加藤曜子）』（文部科学省科学研究費補助金研究成果総括報告書）
加藤曜子（2014）「地域における虐待事例の重症度化予防介入モデル研究」厚生労働研究費『児童虐待の発生と重度化に関連する個人的要因と社会的要因についての研究（主任研究者　藤原武男）』報告書
加藤曜子（2016）『多機関間連携における虐待防止ネットワーク──10代親と青少年への支援分析（主任研究者　加藤曜子）』（文部科学省科学研究費補助金研究成果報告書）
厚生労働省「福祉行政報告例」（http://www.mhlw.go.jp/toukei/list/38-1.html）
厚生労働省（2015a）児童養護施設入所児童等調査結果（平成25年2月1日現在）http://www.mhlw.go.jp/stf/houdou/0000071187.html
厚生労働省社会保障審議会（2016）「子ども虐待による死亡事例等の検証結果等について（第12次報告）」
三上邦彦（2012）「子どもアセスメントを通してみたネグレクトの特徴と傾向」『要保護児童・ネグレクト家庭における支援類型化の試み（主任研究者　加藤曜子）』（平成21年度文部科学省科学研究費補助金研究成果報告書）

2　死亡事例からみえるネグレクトの実態

　本節では、いのちが守られなかったネグレクト事例とはいかなるものであり、どのような特徴があるのかを国や各都道府県、政令指定都市で行われた虐待死亡事例の検証報告書及び川﨑ら（2014）の検討を参考に明らかにし、ネグレクトによる死亡を防ぐ手立てについて考えてみたい。[*2][*3]

（1）ネグレクトによる死亡事例の特徴

　社会保障審議会から提出された子ども虐待死亡事例検証第12次報告のう

ちネグレクトは対象事例の34.1%を占める*2。ただし全国の都道府県や政令指定都市では、子ども虐待による死亡事例のすべてで検証報告を作成しているわけではない。欧米においては、すべての子どもの死亡事例から分析をしており、より正確な分析ができているが、我が国では限定されている。

そのため川崎らが検討した2000年から2010年まで起こった虐待重大事件25例中ネグレクトの8例（川﨑ら2014）、及び、自治体報告で2011年から2015年までに報告をされているネグレクト11例*3を抽出したうえで情報を整理し、課題を検討する。なお、次ページの表1−1−1のNo.2は死亡事例ではないが、重症に至った事例として自治体による検証が行われているので、今回の検討に加えた。

①ネグレクトの内容

主たる虐待はネグレクトだが、19事例中5事例では身体的虐待や心理的虐待も受けている。また直接の死因として暴力があがっている事例もみられる。

ネグレクトの内容を整理すると以下の3つに分けられる。①罰として食事を与えないという故意のネグレクトで、トイレに閉じ込めるなどの身体的虐待を伴う。②医療ネグレクト（肺炎等放置する）で、その背景には宗教的信念やパチンコなどの依存があることが多い。③放置や遺棄で、子どものケアを怠り、その場から逃げる。

②子どもの年齢

平均年齢は2.4歳で、被害児の最年少は4ヵ月、最年長は15歳と幅広い。

しかし19例中18例は5歳未満で、小学校入学前であるため所属がない場合も多い。しかも保育園や幼稚園に所属していても欠席などで事件前には本人の姿は把握されていない。死因である餓死や衰弱死に至る状況を保護者が隠したためと推察される。

その結果、死亡直前の子どもの様子は誰も把握していない場合がほとんどである。

表1−1−1 取り上げた死亡事例一覧

	発生年／種別	子年齢	死因	母年齢	父年齢	内容	提言
1	H12.2／殺人罪	3歳	餓死	21歳	21歳	健診未受診	子育て支援利用など
2	H16／殺人未遂、放置、暴力	15歳	食事制限、栄養障害	継母38歳	40歳	不登校	情報共有の必要性
3	H18.7／保護責任者遺棄致死	3歳 5歳	低栄養、肺炎	33歳	40歳	シャッターで孤立	児相の機能充実、学校、保健、警察対応の強化
4	H18.10／保護責任者遺棄致死	3歳	低栄養、餓死	39歳	28歳	孤立的な暮らし	情報共有、児相の連携
5	H20.2／保護責任者遺棄	4歳	急性脳症、低栄養、脱水	35歳。第1子出産は27歳	40歳	未受診、不登校	引き取り後の方針の甘さ
6	H21.10／医療ネグレクト保護、責任者遺棄致死	7ヵ月	アトピー性皮膚炎	30歳	32歳	宗教のため治療拒否	乳幼児状況確認、関係機関連携強化
7	H22.3／放置、暴力、保護責任者遺棄致死	5歳	急性心不全、飢餓	26歳	35歳	健診未受診	未就園、未受診
8	H.22.7／死体遺棄事件	3歳 1歳	衰弱死 衰弱死	23歳 23歳	離婚 離婚	健診未受診 健診未受診	通告時の情報収集の在り方 要対協強化
9	H23.5／保護責任者遺棄致死	2歳10ヵ月	餓死	27歳	38歳	健診未受診	事実把握、初期調査、子の安全管理
10	H23.6／保護責任者遺棄罪医療ネグレクト	1歳7ヵ月	気管支炎	28歳	離婚	母軽度のうつ	養育家庭訪問事業活用
11	H23.8／保護遺棄致死	1歳6ヵ月	肺炎	22歳	21歳	健診未受診	多地域間連携
12	H23.8／暴行罪、保護責任者遺棄	5歳	急性硬膜下血腫、体重10キロ	1歳の時に離婚	27歳 同居人弟24歳	健診未受診	情報共有
13	H24.7／傷害致死罪、身体的・心理的虐待	5歳	敗血症	23歳	23歳	ＤＶへの不理解	情報収集方法、個別会議の運営
14	H24.811／保護責任遺棄致死	1歳8ヵ月	熱中症による脱水	22歳	シングル	祖母からの連絡	情報の共有化、支援の在り方
15	H24.6／ネグレクト、暴力	4ヵ月	暴力	18歳	32歳	体重減少	アセスメント・連携体制
16	H26.6／保護者責任遺棄致死	5ヵ月	餓死	21歳	同居人21歳女性	同居人が世話	多機関連携の必要性
17	H26.6／保護者責任遺棄致死	5ヵ月	熱中症	40歳	40歳	パチンコ依存	依存がわかる質問
18	H25.2／保護責任者遺棄致死	3歳	衰弱死	37歳	不明	母帰国置き去り	機関連携
19	H26.5／発見死後7年以上経過殺人	3歳 4ヵ月	衰弱死	22歳	26歳	不明児	組織としての進行管理、児相体制の充実、所在確認の徹底

③親の年齢と家族の特徴

　事件発生時の母親の平均年齢は、29.3歳（継母も含む）で父親は31.6歳である。10代の母親は1人、20歳から22歳までで5人であり、10代の父親はおらず、20歳から22歳までも2人で、どちらも必ずしも若年ではない。

　親の特性としては、うつ傾向や親の育児能力の不足、パチンコ依存などが挙がっている。また何人かの親には被虐待歴もあった。

　家庭状況は、孤立的、貧困問題（経済苦・借金なども含む）、転職、転居、ひとり親であり養育支援者がいない、地域社会からの疎外、夫婦間の不和など、共通しているのはストレスの多い状況であった。また母親が22歳までの6人全員、および23歳の3人のうち2人が21歳までに第一子を出産しており、十分な養育能力や知識を備えていないことが推察される。

（2）支援者らとの関係

　子どもの所属機関である幼稚園や保育所、学校以外に保護者が利用した支援やサービスとしては、生活保護の受給や無認可保育所利用、児童相談所での一時保護がみられた。しかし、これらのサービスを利用した親のほとんどは、利用した機関へのプラスイメージは持てていなかった。

　この支援者あるいは関係した機関とネグレクトを行う親との関係をレイダーら（Reder &Duncan1999）は4タイプ提出した。[*4] それらを参考にしつつ、19事例における支援者あるいは関係機関との関係を検討する。

①支援拒否

　支援を拒否（Reder & Duncan 1999 = 2005：36[*5]）する親の特徴は、子どもに罰として食事を与えない、部屋に閉じ込めるなどの行為で、子どもをコントロールしようとする。また親は、支援者を拒否することで支援者からコントロールされる恐れから逃れようとする意味で同じパターンをとる。つまり相手をコントロールしようとする意図的な子どもの閉じ込めであり、支援の拒否である。

　死亡事例ではないが、それに近い重度事件であったNo.2では、子が家出を繰り返したため、両親が子を閉じ込めて登校させず、不登校事例として取り扱われてしまった。内縁妻は仕事とはいえ長時間家を空け、自分にばかり

に家事や子育てを押し付ける夫に対する恨みや、少年実母への恨みを被害児に転化させた。

No.7では子どもを日常的にロフトにあげ、両親が外に出かける時にはトイレに閉じ込めて、出さない状態が長期間継続していた。その背景には、借金し、貧困におちいらせた夫への怒りを子どもに転化させたことがあった。第2子出産後の肥立ちの悪化やうつ状態、孤立的な子育て、思い通りにならない人生の不満なども、気に入らない子どもを締め出すことにつながっていたと思われる。

No.5は、いったん乳児院にあずけた子どもを帰宅させたものの、身体的暴行に加えて、子どもを閉じ込め、食事を与えず、関係機関との関係を断絶した。

No.3は自宅のシャッターを閉じ込め、孤立化した形で住み続けていた。No.4の閉じ込めも同じである。

このように親は、それまでの自分の人生や生活に対してコントロールできているという感覚をあまり持てていない。その脆弱なコントロール感をさらに脅かすと彼らが感じる人物、すなわち子どもや支援者を締め出してしまおうとしたと考えられる（Reder 1999、小林 2005：37）。

②放置

放置（Reder & Duncan 1999 = 2005：37）[*6]とは、コントロールの回避やケアの回避を意味する。

No.8では、2児の母は、一度は支援を求めたものの、自分の手に負えなくなり誰も助けてくれない状態になると育児を放り出し、子どもに食糧を置いて長期間放置した。

No.7の事件も、子どもを置いて閉じ込めてから、親だけで外へ遊びに出かけるようになるのは、子どもの状態がよりひどくなっていく時期である。

No.14の死因は熱中症であるが、子どもを放置したままであった。

No.19も放置状態であり、居所不明児の安否確認を全国の市町村で行うきっかけとなった事例である（西澤ら 2015／増沢 2015）。

③一見愛想がよく見える（偽りの従順さ）

一見愛想がよく見える（Reder & Duncan 1999 = 2005：38）[*7]とは支援者が親との表面的なかかわりに惑わされて、養育力のアセスメントが十分できない結果、死亡を防げなかったパターンである。

No.12では、関係者は親子に会えていたが、3年間、子どもを保育所へ入所させることや、乳幼児健康診断を受けさせることについての支援者からの指導は入らなかった。叔父と同居しており、育児実態は十分把握できにくい状態であったが、愛想がいいという評価をしてしまっていた。

④信念にもとづく拒否

No.6の事例で、医療ネグレクトであり、専門的な医療は不要だとしている。アトピーがひどくなったものの、宗教的な理由から医療機関受診を行わず、ひどくなっていく中で死亡に至ってしまう。支援者は、説得するが、断固として受け入れなかった。この事例がきっかけとなり、医療ネグレクトの報告書が提出され、親権一時停止の民法改正がなされるきっかけを作った（宮本 2010）。

⑤何かに依存

子どもに関心や養育のエネルギーが向かず、何かに依存をしてしまう状態である[*8]。

No.10の事例では、母がインターネット依存であり、子どもが肺炎を起こしているのに医療機関に連れていかなかった。保育所の職員には自分の悩みを訴えていたというが、保育所を休ませていたときに起こっている。事件のあと母はうつ的であり知的な能力に困難を抱えていた点が明らかになった。

No.17では、スロットマシンに夢中であったが、子どもは乳幼児健康診断も受け、支援者もいたという情報が事件前にあった。このように心配な情報はあったが、支援者は両親からのニーズがないことから支援のしようがないと判断していた。

（3）今後に向けての取り組み

以上の虐待死亡事例の検討結果を踏まえ、ネグレクト支援についていくつか提言を行う。

①英国のネグレクト研究からの学び

　英国のブランドンは、2年ごとに死亡事例について報告書を上程している（Brandon 2013）。そこでは過去の重症事例から、従来のネグレクトの分類ではなく新たな分類を提示している。その内容は、①低栄養、②医療的ネグレクト、③事故（火事や事故で死なせる）、④突然死、⑤身体的虐待を伴うネグレクト、⑥若者の自殺の6種類である。

　日本ではまだ①と②については、取り組みつつあるが、③〜⑥についての分析が明らかになっていない。

　したがって日本は、英国のネグレクト研究の蓄積を積極的に取り入れ、ネグレクトの分析を詳細に検討すべきであると考える。

②死亡事例からの警告

　ネグレクトによる子どもの死亡事件は、もっとも悲惨な子どもの死の一つであろう。子どもは食事を与えられず、自分の身体も動けなくなり、さらに暴力を加えられていくことが重なる。いずれの虐待死亡事例の報告書にも、子どもの無念さを繰り返さないことを誓っている。みてきたように、親がとる支援者との関係には、自分の生活史からの葛藤が持ち込まれることも多い。それに留意しつつ、優先すべきは「子の状況を把握し」具体的事実から「子どもの生活上の困り感」を想像しうる力を養うことである。

　発生を防ぐためにまず必要なのは妊娠中からのかかわりである。ネグレクトのおそれがあるかどうかを見立て、必要と判断すれば妊娠中から支援する体制を整える。そのかかわりのなかで、子育ての知識やスキルを伝えたり、もし子育てで困ったことがあれば、自分だけで抱え込まず、さまざまな社会資源を利用できることを折に触れ話すことが予防の第一歩になるのではないだろうか。

　ただし、うまくいかないこともある。No.13は、17歳の妊娠中から支援を実施したものの、同居していた祖母宅と別居し、男性と暮らし始めたのちDVを受けたケースである。DVをだれにも訴えることができず、子どもも暴力を受けることになってしまった。

　この事例からの教訓は、妊娠中から支援していても、家族関係の変化が起こwe状況が変わりうるので、「子どもの安全を確保する」ために支援方針

を再度見直す必要があるということである。市区町村の要保護児童対策地域協議会の管理ケースのうち、進行管理を担う実務者会議で適切に家庭状況の変化の情報を得てアセスメントし、支援に活かせるかが課題である。

③ネグレクト事例の親子分離

ネグレクトは大きく分けて、子どもへの危険度が高く家族関係への介入が必要な場合と、直接的な危険度が低く在宅で家族全体への支援でかかわるケースがある。里親や乳児院、児童養護施設などの社会的養護を利用し、清潔や栄養などの子どものニーズを満たすことは、親に養育力が大きく劣る場合には必要な場合もある。

しかしながら、乳児院退院後に親子関係の調整が十分でなかった事例もあるため、家族再統合については、児童相談所と市区町村がどのように役割分担をしつつ、子どもの安全をみていくのかは、ネグレクトに限らずすべての要保護児童の支援課題となる。

筆者らの調査では、養育能力があっても何らかの理由で養育意欲が低下し、支援者や支援機関にもつながらず孤立状態に陥ると、子どもの状況が悪化していくという結果がみられた（加藤 2012）。この点についてレイダーらは「介入か、支援かのバランスは絶えずみておく必要がある」と述べている（Reder & Duncan 1999 = 2005）。ムンロ博士も、「支援がまず第一だけれど、保護が必要であると判断できるプロであれ」（加藤 2016：188）[*9]と述べる。

レイダーらは、アセスメントは支援の方向付けをする意味では重要であると述べている。しかし、現実にはアセスメントが未実施であったり、親ばかりに気をとられて実際には子どものニーズをみていないということも起こりうる。このような現象をレイダーらは「アセスメントの麻痺」と表現している（Reder & Duncan 1999 = 2005：135）。

まとめ

死亡事例からみてわかるのは、支援者（機関）が子どもの状況を把握できずにズルズルと時間ばかりが立ってしまったことである。ネグレクトに限らず身体的虐待においても同じである。虐待の種類にとらわれるのではなく、子どもたちにとって安全かどうか、十分にニーズが満たされているのかをみ

ることが重要である。

　死亡事例は特殊なのもではなく、多くのネグレクト事例に共通する要因や出来事がみられる。いいかえれば、すべてのネグレクト事例に対して予防的対応がとれれば、子どもの命は救われるということである。「子どものニーズが満たされているか」を子どもの立場から理解し、発達を含めどのような生活状況なのだろうかと思い至れる視点、及び関係する機関間連携を通した正確な情報に基づく見立てる姿勢を持つことの重要性をあらためて強調しておきたい。

注
* 2　社会保障審議会児童部会児童虐待等保護事例の検証に関する委員会「子ども虐待による死亡事例等の検証結果について　第12次報告」平成28年10月。
* 3　子どもの虹研修情報センターのホームページには各自治体での検証報告が掲載されている。
* 4　基本的な枠組みは、乳幼児の未解決な葛藤は、社会に出たときに、ストレスが加わると、その後親になった時の葛藤となって現れるとする。葛藤はコントロール（思い通りにうごかす）とケア（依存）が存在し、何等かのストレスがかかると、その後の人生においても繰り返し同じ行動をとるとする理論をさす。
* 5　「閉鎖」をさす。死に至る前には一定の閉鎖（外界との接触や援助者ネットワークの関係者との接触を拒否）していたことが明らかになったとする。
* 6　「逃走」をさす。行き先を告げずに、引っ越しを繰り返すとする。
* 7　「偽りの従順さ」であり、一見協力的な態度を見せる。
* 8　レイダーらのいう「依存」とは異なる。レイダーらの「依存」は支援者に頼りすぎた上京を取り上げているが、19例での該当はなかった。
* 9　アイリーン・ムンロ博士は、ロンドン大学教授である。日本子ども虐待防止学会でのシンポジストとして来日。これについては小林美智子・松本伊知朗編著（2005）『子ども虐待　介入と支援のはざまで――ケアする社会の構築に向けて』（明石書店）を参照されたい。著者はムンロ博士にインタビュー（2013）し、ソーシャルワークの専門性の重要性や児童保護の改革についての提言を行い、予防や連携の重要性を説いている。科研報告書（基盤Ｃ）「多機関間連携における虐待防止ネットワーク」（2016年3月）に掲載。

引用文献

Brandon, Marian（2013）Neglect and serious case reviews a report from the University of East Anglia commissioned by NSPCC
加藤曜子（2007）『子ども虐待在宅支援事例の再発要因分析及び支援サービス内容分析（主任研究者　加藤曜子）』（文部科学省科学研究費補助金研究成果報告書）
加藤曜子（2013）『要保護児童・ネグレクト家庭における支援類型化の試み（主任研究者　加

藤曜子)』(文部科学省科学研究費補助金研究成果総括報告書)
加藤曜子（2016）『多機関間連携における虐待防止ネットワーク――10代親と青少年への支援分析（主任研究者　加藤曜子)』(文部科学省科学研究費補助金研究成果報告書)
川﨑二三彦、増沢高（2014）『日本の児童虐待重大事件 2000-2010』福村出版
増沢高（2015）「「所在不明」児童の虐待死事件から見えてくるもの」『子どもの虐待とネグレクト』17（1）、子ども虐待防止学会、17-21
宮本信也（2010）「医療ネグレクト対応の手引き」『医療ネグレクトにおける医療・福祉・司法が連携した対応の在り方に関する研究』(平成21年厚労研究)
西澤哲・山田不二子（2015）「特集　消えた子ども・子どもを見失う社会」『子どもの虐待とネグレクト』17（1）、子ども虐待防止学会
Reder, Peter & Duncan, Sylvia(1999) *Lost Innocents:a Follow-up study of Fatal Abuse* ＝小林美智子・西澤哲監訳（2005）『子どもが虐待で死ぬとき――虐待死亡事例の分析』明石書店

第2章

ネグレクトの諸相

安部計彦（西南学院大学）

　ネグレクトは家族の多様な要因が作用するため、子どもにさまざまな状態として現れる。
　この章では「子どもの年齢」「貧困」「世代間連鎖」「病院未受診」「保護者の援助拒否と引きこもり」の5つの要因に着目して、現代日本におけるネグレクトの状態を解明する。

1　年齢による子どもの状態や家族状況の変化

（1）紹介資料

　筆者は2010（平成22）年に子ども未来財団の助成を受け、全国のすべての市区町村を対象に、それぞれの要保護児童対策地域協議会の管理台帳か虐待受理簿からネグレクト事例をランダムに最大10ケースの提供を受け、分析を行った（安部2011）。調査票は2010年当時の全市区町村1901市区町村に配布し、全体の24.6％に当たる467市区町村から2,870事例が集まった。そのうち、家庭状況、子どもの状態、子どもの年齢の3つの情報がそろっている2,820ケースを研究対象にした。今回はその調査結果と、そのデータを再分析した内容（安部2015、2016）を中心に紹介する。
　なおこの調査の対象は市区町村の子ども家庭相談部門であったため、情報は市区町村の調整機関に届いた内容に限られる。また疑いを含む知的障害や不登校などの調査項目は基準を明示しておらず、回答した市区町村職員の判断による。さらに回答は「該当すれば番号を選択」という2項回答であるた

め、その程度や頻度、重症度については不明である。

このような属性を持つ調査であるため、今回紹介する内容は、ネグレクトの概要を示すものとして限定的に理解していただきたい。

(2) 年齢分布

筆者の調査は市区町村が対応したネグレクト事例をランダムに最大10ケース抽出してもらったため、おおむね日本におけるネグレクトの年齢分布を示していると思われる。その結果は図1－2－1の棒グラフ（右目盛）である。

一方アメリカでは政府が定期的に子ども虐待の全国調査を行っているが、その最新版「fourth national incidence study of child abuse and neglect（以下「NIS－4」とする）」では、人口1000人当たりの出現率を示している。このうちネグレクトの年齢別出現率は、同じく図1－2－1の折れ線グラフ（左目盛）である（NIS－4, 4-8）。

その結果、日本では0歳から11歳まで、ほぼ同程度の事例を市区町村は対応しており、12歳以降はその数が減少している。特に15歳以上の対応数は少ない。一方アメリカでは0～2歳のネグレクトの出現率は低く、年齢の

図1－2－1　ネグレクトの年齢別出現率

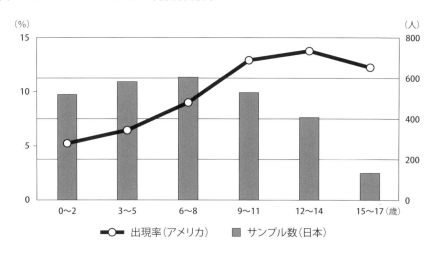

上昇に伴って割合は上昇し、12〜14歳で一番多くなる。

　アメリカと日本では基準や調査方法が異なるため単純には比較できないが、日本では母子保健を中心にネグレクトの早期発見が行われる一方、義務教育を終了したのち、市区町村でのネグレクト対応が困難になっている様子がうかがわれる。

（3）家族構成

　調査では事例ごとに同居人の回答を得て家族構成を分析した。そのため、母子家庭でも実母と子どものみの世帯と、実母が祖父母と同居している世帯を別に計上することができた。その年齢別の割合が図1−2−2である。

　この結果、市区町村が対応したネグレクト事例で0〜2歳では、実父母世帯が約50％であるが、実母のみの世帯が約20％、実母と祖父母の世帯が約10％であった。しかし子どもの年齢の上昇に伴って割合は変化し、子どもの年齢が15〜17歳の世帯では、実母のみの世帯が47.0％、実父のみの世帯が16.4％に達する一方、実父母世帯は15.7％であった。

　このことは、両親がそろっていてもネグレクトになる幼少期と、ひとり親が増える小学校高学年以降では、ネグレクトの様相や要因が異なっていることが推察される。

図1−2−2　子どもの年齢別家族構成

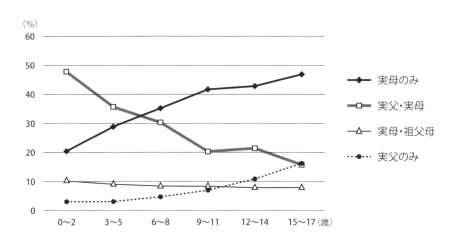

なお、実母と継父世帯の割合は、3歳以降その年齢の4～6％で、実母と内夫世帯は14歳まで3～4％の間でおおむね前後し、子どもの年齢による変動はあまりみられなかった。

（4）家庭状況の変化

　子どもの年齢と家庭状況の変化の関係の一部を示したのが図1－2－3である。

　子どもの年齢の上昇に伴って、親の養育技術不安、疑いを含む知的障害、世代間連鎖の割合は減少した。一方、子どもの年齢の上昇に伴って、貧困とアルコール・薬物の割合は増えている。ところが、疑いを含む精神障害とうつ、援助拒否、引きこもりなどは、子どもの年齢の変化とは統計的な有意差は見られなかった。

（5）子どもの状態

　子どもの状態像も、子どもの年齢の上昇に伴って変化していくものがあった。

　図1－2－4はその一部を掲載したが、0～5歳までで統計的に高かったのは、心身発達の遅れ、健診未受診、病院未受診の3項目であった。6～11歳で高かったのは、子どもの不潔と家で食事がない、夜間保護者不在の3項目であった。さらに12歳以上で割合が高かったのは、下の子の面倒を頼む、不登校、非行、家内動物飼育、ゴミ屋敷状態であった。また、家の不潔と子どもへの暴力に関しては、年齢による統計的な差はなかった。

　つまり市区町村が対応したネグレクト事例で0～2歳のうち35.5％に心身発達の遅れがみられ、12～14歳の51.6％が不登校であった。特に家で食事がないと夜間保護者不在に関しては、0～2歳でどちらも該当年齢の15.2％でみられた。この2項目の状態に幼い子どもが置かれることは、極めて危険度が高いと思われる。

　またネグレクト事例であっても、子どもへの暴力が、どの年齢もおおむね10％程度みられたことにも注目する必要がある。つまり、市区町村がネグレクトと判断した事例であっても、子どもの暴力被害の有無の確認が必ず必要であることを示している。

図1−2−3　家庭状況の年齢による変化

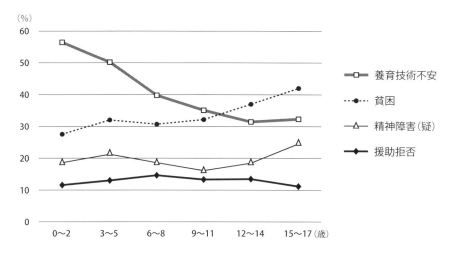

図1−2−4　年齢と子どもの状態

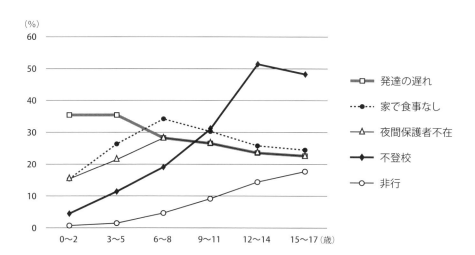

第2章　ネグレクトの諸相　　◇45

(6) 子どもの年齢と親子の状態

　以上のように子どもの年齢は、家庭状況や子どもの状態に大きな影響を与えていることがわかった。

　これを概括的に示したのが図1-2-5である。

　☐は項目を表し、その中の（ ）は、項目の共通性から特徴を標題とした。また☐は項目からネグレクトに関連する要因として考えられる概念を示した。

　その結果、乳幼児期は両親がそろっていても家族の養育力不足が大きな課題となり、子どもが小学生になる頃から子どもの放置が深刻化することがわかる。さらに子どもが中高生になる頃は家庭での生活困窮が進むと同時に、子どもの状態も不潔の蓄積で劣悪な環境になり、さらに不登校や非行などの子ども自身の行動化が顕著になる。さらに、どの年齢に対しても疑いを含む精神障害や引きこもり、援助拒否などの養育者の課題があり、家の不潔や子どもへの暴力なども、恒常的にみられる。

図1-2-5　年齢の推移とネグレクト状態の分布

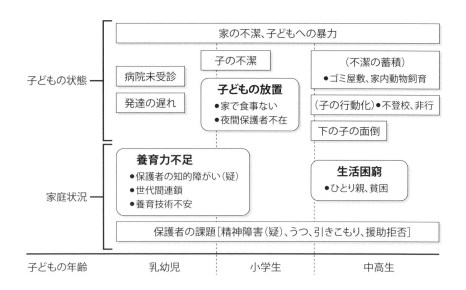

ただこの図1−2−5は、平均からの統計的な差による相対的なものであり、例えば、0〜2歳でもひとり親は図1−2−2のように23.2%あり、貧困は図1−2−3のように27.5%で見られる。このような状態に置かれた子どもは、さらに深刻なネグレクト状態になっていることが推察される。

　また乳幼児期に多い養育技術不安や疑いを含めた知的障害、子どもの心身発達の遅れなどが、子どもの成長によって解消するとは思えない。つまり子どもの成長に伴って、さまざまな要因が積み重なり、ネグレクトが複雑化、深刻化していくことが推察される。

　一方、子どもが乳幼児であれば保健師や保育所が中心になってかかわる。その結果、養育者の養育力や子どもの心身発達に対して関心が高く、また情報も多い。しかし学齢期になると学校では養育者とのかかわりは相対的に減少する一方、子ども自身が家庭状況を報告することも増えるため、夜間の養育者の状況や食事の有無などが把握できるのかもしれない。さらに子どもに非行や不登校などの行動が出始めれば、関係者はその対応に追われ、家庭状況つまりネグレクトには目が向かないのかもしれない。

　つまり図1−2−5は、支援者の関心や支援の対象を表しているとも考えられる。

まとめ

　実際の支援場面では、例えば同じ程度のネグレクトであっても、子どもの年齢により危険度の判断が違うのが当たり前である。

　しかし子どもの年齢により、家庭や子どもの状態にさまざまな違いがみられ、それぞれの年齢での特徴が明確になった。また図1−2−5のようにマトリクス（配置図）にして、子どもの年代での課題を共通理解とすることは、多機関でのチームによる支援が不可欠なネグレクトにおいては、必要ではないかと思われる。

参考文献
安部計彦（2011）「要保護児童対策地域協議会のネグレクト家庭への支援を中心とした機能強化に関する研究」（主任研究者：安部計彦）『平成22年度こども未来財団児童関連サービス調査研究等事業報告書』こども未来財団

安部計彦（2015）「子どものネグレクト状態と年齢の関係」『西南学院大学人間科学論集』10 (2)、43-61
安倍計彦（2016）「子どものネグレクト状態に関係する要因の相互作用による研究」日本社会事業大学博士論文
U.S. Department of Health and Human Services (DHHS)(2010) Administration for Children and Families(acf). Office of Planning, Research, and Evaluation(OPRE) and the Children's Bureau.Fourth National Incidence Study of Child Abuse and Neglect (nis-4). Report to Congress. http://www.acf.hhs.gov/sites/default/files/opre/nis4_report_congress_full_pdf_jan2010.pdf（2015年6月10日）

2　ネグレクトと貧困の関係

　近年、子どもの貧困に対して関心が高まり、政府も「子どもの貧困対策の推進に関する法律（以下『子どもの貧困対策法』とする）」が制定されると同時に、子どもの貧困に対するさまざまな調査や研究がなされるようになった。

　その中では、子どもの貧困が虐待につながる可能性が高いとの指摘は多い。さらにひとり親家庭の貧困では、母親の長時間労働や深夜就労の結果、子どもがネグレクトに陥る可能性が高いことが指摘されている（山野 2008など）。

　しかし貧困がネグレクトにどの程度結びつくかの実証的な調査や研究は見当たらない。

　そのため、ネグレクト事例における貧困の実態から、ネグレクトと貧困の関係について検討する。

(1) 属　性

　使用するデータは前節と同じ2010年に全市区町村に対してランダムに最大10ケースのネグレクト事例の提供を求めた2820ケースである。その年齢別サンプル数は図1－2－6の棒グラフ（右目盛）のとおりであった。

　全サンプル2820事例のうち、貧困は907ケースで32.2％であった。なお生活保護648件中、貧困と回答したのは33.5％であった。生活保護受給中を

図1−2−6　年齢別貧困のサンプル数と割合

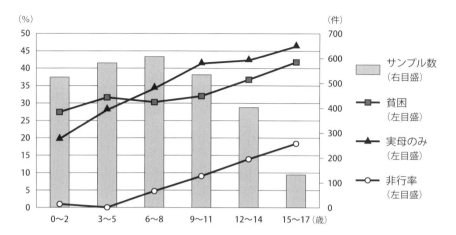

貧困と判断するかどうかは一概に言えないが、このデータはこのような性格を持つことを前提としている。

　また年代別の貧困の割合は図1−2−6の実線の折れ線グラフ（左目盛）で、0〜2歳で27.5％から15〜17歳の41.8％まで、おおむね年齢に合わせて上昇している。

　参考として、各年代に占める実母のみと非行の割合を点線の折れ線グラフ（左目盛）で示したが、どちらも貧困の割合と並行するような増加傾向を示した。

（2）子どもの状態と貧困率

　ネグレクト事例の子どもの状態と貧困の関係は図1−2−7のようであった。このうち貧困率とは、例えば、子どもの不潔がある1002件のうち貧困と判断された子どもの割合であり、41.7％であった。そして図1−2−7は、貧困の割合が統計的に有意な項目のみを掲載している。

　その結果、家の不潔、ゴミ屋敷状態、異臭、子どもの不潔など、不衛生な項目で貧困の割合が高かった。このことから逆に、子どもに不衛生な状態が見られた場合、家庭での貧困の有無を確認する必要があることが示唆される。

　また、家で食事がないと下の子の面倒を頼むという図1−2−5で「子ど

図1−2−7　子どもの状態と貧困率

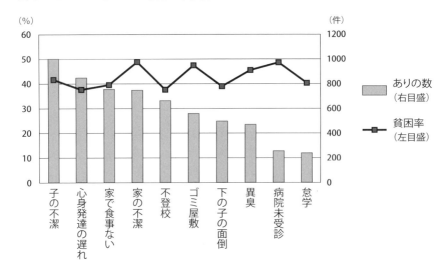

図1−2−8　家庭状況と貧困率

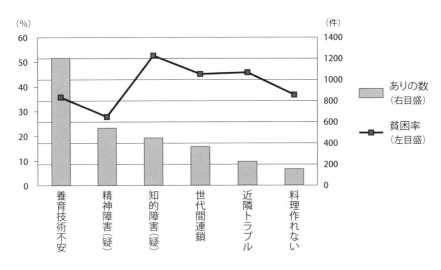

もの放置」としてまとめられた項目も貧困の割合が高かった。このことは「貧困により養育者が長時間労働や夜間就労に従事する結果、子どもが放置される」という主張を裏付けるデータと考えることができる。

図1-2-9　ネグレクトと知的障害（疑）との関連

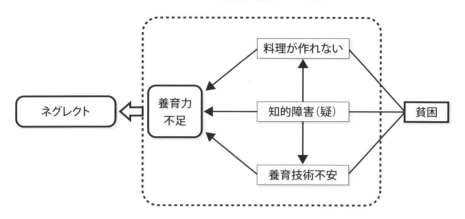

　なお貧困の割合が統計的に有意に高かった病院未受診については、本章4節で詳しく検討する。

（3）家庭状況と貧困率

　市区町村が対応したネグレクト事例の家庭状況と貧困率の割合のうち、統計的に有意であったのは図1-2-8のとおりであった。
　これは例えば、養育者に疑いを含めた知的障害がある446件中52.7％に貧困がみられ、貧困がない割合よりも統計的に有意に多かったことを示している。なお養育者の疑いを含めた精神障害がある場合には、貧困の割合は少なく統計的にも有意であった。
　ところで図1-2-5で、養育者の疑いを含めた知的障害と養育技術不安は、養育力不足として乳幼児期に多くみられたが、どちらも貧困の割合は高かった。
　これらの項目に、同じく貧困の割合が高かった「料理を作れない」を含めて考えると、図1-2-9のような関係が想定される。
　つまり養育者の知的能力に課題があると、料理が作れなかったりして、関係機関の職員に養育力が不足しているのではないかと不安を持たれてしまう。そして、これら3項目があると、子どもは不十分な養育の中で育つことになる。一方、養育者に知的能力に課題があると、正規雇用は難しくなり、

第2章　ネグレクトの諸相　　◇51

図1−2−10　貧困とほかの要因との重複

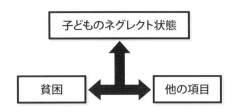

結果として貧困になるのではないか。

　また実際の相談支援場面では、養育者に貧困があってもネグレクトにならない事例も多い。このように考えると、貧困がネグレクトに直接関係するのではなく、上述した知的障害のように、何らかの媒介要因があることが想定される。

　なお有意確率が5％以上であったが10％未満で傾向をうかがえたのは、実母のみと疑いを含めたうつ、特定の宗教信念であった。これら3項目は、貧困がある方がその割合が低かった。逆に、子どもへの暴力、引きこもり、援助拒否は、貧困の有無は割合に統計的な差はなかった。ちなみに統計的な差がないということは、これらの項目は貧困の有無に関係があるとは統計的にはいえないという意味である。

(4) 要因の重複

　子どもの虐待が、どのような原因で起こるかの研究は、海外では以前から行われてきた。しかし、単独で必要あるいは十分な原因となるようなリスク要因は特定されておらず（ピーターセン 2010：28）、原因モデルは、単独型の因果関係モデルから、複数の経路や因子相互の影響を考慮したアプローチに進化（前掲書：146）している。

　例えば図1−2−7で、家が不潔な事例の48.8％に、病院未受診の48.6％に貧困が見られた。この結果は、これら2項目に貧困が大きな関係があることを示している。しかし貧困があれば必ず家が不潔になったり、病院に行か

ないわけではない。事実、2項目とも過半数の事例では、このような事態になっていない。

そのため図1-2-10のように貧困と他の項目が重複することで、子どものネグレクト状態の割合が統計的に増減するかを検討することにした。

(5) 貧困との重複

貧困がある場合に、他の養育者の属性が子どものネグレクト状態の割合に、どのような影響があるかを検討した結果を取りまとめたのが表1-2-1である。

この表1-2-1は、まず貧困の有無で分けたうえで、養育者の属性と子どもの状態をクロス集計を行い、養育者の属性の有無で子どもの状態が統計的に有意に多い場合はP値を＊印の数で示し、有意に少ない場合には△印をつけたうえで、同じくP値を＊印で示した。なお有意確率が10％以下の場合は、参考として☆印で示した。

①実母のみ

貧困があり実母のみが重複した場合には、不登校と夜間保護者不在の割合が増え統計的に有意であったが、子どもの不潔、家の不潔、病院未受診の割

表1-2-1 貧困と重複したときの子どものネグレクト状態

	子の不潔	家の不潔	不登校	非行	子への暴言	子への暴力	病院未受診	家で食事ない	夜間保護者不在	発達の遅れ
実母のみ	△**	△*	***	☆	NS	△☆	△*	NS	***	△☆
精神障害（疑）	△☆	NS	NS	NS	***	**	△**	**	△***	NS
うつ（疑）	NS	NS	NS	NS	NS	NS	NS	NS	△*	NS
知的障害（疑）	***	***	△**	NS	**	NS	***	NS	△*	***
引きこもり（孤立）	NS	NS	*	△☆	☆	NS	NS	NS	△**	NS
援助拒否	**	*	**	NS	**	NS	☆	NS	NS	NS

注：＊：P＜0.05, ＊＊：P＜0.01, ＊＊＊：P＜0.001, ☆：P＜0.1, △：有意に少ないことを示す

合は減少していた。

　子どもの貧困の中で母子家庭の貧困率が高いことは注目を集めている。そして多くの母親が夜間就労を選ぶ結果、子どもが夜間放置されることは数多く報告されている（小林2015など）。表１−２−１でも、貧困があるために、より多くの収入を得るために夜間就労をする結果、子どもだけで夜間を過ごしている様子が示されている。

　また同じ理由で早朝から就労するために子どもが起きる前に出かけ、結果的に子どもが登校しなくなったり、長時間就労で心身の疲れがたまり、十分に子どもにかまうことができないために、子どもが情緒的に不安定になり、不登校になるのかもしれない。

　一方、養育者は一人ではあるが、身辺の清潔の確保や病気の際の治療など、子どもの養育に努力している様子もうかがえた。

②精神障害（疑）

　貧困が、疑いを含めた精神障害と重複すると、「子どもへの暴言」「子どもへの暴力」「家で食事がない」の割合が増え、統計的にも有意であった。一方、「夜間保護者不在」と「病院未受診」の割合は減少した。

　貧困による生活困窮は、精神的に不安定になりやすい精神障害者には、より大きなストレスになると思われる。その結果、イライラが子どもへの暴言や暴力として現れたと思われる。また病気による体調不良で、調理等の食事の準備が十分にできていないと推察される。

　一方、多くの精神障害者は自身が精神科を受診しているため医療に対して親和性があり、子どもを病院に受診させることに抵抗が少ない結果、病院未受診の割合が有意に低いと思われる。この点については、別のデータでも同様の結果が見られた（安部2011）。また服薬治療の影響で早めに寝るなど、夜間に出歩くことが少ないため不在になることも少ないと推察される。

③うつ（疑）

　貧困が、疑いを含むうつと重複した場合、夜間保護者不在が有意に少ない以外、うつ（疑）の有無でネグレクト状態に差はなかった。

　筆者は、うつ病があって十分に仕事ができないために生活が苦しく、また

病気や服薬のために子どもの養育が十分に行えないため、子どもがネグレクト状態に置かれていたり、子どもが不登校であった事例を数多く経験した。そのため表1－2－1の結果は意外であった。

そのため、貧困がある場合に疑いを含めたうつの有無で、子どものネグレクト状態の割合に差が見られなかった理由については、今後の検討課題としたい。

④知的障害（疑）

貧困があり、疑いを含めた知的障害が養育者にある場合には、子どもの不潔、家の不潔、子どもへの暴言、病院未受診、心身発達の遅れなど多くの項目で割合が増え、統計的に有意であった。一方、夜間保護者不在と不登校の割合は減少した。

貧困と知的障害（疑）の関係は（図1－2－9）でも検討したが、養育者に知的能力の課題があると、一般就労など高賃金の仕事を得ることは困難と思われ、貧困になりやすいことは容易に想像できる。また能力的な課題は、家事や清潔の保持などの生活管理力（マネージメント）にも影響を及ぼし、子どもの養育のさまざまな面で不十分になると思われる。

また仕事面や日常生活での不全感は情緒的な安定を脅かし、イライラした感情が子どもに対しての暴言として現れるかもしれない。

このような状況を考えると、養育者に知的能力の課題がみられた場合には、支援者は積極的な日常生活支援や就労支援を行う必要がある。実際、貧困と知的障害（疑）が重複しても子どもの不登校の割合が統計的に有意に少ないのは、教職員など支援者が積極的に保護者とかかわり、送迎などを含めた登校支援を行っている結果ではないかと推察される。

⑤引きこもり（孤立）

貧困がある場合に養育者に引きこもり（孤立）があると、子どもは不登校の割合が増えるが、夜間保護者不在の割合は減少した。

それ以外の項目では、引きこもり（孤立）の有無でネグレクト状態の割合に差はみられなかったが、養育者に引きこもり（孤立）があると養育者や子どもとの接触が困難になり、子どもや家庭内の状況がよくわからない事態も

想像される。そのため、子どもの日常生活や発達を含めた心身の様子が不明のために、引きこもり（孤立）の有無で割合の差がなかった可能性もある。

なお養育者の引きこもり（孤立）と援助拒否については、本章の５節で詳しく検討する。

⑥援助拒否

貧困がある場合に養育者に援助拒否があると、子どもの不潔、家の不潔、不登校、子どもへの暴言の割合が増え、統計的に有意であった。

養育者が援助拒否である場合には、支援者だけでなく、多くの人とのかかわりで安定的な関係を継続することが困難と思われる。そして、この「安定的な関係を継続することが困難」な関係は、自分の子どもとの間にもみられるため、子どもへの暴言が多いと思われる。特に貧困がある場合には、生活費などさまざまな支払いにおいて困難になるので、イライラは増大し、その程度は激しくなると思われる。

また「安定的な関係を継続することが困難」とは、情緒の安定が不十分な状態と考えられる。すると、清潔の保持や家の片付けなど、一定の適切な状態を保持することも苦手と考えられる。

なお、貧困と援助拒否が重複した場合に、子どものネグレクト状態が減少した項目は一つもなかった。この点からは、養育者の援助拒否は子どものネグレクトにとって、重要な項目と考えられる。

まとめ

子どもの貧困への関心の高まりから、貧困が虐待、特にネグレクトと関係が深いと言われている。しかしネグレクト事例の中では貧困は32.2％にすぎず、必ずしも多くはなかった。

また貧困がある場合に、直ちに特定のネグレクト状態が出現するわけでもない。さらに貧困が他の項目と重複した場合に、子どものある状態には割合を増やしても、別の状態を減少させるような作用も見られた。

このようにネグレクトは単純に一つの要因に原因を求めるのではなく、多面的な視点で状態を把握する必要性が示された。

参考文献

安部計彦（2011）「親の精神的症状をかかえているネグレクトの支援状況」『平成23年度文部科学研究　要保護・ネグレクト家庭の支援類型化の試み（主任研究員：加藤曜子）報告書』311-316
浅井春夫（2010）『脱「子どもの貧困」への処方箋』新日本出版社
鳫咲子（2013）『子どもの貧困と教育機会の不平等』明石書店
子どもの貧困白書編集委員会（2009）『子どもの貧困白書』明石書店
小林美希（2015）『ルポ母子家庭』ちくま新書
松本伊智朗（2013）『子ども虐待と家族』明石書店
ピーターセン、アン・C著、多々良紀夫監訳（2010）『子ども虐待・ネグレクトの研究』福村出版
山野良一（2008）『子どもの最貧国』光文社新書

3　ネグレクトと世代間連鎖

（1）子ども虐待と世代間連鎖

　子ども虐待の要因として世代間連鎖は一般に知られている。親から虐待を受けて育った子どもは自分が親になった時に、自分の子どもに対して同じように虐待を行う現象である。この点についての日本での研究は見当たらないが、全米科学アカデミーが設置した子ども虐待研究の研究課題を検討する専門家パネルは過去の研究を精査し、虐待する親60人全員が親から虐待を受けていた研究や虐待の世代間連鎖の割合が7％、70％、約30％（±5％）という内容の研究を紹介している（Panel 1993 = 2010：156 – 157）。またアメリカ虐待防止専門家会議が出版した『子ども虐待のハンドブック』では、子ども時代に虐待やネグレクトを受けた母親の40％は自分の子どもが幼い頃に子ども虐待を行い、30％は子ども虐待に近い養育をしていた（Briere 2002 = 2008：34）という研究を紹介している。しかし現に虐待している養育者を対象にした研究では、養育者の過去の認識の妥当性や子ども虐待の定義、被虐待経験を持ちながら虐待を行わない養育者の割合が特定できないなど、方法論について議論がある。

この点について久保田（2010）は愛着に注目しながら、「特に不適切な養育を受けた子どもの場合は、虐待経験に基づいて形成された愛着人物と自己についての内的ワーキング・モデルによって、親子間の虐待 - 被虐待という関係性の質が、次世代、つまり自分と自分の子どもとの関係に伝達され、養育関係の連鎖が生まれる結果となることが多い」というブキャナン（Buchanan 1996）の説を紹介している。

　つまり子ども虐待の世代間連鎖は一定程度みられ、愛着理論からはある程度の必然性も認められるが、世代間連鎖に関する議論は続いているのである。

　なお論文検索サイトCiNiiで世代間連鎖を検索すると、子ども虐待とともに貧困の連鎖や支援、被養育経験に関する論文が多いが、ネグレクトと世代間連鎖の関連に絞って研究したものはなかった。

（2）ネグレクトの世代間連鎖

　ここでは全国の市区町村がネグレクトとして対応した事例における世代間連鎖の実態を分析し、世代間連鎖を防止する方策について検討することにする。

　方法としては本章第1節で用いたデータを使用する。なお他の質問項目と同様に世代間連鎖についての定義を定めていないため、何を根拠に回答者で

図1－2－11　年代別サンプル数と世代間連鎖の出現率

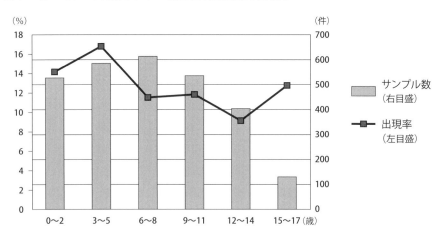

ある市区町村職員が世代間連鎖と判断したかは不明である。

①年代別出現率

ネグレクト事例における世代間連鎖の年代別出現率は図1-2-11のようであった。

年代別では、3～5歳の割合が一番高く、12～14歳が一番少なかった。また15歳以上はサンプル数は少なかったが、出現率は3番目に高かった。

子どもが3歳を超えると保育所や幼稚園に通い出すため、子どもの状態だけでなく、家庭での養育状況の把握が容易になる。その結果、世代間連鎖として把握される割合が増えると思われる。逆に6歳以降の小学校に通学するようになると、教職員が養育者と接触する割合が減少し、世代間連鎖と判断することが困難になるかもしれない。ただ中学を卒業した後も市区町村がネグレクトとして対応する事例は、子どもの所属機関より市区町村が対応の中心になり、親子両方に接触する機会が増えるため、世代間連鎖と判断する割合が上昇した可能性が考えられる。

②家族構成別出現率

家族構成別の世代間連鎖の出現率は図1-2-12のとおりであった。

祖父母と同居の場合に出現率は高くなる傾向がうかがえた。これは生活面で祖父母が養育に影響を与えている可能性が高いと同時に、親の言動と祖父母世代の言動の比較が容易であるため、世代間連鎖と判断しやすいのかもしれない。

また実父のみでは8.5％、実母のみで12.1％、実父・実母では10.8％であることから、世代間連鎖は実母が寄与する割合が高く、実父は相対的に低く、その両者が協働して養育に当たる場合には、その中間くらいの割合になることが推察される。

一方、実父・実母の核家族家庭では世代間連鎖の割合は低いが、実母と内夫、実母と継父の場合には、世代間連鎖の出現率が高く、その割合は実母のみよりも高くなっている。先の久保田（2010）は世代間連鎖を愛着に基づく対人関係としても捉えているが、再婚や内縁関係などの不安定な家庭状況は、母親の対人関係の取り方の表れとして世代間連鎖に関連があるのかもし

図1-2-12　家族構成別サンプル数と出現率

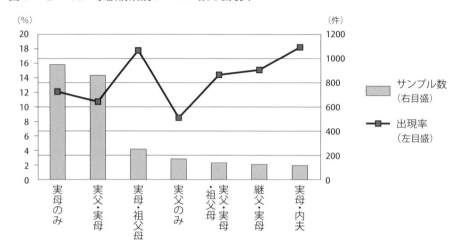

れない。

③子どもの状態

子どもの状態と世代間連鎖の出現率の関係は図1-2-13のとおりであった。

世代間連鎖の有無が子どもの状態に統計的な有意差がなかったのは不登校のみで、それ以外の項目ではすべて世代間連鎖があることで子どものネグレクト状態の「あり」の割合は多くなっていた。

また一番割合が高かったのは家の不潔で、次いで子どもへの暴言、子どもへの暴力、病院未受診という順番である。つまり、衛生面、子どもへの対応、放置、安全確保など、ネグレクトのほとんどの面で、世代間連鎖の影響があると言えるだろう。

例えば家が不潔であれば、子どもは身の回りを片付けたり清潔を保持することに関心が向かないことが推察される。養育者から怒鳴られたり暴力を振るわれれば、友人や教員等に対して暴言や暴力が出ることも推察される。自分が病気になった時に医療機関を受診した経験がなければ、自分の子どもが

図1−2−13 子どもの状態のサンプル数と世代間連鎖の出現率

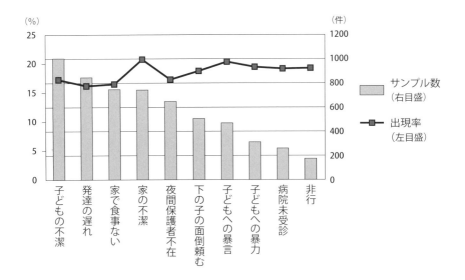

具合が悪くなっても受診の必要性を感じないのも当然と思われる。このように世代間連鎖は、養育技術の学習の面からもネグレクトの連続性に大きな影響を与えていることが推察される。

④養育者の状況

養育者の状況と世代間連鎖の出現率の関係は図1−2−14のとおりであった。

養育者の状況のうち世代間連鎖の有無で状況に統計的な差がなかったのは、疑いを含めた精神障害と特定の宗教・信念の2項目であった。逆に世代間連鎖が疑われる場合に割合が増えたのは、疑いを含めた知的障害、近隣トラブル、アルコール・薬物、公金滞納、料理が作れないなどの順であった。

養育者に知的能力の課題があると、日常的な養育においても言葉かけや年齢に応じた遊びの提供ができなかったり、療育訓練の必要性を理解できないなどの影響もあって、子どもの発達が保障されにくいことも推察される。また近隣トラブルや援助拒否があると、周囲からの支援を受けづらくなり養育の質の確保が困難になりやすいのと同時に、子どもにも周囲の人との安定し

図1−2−14 養育者の状況別サンプル数と出現率

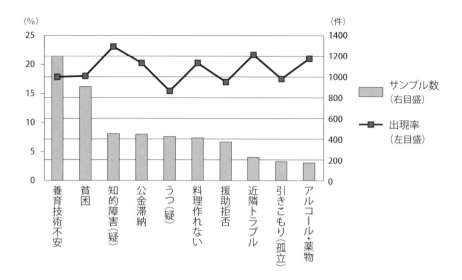

た関係を保持するモデルになりにくいことが考えられる。さらにアルコール・薬物や公金滞納など、社会的なルールを尊重しない養育者の生活態度は、子ども自身が社会生活を送るうえで必要な協調性や自己抑制力の獲得に支障が出ることも推察される。

⑤ネグレクトにおける世代間連鎖の特徴

以上の結果から、日本におけるネグレクトの世代間連鎖の特徴として、以下の3点にまとめることができるかもしれない。

a 養育技術

養育者自身の養育技術や知識が十分でないために子どもがネグレクト状態に陥り、その悪循環が繰り返される場合である。清潔の保持や病院未受診などの一部が該当すると考えられる。

この場合に周囲の支援者が養育者自身に改善を求めても、養育者は適切な状況について未学習であるので、改善は困難になるであろう。そのためこの

ような場合には、同行や協働等によりモデルを示すと同時に、子どもも一緒に作業を行うことで、世代間連鎖の防止になることが推察される。

ⓑ 社会的構造

近年、子どもの貧困が注目されるようになると同時に、貧困の世代間連鎖も注目が集まっている。そしてこの連鎖を断ち切るための子どもへの学習支援にも力が注がれるようになった。今回の検討でも、世代間連鎖がある方が貧困の割合は統計的に有意に高かった。

貧困の原因はさまざまに考えられるが、子どもの進学率など進路選択にも大きく影響している（『子どもの貧困白書』）ことも明らかになっている。つまり世代間連鎖を養育者自身の個人的な養育体験から生まれると狭く考えるのではなく、子どものネグレクトの連鎖を改善するためには、社会全体の課題も視野に置く必要があると考えられる。

ⓒ 認知と対人関係

世代間連鎖がある場合に、近隣トラブル、援助拒否、子どもへの暴言、子どもへの暴力、実母・内夫家庭、実母継父家庭で、その割合が統計的に有意に多かった。これらをまとめると、安定した人間関係の欠如と言える。

子ども虐待は子どもの自己肯定感を大きく傷つけるが、特にネグレクトでは幼児期に大切にされた経験が乏しいため、自分を大切に感ずることが少ないと思われる。このような経験の中で育った養育者は自分が子育てをする時に、子どもを含めた他者への攻撃や放置などしやすくなると同時に、支援の受け入れも拒否的になると思われる。

（3）世代間連鎖への支援

これまで見てきたようにネグレクトの世代間連鎖は多くの子どもの状態でみられると同時に、要因も多様であった。

しかし子ども虐待の世代間連鎖は以前から知られており、雑誌の特集や学会のシンポジウム・分科会などで検討されてきている。

そこではさまざまな提言がなされているが、久保田は「ハイリスク家庭の親子への早期（乳幼児期）における有効な援助的介入の方略として、主に3つが挙げられる。

一つは、家庭訪問サービスを通しての親に対する心理的サポートや心理教

育の個別的プログラムであり、二つ目は、親子間（母子間）の愛着に関する援助的介入、三つ目は知的・情緒的・社会的諸発達の遅れを予防し、促進するための子どもに対する早期教育プログラム（集団か個別）である（久保田 2010：380)」と整理し、「我が国においても、加速度的に増加・重篤化する不適切な養育の実態があるが、親や子どものハイリスクを早期に同定し、集中的・積極的・持続的な介入に至るまでの『途切れのないサービスの組織化』と、時代を担う子どもたちに対する『保健・医療領域と教育領域とのサービスの協働』が早急に必要とされる。ハイリスク親子への援助的介入のためには、多職種（医療、福祉、心理、教育領域の専門職）から構成される統合的援助プログラムの開発と、保健師を中心とした（予防的）家庭訪問サービスやソーシャルワーカーを中心とした家族支援のコーディネートの充実化が求められる（前掲書：382)」とまとめている。

また先のピーターセンは子ども時代に被虐待体験を報告したが自分の子どもを虐待していない親は、①思いやりのある配偶者など社会的支援が良好、②子どもの頃に重要な大人と良好な関係にあった、③子ども時代にトラウマについて怒りをもって説明でき、虐待の責任を加害者に向けている、という研究を紹介している（ピーターセン 2010：158）。

これらは子ども虐待全体を対象にした研究であるが、ネグレクトの場合には加藤（2016）が調査したように、特定妊婦として若年妊娠や経済困窮、判断力の課題などの把握が事前に可能である。また場合によっては、幼児期からネグレクト家庭として市区町村で対応していた事例の場合もある。つまり日本では、世代間連鎖に対する早期発見とネットワークによる支援が可能になりつつある。

（4）世代間連鎖を防ぐために

「人は育ったようにしか子育てできない」という言い方がある。

しかし最初に先行研究で見たように、世代間連鎖は100％起こるものではない。特にネグレクトの場合は、養育者の生活習慣や生活態度に負うところが大きい。そうであるならば、現在の子ども達のネグレクト状態から改善することが、最大のネグレクトの世代間連鎖の予防と思える。

また世代間連鎖を止めるために、保育所や学校、地域の住民など、子ども

の身近にいる大人が、子どもに声をかけ続け、子どもとの親密な関係を継続することが重要であることが推察される。

参考文献

Briere, John（2002）The APSAC Handbook on Child Maltreatment, 2nd ＝ 小木曽宏監修（2008）『マルトリートメント――子ども虐待対応ガイド』明石書店
加藤曜子（2016）「多機関連携における虐待防止ネットワーク――若年親・青少年への支援分析」『平成25年~27年度学術研究助成基金助成金（基盤研究C）総括報告書』
子どもの貧困白書編集委員会（2009）『子どもの貧困白書』明石書店
久保田まり（2010）「児童虐待における世代間連鎖の問題と援助的介入の方略：発達臨床心理学的視点から」『季刊・社会保障研究』45（4）、373-384
教育と医学の会（2013）『特集 虐待の世代間連鎖を断ち切る』教育と医学61（10）、慶應義塾大学出版会
日本アディクション看護学会（2009）「第7回日本アディクション看護学会学術大会報告 大会テーマ アディクション社会と看護――子どもへの世代間連鎖を断つために」『アディクション看護』6（1）
ピーターセン、アン・C著、多々良紀夫監訳（2010）『子ども虐待・ネグレクトの研究――問題解決のための指針と提言』福村出版
小児保健協会（2010）「シンポジウム 子ども虐待の「予防」を考える――発生予防・再発防止，そして世代間連鎖を断つために（第56回日本小児保健学会（大阪）『小児保健研究』69（2）、217-229

4　ネグレクトにおける病院未受診

(1) 医療ネグレクト

①厚生労働省の通知

ネグレクトの典型的な症状の一つが医療ネグレクトである。

実際、厚生労働省は「医療ネグレクトによる児童の生命・身体に重大な影響がある場合の対応について」（厚生労働省2012）という通知を出している。そこでは「この通知の対象となる事例」として「保護者が児童に必要とされる医療を受けさせないことにより児童の生命・身体に重大な影響があると考えられ、その安全を確保するため医療行為が必要な事例であって、医療機関

が医療行為を行うに当たり親権者等による同意を必要とするものの、親権者等の同意が得られないため、医療行為を行うことができない場合」と定義している。この定義は、それに続く児童相談所長や施設長等の監護措置の対象を明示するのが目的である。そのため、この定義が医療ネグレクト全般を指すのか、その一部であるかについては明確ではない。

②アメリカでの位置付け

アメリカ連邦政府によって行われる「児童虐待とネグレクトの発生に関する全国調査」（NIS-4）ではネグレクトを身体的ネグレクト、情緒的ネグレクト、教育ネグレクトの3つに分けている。

この身体的ネグレクトの中のサブカテゴリーはいくつかあるが、医療ネグレクトに関連して次の二つが示されている。

- **a**「医療の拒否」：けが、病気、医療を必要とする状態、機能障害に対して医療専門職の提案に従って必要な医療を与えないあるいは受け入れない
- **b**「医療の遅延」：専門職でなくても治療が当然必要だと認めるような健康上の深刻な問題に対して、適当な時期に適切な医療を求めない

このように生命にかかわる医療ネグレクトだけでなく、医療の遅延もネグレクト事例で広く存在していることがうかがわれる。

③日本における研究

医療ネグレクトについては、先の厚生労働省の通知のように医療現場で深刻な事態が発生するため、医療・看護関係者の研究が多い。

このうち宮本（2010）は、医療ネグレクトは軽い風邪や傷の放置など日常的にみられるものから明らかな虐待行為と判断されるものまで質と幅が広いと指摘している。そして特に医療ネグレクトが問題とされる要因として、①通常の虐待状況がない、②生命倫理的視点からの検討が必要とされる場合がある、③気づかれないと病死・事故死として扱われる、の3点を挙げながら、いくつかの論点を提示している。そして「医療拒否」の背景に先天疾患

図1－2－15　医療ネグレクトの基本的な考え方

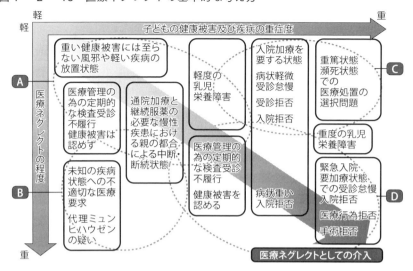

A：福祉機関は説明・説得指導により子どもの健康状態の向上・安定を高めるように保護者に働きかける関係機関の連携による見守りを行う。必要なら警告や強い指導を行う
B：医療機関は保護者に対して必要かつ適切な医療ニーズを説明して保護者がそれに従って対応するように促す
C：主として対応は保護者の主体的な判断に委ねられる
D：医療機関・福祉機関は基本的には保護者に事態を理解させ関係者の説明・説得によって適切・必要な医療対応に入るように促す。一定の説明・説得、あるいは事実関係を了解した上で必要な医療行為を計画・忌避、或いは不履行の場合、法的対応によって介入することを検討

出典：山本恒雄（2009）「医療ネグレクトについての児童相談所における実態調査・事例分析」『平成20年度厚生労働科学研究　医療ネグレクトにおける医療・福祉・司法が連携した対応の在り方に関する研究（研究代表者：宮本信也）』29－51

が70.0%あり、完治が望めない将来を案じての拒否が40.0%ある一方、狭義の医療ネグレクトに相当する拒否10.0%、宗教の教義による拒否6.7%という問題を含んでいることを指摘している。

一方山本（2009）は、児童相談所が扱う医療ネグレクトの実態と課題の解明を目的として全国調査を行った。その結果、医療ネグレクトは風邪や軽い疾病の放置から医療行為の拒否や手術拒否まで幅広いが、「子どもの健康被害及び疾病の重症度」と「医療ネグレクトの程度」の2軸を想定し、両軸を軽重で分けた4分野として児童相談所の対応を検討した（図1－2－15）。

以上のように、医療ネグレクトは「医療が必要であるにもかかわらず適切な医療行為が行われていない状態」と定義することができるが、そもそも医

療機関に受診しない事例も多く存在することが推察されることから、NIS－4で言われている「医療の遅延」がネグレクト事例の中で、どのような事例で見られるかの検討が必要である。

しかし、そのような研究は見られないため、以下、その実態について、本章第1節で扱った事例について検討したい。

（2）病院未受診の割合

市区町村が対応したネグレクト事例の9.0%（251件）に病院未受診が見られた。その年代別の割合は（図1－2－16）のようであった。

0～2歳では該当事例の12.4%で病院未受診がみられた。しかし3歳以降では徐々にその割合が減少するが、一番低い12～14歳でも全事例の6.9%であった。0～2歳については、筆者の別の研究（安部2015）でも、ネグレクト事例の0～5歳のおおむね8割は乳幼児健診を受けていた。そのため健診を担当した保健師等により、病院受診が必要にもかかわらず受診していない事例が多く発見されている可能性がうかがわれる。そのためこの年齢で病院未受診が多くみられる可能性がある。

図1－2－16　年齢別病院未受診の割合

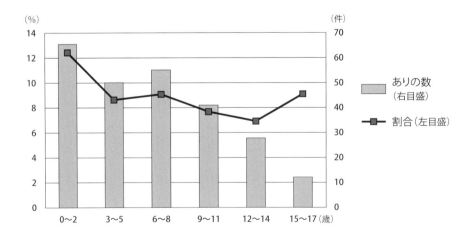

図1-2-17 家庭状況別病院未受診の割合

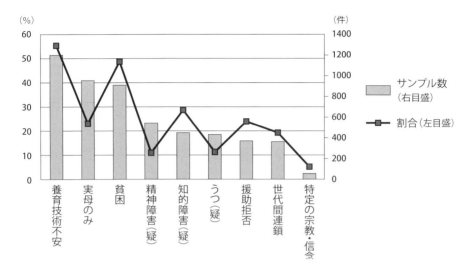

　また15歳以上は、件数は少ないが割合が高い。これは、15歳以上で市区町村がネグレクト事例として対応している事例は、支援の必要性が高い事例が多いことが推察される。その結果支援の必要性が高い、つまり危険度が相対的に高い理由として、病院を受診しない事例が多い可能性が考えられる。

（3）健診未受診の関係する家庭状況

　市区町村が対応したネグレクト事例にしめる病院未受診の割合は、すでに示したように9.0％であった。
　このうち各項目に占める病院未受診の割合が統計的に有意に多かったのは、養育技術不安、貧困、疑いを含む知的障害、援助拒否、世代間連鎖、特定の宗教・信念であった。逆に統計的に有意に少なかったのは、実母のみ、疑いを含む精神障害、疑いを含むうつであった（図1-2-17）。

（4）貧困と病院未受診

　現在の日本では、その対象は小学3年生までや中学3年生までと差はあるが、各自治体により子どもの医療費補助が行われている。そのため、経済的

な理由による医療ネグレクトは起こりにくいとも考えられる。また貧困家庭への医療費補助は有効な方法と一般的には考えられている。

ところが自治体によっては自己負担が発生するところもあり、何より病院までの交通費は必要である。またパート就労の場合は養育者には年休制度がないことが多いため、子どもの病院受診は直ちに収入の減少を引き起こし、子どもの病院受診に伴う欠勤が多くなると仕事を失う可能性にも結び付く。その結果、支援者が病院受診が必要と判断したとしても、貧困世帯では養育者は容易に仕事を休んで子どもを病院に連れて行くことができない状況（子どもの貧困白書編集委員会 2009：200-204）があると考えられる。

なお本章第2節の表1－2－1で、貧困と援助拒否が重複した場合、病院未受診が増加した。この援助拒否が病院未受診に至る経緯については、次節で検討する。

(5) 知的障害（疑）、世代間連鎖と病院未受診

病院受診は、①行き慣れない新しい場所を訪問し、②受診票に病状や健康保険証番号などを正確に記載し、③医師や看護師の問診に明確に説明し、④入り組んだ場所にある検査室に行って検査を受け、⑤診断後の医師の説明を理解し、⑥医事課で診察料を払い、⑦指示書をもらって薬局で指示された処方薬を受け取り、⑧説明どおりに服薬するという、複雑で日常とは違う行動が要求される。

そのため養育者に知的能力の課題があるとすれば、以上の行為を単独で間違わずに行うことは、かなり困難になると思われる。そしてこの困難さを経験した養育者が、次に必要性が発生した時に、病院受診を避けたいという気持ちが生じることは容易に推察される。このように考えれば、養育者に知的障害が疑われる場合には、貧困がなくても病院未受診が発生する可能性はかなり高いことが示唆される。

また世代間連鎖があると、養育者自身が成育過程において病院に連れて行かれる経験をしていない場合、自分の子どもを病院に連れて行く必要性を感じないかもしれない。また、どの程度の症状で医療機関への受診が必要かの判断ができないのかもしれない。その結果、子どもの状態が悪くても「この程度の病気で病院に行く必要はない」という判断が行われる可能性は高い。

図1−2−18　子どもの状態と病院未受診の割合

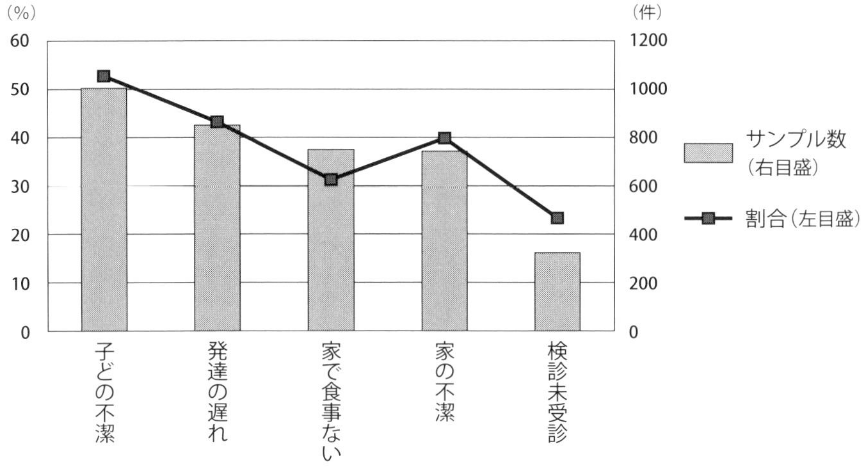

(棒グラフ：子どもの不潔、発達の遅れ、家で食事ない、家の不潔、検診未受診)

（6）子どもの状態と病院未受診

　市区町村が対応したネグレクト事例のうち、病院未受診の割合が統計的に有意であった子どもの状態は図1−2−18のとおりであった。

　このうち子どもに不潔がある場合には、その52.6％に病院未受診が見られた。また家に不潔がある場合に39.6％が病院未受診であった。

　先ほどから述べているように、病院未受診の場合、子どもに医療的な治療が必要かどうかの判断は、なかなか困難である。それでも子どもが不衛生な状況にある場合、病院未受診の割合が統計的に有意に高いことは注目に値する。

　つまり、子どもに不衛生が見られる場合には、病院未受診の可能性がかなり高いことが推察され、日常的な支援においても、不潔な状態だけに注目するのではなく、病気の場合の受診状況にも注意が必要なことが示唆される。

　また、すでに述べたように健診未受診がある事例では病院未受診の割合も高かった。つまり健診未受診の事例では、病院未受診の可能性を検討する必要があるといえる。

まとめ

　ネグレクトの典型的な症状の一つである医療ネグレクトは、緊急対応が必要な「医療の拒否」と慢性的な状態である「医療の怠慢」に分けて考える必要がある。そして「医療の拒否」については、厚生労働省の通知等で対応が周知されているが、「医療の怠慢」については研究があまり見られない。

　ここでは「医療の怠慢」の要因として、貧困、養育者の疑いを含めた知的能力の課題、援助拒否、世代間連鎖などが示唆された。

　また、子どもが不衛生にある場合には、病院未受診の可能性が高いことが考えられる。

参考文献

安部計彦（2015）「ネグレクト事例における健診未受診の意味」『西南学院大学人間科学論集』11（1）、83-99

子どもの貧困白書編集委員会（2009）『子どもの貧困白書』明石書店

厚生労働省（2012）「医療ネグレクトにより児童の生命・身体に重大な影響がある場合の対応について」（雇児総発0309第2号）　平成24年3月9日　厚生労働省雇用均等・児童家庭局総務課長

宮本信也（2010）「医療ネグレクトとは」『子どもの虐待とネグレクト』12（3）、318 – 334

U.S. Department of Health and Human Services(DHHS), Administration for Children and Families(ACF). Office of Planning, Research, and Evaluation(OPRE) and the Children's Bureau(2010)Fourth National Incidence Study of Child Abuse and Neglect (NIS-4). Report to Congress. http://www.acf.hhs.gov/sites/default/files/opre/nis4_report_congress_full_pdf_jan2010.pdf（2015年6月10日閲覧）

山本恒雄（2009）「医療ネグレクトについての児童相談所における実態調査・事例分析」『平成20年度厚生労働科学研究　医療ネグレクトにおける医療・福祉・司法が連携した対応の在り方に関する研究（研究代表者：宮本信也）』29 – 51

5　ネグレクト事例における援助拒否と引きこもり（孤立）

（1）先行研究の少なさ

　子ども虐待対応の中では、保護者の社会的孤立や援助拒否が大きな課題となっている。たとえば厚生労働省が行っている子ども虐待による死亡事例等の検証第11次報告では、第2次報告から第11次報告までの累計として、地域社会との接触が「ほとんど無い」が124例（有効割合42.6％）、「乏しい」が82例（同28.2％）（厚生労働省2015：51）であった。また養育の支援状況は複数回答で、行政の相談担当課13例（36.1％）、保育所などの職員3例（8.3％）（同：53）と少なかった。また死亡事例の中には、「心身の発達の遅れ等を有する児童を抱え、実母は育児に深刻な悩みを持っており、独自の育児方針を形成し、感情的になって医療機関の対応に激しく拒絶する状況がみられた」（前掲書：188）など、安定的な支援関係の構築が難しい事例も多い。

　ネグレクトによる虐待死のリスク要因としては「健診を受けさせない」や「長期間子どもを確認することができない」（厚生労働省2010：5）などが第6次報告で挙がっており、第7次報告では「健康診査を受診させない、家庭訪問を拒否するなど、子どもを他者に会わせない様子がみられた場合には、死亡に至る危険性があることの認識」が必要（厚生労働省2011：8）などと指摘されている。

　これらの課題に対しての先行研究は、「援助拒否」については論文検索サイトCiNiiで2016年6月29日現在7件あるが、高齢者が5件、利用者の援助拒否から福祉労働の在り方を考える文献が1件であった。

　また「引きこもり」については同サイトで515件、「孤立」は9174件、「社会的孤立」は247件の文献があった。そのうち「孤立　子ども虐待」では2件で、母親と支援者についてであった。「孤立　児童虐待」では13件で、多くは育児や母親の孤立と虐待に関するものであった。「孤立　ネグレクト」では10件検出されたが、高齢者のセルフネグレクトが6件、その他4件で、

図1-2-19 年代別サンプル数と出現率

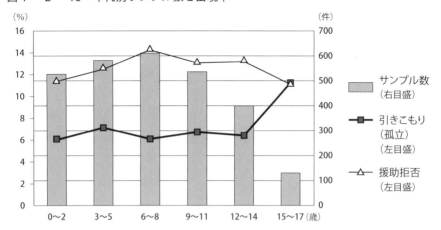

子どもに関する論文は見当たらない。

そこで筆者は以前、ネグレクトと養育者の援助拒否と引きこもり（孤立）について検討した（安部、2012）。ここでその概要を紹介しながら、再度、ネグレクトと養育者の支援者への拒否的行動について検討する。

(2) 現状はどうなっているのか

ネグレクト事例における援助拒否と引きこもり（孤立）の現状について、本章第1節で使用した全国の市区町村で対応したネグレクト事例2820ケースについて分析を行う。なお他の項目と同様に、該当すれば番号を抽出する2項選択であり、それぞれの用語の定義も行っておらず、情報は回答した市区町村職員の把握している範囲である。

①サンプル数と出現率

今回研究の対象とした全国の市区町村が対応したネグレクト事例のサンプル数と出現率は図1-2-19のとおりであった。

なお、援助拒否は全体の13.2％、引きこもり（孤立）は6.7％で、どちらも年代とのクロス集計で有意差はなかった。

援助拒否は6～8歳で多いがどの年代でも11％から15％の間にあり、引

表1-2-2 援助拒否と引きこもり（孤立）のクロス表

			引きこもり(孤立)		合計
			なし	あり	
援助拒否	なし	人（％）	2,322(94.8)	128(5.2)	2,450(100)
		総和の %	82.3%	4.5%	86.8%
	あり	人（％）	310(83.6)	61(16.4)	371(100)
		総和の %	11.0%	2.2%	13.2%
合計		人（％）	2,632(93.3)	189(6.7)	2,820(100)
		総和の %	93.3%	6.7%	100.0%

P＜.001

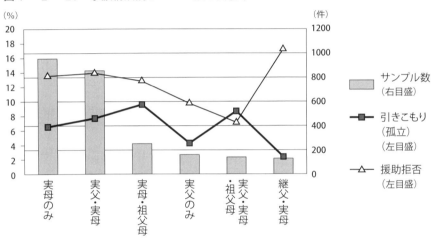

図1-2-20 家族構成別サンプル数と出現率

きこもり（孤立）は15～17歳で極端に上昇しているが、それ以外の年代ではおおむね6％代であった。このように2項目は、子どもの年齢の上昇に統計的に有意な差はなく一定の割合でみられた。

②援助拒否と引きこもり（孤立）の関係

ネグレクト事例における援助拒否と引きこもり（孤立）の相関関係は、相関係数0.152、有意確率0.001以下であった。有意確率は高かったが、相関係数が0.2を超えていないため、相関はないと判断される。

先に述べたが、援助拒否は全体の13.2％、引きこもり（孤立）は全体の6.7％であったが、両方の傾向を持つケースは全体の2.2％しかない。しかし

表1-2-2のカッコ内で示したように、引きこもり（孤立）がある方が援助拒否の割合は統計的に有意に多かった。

③家族構成との関係

ネグレクト事例における家族構成と援助拒否、引きこもり（孤立）の関係は図1-2-20のとおりであった。

援助拒否は継父実母の再婚家庭の割合が一番多く、次いで実父実母の核家族家庭、実母のみのひとり親家庭の順であった。一番少ないのが実父母、祖父母の三世代家庭で、家族構成により援助拒否の割合は有意に差がみられた。

一方、引きこもり（孤立）では、実母祖父母家庭が一番多く、次いで実父母祖父母家庭の三世代家族で相対的に割合が多かったが、統計的に有意差が出るほどの違いはみられなかった。

④子どもの状態との関係

ネグレクト事例における子どもの状態と援助拒否と引きこもり（孤立）の関係は図1-2-21のとおりであった。

図1-2-21　子どもの状態別サンプル数と出現率

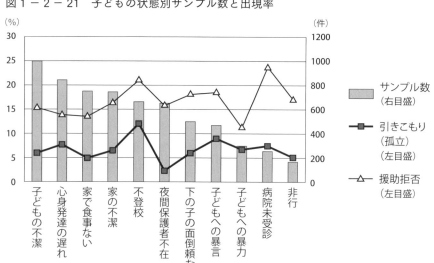

援助拒否で割合が一番多かったのは病院未受診で、次いで不登校、子どもへの暴言、下の子の面倒を頼む、の順であった。他に、子どもの不潔、家の不潔、夜間保護者不在を加えた合計7項目で、援助拒否があるとその割合が統計的に有意に増えていた。

　一方、引きこもり（孤立）は、不登校の割合が多く、次いで子どもへの暴言であった。そしてこの2項目は、引きこもり（孤立）があることで有意にその割合が増えていた。ところが、夜間保護者不在と家で食事がない、の2項目は、引きこもり（孤立）がある方が、その割合が統計的に有意に少なくなっていた。

　引きこもり（孤立）は養育者が家の外にあまり出ず、外部との接触が少ない状態であるが、逆に養育者が家にいるために、養育の放棄は起きないのであろう。

⑤家庭状況との関係

　ネグレクト事例における家庭状況と援助拒否、引きこもり（孤立）の関係は図1－2－22のとおりであった。

図1－2－22　家庭状況のサンプル数と出現率

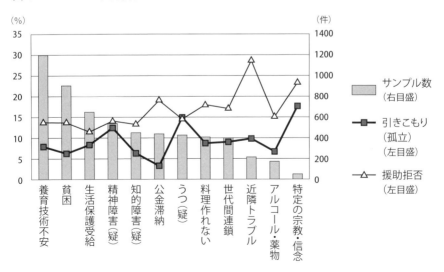

援助拒否は近隣トラブルが一番多く、特定の宗教・信念、公金滞納、料理を作れない、世代間連鎖の順であった。そしてこれら5項目は、援助拒否があることで統計的に有意に高かった。

　引きこもり（孤立）は特定の宗教・信念が一番多く、疑いを含めたうつ、疑いを含めた精神障害、の順であった。これに養育技術不安を加えた4項目は、有意にその割合が多かった。一方、公金滞納は1％水準で有意にその割合が少なかった。

⑥援助拒否の養育者の特徴

　以上の結果からネグレクト事例において援助拒否する養育者の特徴として、以下の5つにまとめることにする。

ⓐ 価値観とこだわり

　特定の宗教・信念や世代間連鎖など養育者が独自の価値観や文化を持つために、市区町村職員や子どもの所属機関の人たちが子どものネグレクト状態の改善を働きかけても受け入れないことが推察される。もしかするとネグレクトの死亡事例の中にみられる「子どもの養育は不十分なのに、他人には頼まない」養育者には、何かしらの価値観や信念があるのかもしれない。

　なお筆者の臨床的な経験だが、養育者のかたくななこだわりが支援者との認識のズレを生じさせる場合がある。その原因が、養育者の価値観や信念によるものか、発達障害の特徴であるこだわりかは不明であるが、関係者の支援を困難にする要因の一つと考えられる。

ⓑ 安定した人間関係が困難

　近隣トラブルや子どもへの暴言など、周囲の支援者だけでなく子どもに対しても情緒的に安定した関係を築くことが困難な傾向がうかがえる。しかし逆に、子どものネグレクトを心配した周囲の関係者の声掛けを被害的に受け止め、トラブルになっているのかもしれない。

　つまり養育者の過去の被害体験が不安を生み、支援を申し出た関係者に対する敵意や拒絶として現れるのかもしれない。また養育者に発達障害の要因があれば、支援者との安定した関係を取るのが難しいのかもしれない。

ⓒ 子どもの放置

　夜間保護者不在や下の子の面倒を頼む、料理作れないなど、養育者として

の子どもの養育が十分に行えていない状態が多くみられた。実母のみで割合が高かったが（図1－2－20）、ひとりで子どもを育てる場合に、どうしても長時間就労や夜間労働を選ばないと生活が確保できない状況であることは、多くの子どもの貧困研究で明らかである。

つまり、生活のために子どもを放置せざるを得ない就労状況にある養育者に周囲の関係者が事態の改善を求めた場合には、具体的な改善策の提示がない限り、かかわりを拒否する行動として現れているのかもしれない。

d 社会的ルールの軽視

公金滞納や病院未受診などは、社会人や養育者として負うべき義務が十分に果たせていない状態とも考えられる。ただこれらの背景には、社会的ルールどころではないし、生活困窮や精神的、身体的な余裕のなさが影響している可能性も推察される。

e 不潔

子どもの不潔や家の不潔など、援助拒否をする養育者に不衛生の割合が高かった。

子どもが不潔な状態であれば、子どもの所属機関である保育所や学校の担任等は状態の改善を求めて声をかけるであろう。その声掛けがどのように配慮されていても、養育者は「自分が非難されている」と受け止め、関係者とのかかわりを避けたり、子どもを学校に登校させないようになることも考えられる。

このように考えると、不潔や子どもの放置というネグレクト状態に気付いた関係者の声掛けが近隣トラブルや援助拒否を生み、支援が養育者に届かないために子どものネグレクトは継続するという悪循環が生まれるメカニズムが浮かんでくる。

⑦引きこもり（孤立）の養育者の特徴

ネグレクト事例における養育者の引きこもり（孤立）の特徴は、以下のようにまとめられるかもしれない。

a メンタルヘルス

疑いを含めた精神障害やうつが養育者にある場合に、引きこもり（孤立）の割合は有意に高かった。これらは精神保健福祉の援助制度の対象と考えら

れるが、引きこもり（孤立）の養育者は図1−2−20のように祖父母との同居の割合も高かった。

実父・実母家庭を含め家族内での支援があることが、ネグレクト事例の精神疾患を抱えた養育者の引きこもり（孤立）の一つの特徴かもしれない。

b 不安と不信

特定の宗教・信念の割合が高く、疑いを含めたうつの割合も高いことから、養育者の不安や社会に対する不信が引きこもり（孤立）の一つの要因とも考えられる。時にはその不安が子どもへの暴言になるのかもしれない。

このように家の外の世界に対する不安は、子どもを学校などに登校させることに不安を生じさせ、不登校増加の要因になっていることも推察される。

c 養育状態のいちおうの確保

養育者に養育技術の不安はあるが、夜間に外出することもなく食事も与えられている。また不潔や病院未受診も他のネグレクト事例と比べて特段多いわけではない。その結果、子どもの養育状況はいちおう確保されていると判断されるため、児童相談所の強制的な介入も難しくなる。

しかし養育者が引きこもっているため、家庭内の状況は不明なことが多い。そのため子どもの養育状況のアセスメントが十分に行えないことも特徴といえるかもしれない。

d 親子引きこもり

養育者が引きこもりで子どもは不登校な状態は、親子引きこもりともいえる。これが長期になると、安否確認ができない状態となる。しかし「1月前に夜間にスーパーで親子の姿を見た」となると、安否はいちおう確認されたと判断され、強制的な介入は困難になる。

しかし子どもは同年齢児とかかわることもなく家族内だけで成長している。この状態は子どもの社会性の発達に大きな危惧が持たれるが、簡単な打開策は見つからない。

⑧援助拒否への支援

援助拒否に関する研究は少ないうえに支援困難なため、研究自体も困難と思われるが、高齢者の分野では孤独死の問題は深刻であり、研究も行われている。

高橋らは高齢者を調査した結果から、社会的な接触を持たない高齢者は、たとえ僅かであっても接触を持つ高齢者よりも支援を受けることに否定的である可能性を提起している（高橋ら、2014：47）。

　このことから強い援助拒否を示すネグレクト事例でも緊急度の低い場合には、さまざまな機会を見つけて日常的な場面での接触を重ねていくことが必要と思われる。援助拒否している養育者のさまざまな言動を細かに収集し、養育者の心情に思いを寄せながらかかわることが重要であることはいうまでもない。

　服部らは看護場面でクライエントへの効果的な支援について研究し11のコアカテゴリーを抽出した（服部ら 2015：15）。筆者はこのうちの5項目、すなわち①問題否認による指摘への抵抗、②独自で問題解決が困難であることの無自覚、③支援必要性の理解困難、④問題発生懸念による支援拒否と抵抗、⑤支援無効による支援受諾中止、が子どもにネグレクトがありながら援助拒否を行っている養育者の心情を理解する手掛かりになるのではないかと思えた。

　また高齢者のセルフネグレクトを研究している岸は援助拒否をしている高齢者への支援についていくつか提案しているが、その基本として「その人を尊重し、プライドを傷つけない」ことをあげ、「できていることを認め」、「自分自身の利益、健康と安全のために適切な選択ができるように具体的な説明」が必要であり、「解決まで最低1年」を要し、「チームでの支援が大切」と述べている（岸 2012：156 - 161）。

　実際、子どものネグレクトに直面した関係者は、直ちに事態の解決を急ぎがちだが、援助やかかわりを拒否している養育者に改善を求めるだけでは事態は改善しない。筆者も事例検討会で「ヘルパーを導入したけど、すぐに断られた」という例はよく聞く。

　一方、援助拒否をしている養育者は友達も少なく、困っている時に助けてくれる親族との関係も希薄である。そのため、ネグレクトではない「養育者の困っていること」への支援が援助拒否への入り口と考え、養育者と「世間話ができる」関係を作った結果、子どもの状況改善に至った家庭相談員の話も聞く。ただし年単位で養育者と関係を築く間も子どものネグレクト状態は継続したままであり、援助者はそのジレンマを抱えることになる。

⑨引きこもりへの支援

　引きこもりへの支援に関する研究の数は多かったが、そのほとんどは不登校や若年の引きこもりに関するものであった。セルフネグレクトと関連して高齢者に関するものもあったが、養育者自身の引きこもりについては、障害児を育てる母親の社会的引きこもりに関するものだけであった。

　また孤立に対する支援についても、養育の孤立が虐待につながる可能性が高いことから多くの研究があるが、その対象は子育て支援サービスを利用していたり、それにつなげるものであった。そして子育て支援サービスに結びつかない養育者へのかかわりについては研究を見つけることができなかった。

　さらに図1－2－22の結果からは、ネグレクトの養育者で引きこもり（孤立）がある場合、特定の宗教・信念や疑いを含めた精神障害やうつの割合が高かったことがわかった。また不登校の割合が高いことを考えると、親子引きこもりを含めて家族全体が引きこもり（孤立）状態と推察される。

　しかし人間は完全に引きこもり、社会から隔絶しては生活はできない。図1－2－20でも祖父母やパートナーなど、他のおとなが同居する場合も多い。そのため、子どもの引きこもりに関する支援については親の会の役割が大きいと考えられる。これについて川北は、「親の定期的な参加や参加頻度の高さが必要条件として影響しつつ、本人の参加や性別・年齢と結びついて改善に至る」という研究結果を紹介している（川北2007：235）。

　この研究は示唆に富み、家庭内で引きこもりを抱える家族がいても、他のメンバーが外部とつながることで改善が図られる可能性が高いことが示された。

　また先ほどの岸は、全くの引きこもりの高齢者ではライフラインの途絶が直ちに支援を行う目安（岸2014：173）だが、そうでない場合は、「体調を心配しています」などの声掛けをしながら名刺や手紙を置いていく（前掲書：157）ことを提案している。

　このように支援者が養育者や子どもを責めないこと、心配していることを繰り返し、根気強く働きかけることが、引きこもり家庭とつながる糸口と思われる。

　ただし筆者の自験例でも、養育者に精神症状が明らかにみられる場合には、立ち入り調査や臨検等による子どもの保護と、精神保健福祉法を使った

養育者の入院治療が必要となった。この場合には、児童福祉や母子保健、子どもの所属機関だけでなく、精神科医療の専門家のアセスメントへの参加が不可欠である。

おわりに

　子どものネグレクト状態が重度であっても、養育者と協働できれば事態の改善は図られる可能性は高い。しかし、ネグレクト事例で子どもの所属機関だけではなく児童相談所や市区町村も対応に苦慮するのは、養育者へのかかわりの困難である。

　ここではネグレクト事例での養育者の援助拒否と引きこもり（孤立）の実態をある程度明らかにし、そのうえで対応策としていくつか検討した。

　その基本は、長期的な視野に立って家族とのかかわりを作ることや養育者が困っていることへの支援である。どちらも直接的に子どものネグレクト状態の改善に結びつくものではないが、まず養育者とかかわりを作り、話ができる関係を作ることが、結果的に子どもの状態の改善に結びつくと考えられる。

　しかし緊急対応や介入的な手法が必要な場合もあり、関係者で情報を精査し、養育者の状況を正確にアセスメントすることが対応策の選択において重要になる。

参考文献
安部計彦（2012）「ネグレクト事例における引きこもりと援助拒否の背景と子どもへの影響」『西南学院大学人間科学論集』7（2）、13-24
服部美香、船島なをみ（2015）「問題解決場面におけるクライエント行動に関する研究――問題解決に向けた効果的な支援の実現を目指して」『看護教育学研究』24（1）、9-24
川北稔（2006）「家族会への参加と引きこもりの改善――民間支援機関における質問紙調査から」『愛知教育大学教育実践総合センター紀要』9、227－236
岸恵美子（2012）『ルポゴミ屋敷に棲む人々――孤独死を呼ぶ「セルフ・ネグレクト」の実態』幻冬舎新書
厚生労働省（2010）「子ども虐待による死亡事例等の検証結果等について」『社会保障審議児童部会児童虐待等要保護事例の検証に関する専門委員会　第6次報告』
厚生労働省（2011）「子ども虐待による死亡事例等の検証結果等について」『社会保障審議児

童部会児童虐待等要保護事例の検証に関する専門委員会　第 7 次報告』
厚生労働省（2015）「子ども虐待による死亡事例等の検証結果等について」『社会保障審議児
　　童部会児童虐待等要保護事例の検証に関する専門委員会　第 11 次報告』
高橋知也、小池高史、安藤孝敏（2014）「団地に暮らす独居高齢者の被援助志向性──横浜市
　　公田町団地における調査から」『技術マネージメント研究』13、47-55

第3章
海外における定義の変遷と発生率

三上邦彦（岩手県立大学）

1 海外の先行研究から

　定義は、一般にコミュニケーションを円滑に行うために、ある言葉の正確な意味や用法について、人々の間で共通認識を抱くために行われる作業であり、法律などにおいては、定義が定まっていないと無効となる可能性があり、定義の存在は必要条件とされる。

　我が国におけるネグレクトの定義は、2000（平成12）年に施行された児童虐待防止法で規定された。しかし子どもに直接かかわる人たちの間でネグレクトの判断に迷いが生じることが多い。またどこまでをネグレクトと判断するか、ネグレクトとは何かの基準も明確ではない。そこで、ここでは、先行研究が数多くなされている海外のネグレクトに関する定義について概観したい。

(1) ネグレクトの原義

　もともとネグレクト（Neglect）という言葉は、ラテン語のneglectusを語源とし、直訳すると「注意することをしない事実」となる。ネグレクトという言葉はすでに16世紀の初頭から使われているものの、研究の定義としてネグレクトの概念が提示されるまで300年以上の年月がかかっている。

(2) ネグレクトの定義に関する議論

　子ども虐待に関する研究は、ヘンリー・ケンプ（Henry Kempe）らを中心

に医学専門家グループ（Kempe, Silverman, Steele, Droegemuller, Silver　1962）によって身体的虐待の医学的解釈として、「殴打された子どもにみられる症候群」（Battered Child Syndrome）の報告がされ、その概念化が図られた。その後、子ども虐待を構成する定義は50年以上かけて大きく変化してきた。現在では、身体的虐待、性的虐待、心理的虐待における行動、臨床的特徴も含めた広範囲なものを包含した概念化が図られている。

　ネグレクトにおける専門的立場からの定義について報告されるようになってきたのは1960年代からである。最初期のネグレクトの定義に関する議論としては、メイヤー（Meier 1964）の報告があげられる。

　ウォロックとホロウィッツ及びダーロー（Wolock, Horowitz 1984; Daro 1988）が指摘するように、「ネグレクトは子ども虐待の形態の一つである」と多くの学者が定義している。これによりネグレクトは子ども虐待に追加され、重要な社会的問題として再分類されることになった。

　その結果を受けてアメリカ国内調査委員会（1993）は、過去20年の活発な議論により、子ども虐待の有効な定義づけに向けて、少なからず進歩していると表明した。

（3）ネグレクト定義の法的側面

　メイヤーは「ネグレクト状態は、さまざまに説明されるが、裁判で特徴的なのは以下のことである」と指摘して、不適当な身体的ケア、虐待的あるいは不適当な医療的ケア、冷酷なあるいは虐待的な取扱い、不適切な監督、子どもが仕事で得た所得の搾取、不当に子どもを学校外にとどめる、犯罪などの影響を受ける危険に子どもをさらすことをネグレクトにあたるとしている。そしてネグレクト状況にある子どもを保護するために、子どもを監督する者に対して法律的な立場でかかわることを前提に、ネグレクトを明確化することの重要性を主張した。

　またジグラーとバーマン（Zigler&Berman 1983）は、法的介入から家族の権利を保護するための狭義の定義と、リスクの高い家族に焦点をあて、そのような家族に適したサービスを提供するために必要な広義の定義に分けている。

(4) 定義の困難さ

　一方、ネグレクトの定義づけの難しさについては以下のような論議があることからも理解できる。「どのような形態にネグレクトの危険性があるのか」「およそ不確実な大人の特徴や大人の行動、その結果としての子どもの環境などの組み合わせによりネグレクトをどう定義づけるのか」「リスクや危害の基準をネグレクトの定義として構築すべきか」「ネグレクトと類似した定義があり、定義が混乱している状態で、科学的あるいは法的な臨床場面で使用されるべき」などである。

　またネグレクト行動を定義する場合、その前提にあるのは社会全般として受け入れることが可能な養育上の標準的な行動である。したがって、理想的な養育者の行動と不適当な養育者の行動の境界線に関しては、コミュニティにより変化することも言及されている（Drotar 1992）。

　さらに、「ネグレクトの発生率は不明で、ネグレクトの定義については一致した見解がない」（Helfer 1987）とされ、極端なネグレクトについては認識されやすいが、通常の子どものケアから境界的なネグレクトに至る段階においては、ネグレクトの測定は困難であり、ネグレクトの通報ないし対応については、関係諸機関によってばらつきがあることも指摘されている。

(5) 養育者要因からの定義

　ネグレクトは養育者のケアが省略されることが連続的に生じていることとして特徴づけられる。つまり、子どもを養育する上での様々な行動の失敗や不足と位置づけることができる。

　ポランスキーら（Polansky et..1981）は、養育者の特徴によってネグレクト（特に慢性的なネグレクト）の発生について説明している。ネグレクトをする養育者は身体的虐待をする養育者と比較すると、抑うつ、不安、怒り、混乱の程度は低いが、子どもっぽい、自己評価が低い、結婚・出産・就職など人生の重大な選択を計画的に考えられない傾向にあることを指摘している。

　また養育者に共通して、低収入、家族問題、生活保護の受給、住宅事情や生活状況の悪さ、教育レベルの低さ、就業率の悪さなどの問題がみられることを指摘している（Boehm 1964, Daro 1988）。多くの子ども虐待は、社会から

孤立することだけでなく、さまざまな要因が複雑に絡んで起きているが、特にネグレクトでは、しばしば「慢性的」であることも指摘されている。

そのためポランスキー（Polansky 1975）は、子どもネグレクトの定義に関して「子どもに対する責任を担っている養育者が、故意に、あるいは常識を超えた配慮の不足によって、大人が援助すれば避けられる危険に子どもをさらすこと。また、子どもの身体的、知的、情緒的な能力の発達に不可欠であると考えられているものを子どもに提供しないこと」と定義している。またヘルファ（Helfer 1990）はネグレクトの定義を、「どのような状態においても、子どもの基本的ニーズを満たすことに責任のある者が怠慢する時に生じる状態」としている。

(6) 子どもの側からの規定

ドゥボイッツら（Dubowitz et al. 1993）は、「子どもの基本的なニーズがいかなる理由にかかわらず満たされない時にネグレクトが生じる」としている。

またネグレクトの構成概念に関する研究では、子どもの年齢や発達段階、危険性、重症度、慢性度、養育者の責任と程度に関して課題があることも言及されている（Maureen 2000）。

(7) ネグレクトの下位分類

アメリカではネグレクトをサブカテゴリーに分類する試みがなされており、「児童虐待及びネグレクトの発生に関する全国調査　第4版（NIS-4）」では、①身体的ネグレクト、②教育ネグレクト（基本的な教育を養育者が子どもに提供する資源があるにもかかわらず、怠慢している状態）、③情緒的ネグレクト（子どもの情緒的ニーズを消極的に無視し、愛情、情緒的支持、注目、潜在能力への関心、承認が欠けている状態）、④ NISの標準分類されない項目と、大きく4つの分類がなされている。この全国調査については本章2節で詳しく解説している。

ズラヴィン（Zuravin 1991）は身体的ネグレクトの下位項目を独自に提案し、養育者の行動に注目することによりネグレクトを定義し、養育者の行動の結果として14種類に分類した。下位カテゴリーは以下の通りである。①身体的な健康管理の拒否、②身体的な健康管理の遅滞、③精神的な健康管理

の拒否、④精神的な健康管理の遅滞、⑤監視監督のネグレクト、⑥保護監督の拒否、⑦保護監督関連のネグレクト、⑧遺棄・置き去り、⑨恒久的な家庭を与えない、⑩個人的な衛生状態のネグレクト、⑪住居水準、⑫住居の衛生、⑬栄養面のネグレクト、⑭教育上のネグレクト。

　また、ヘガーとヤングマン（Hegar&Yungman 1989）は、心理的・情緒的ネグレクトを追加した。虐待が子どもの情緒や心理に有害な影響を与えることを一般的に認めるべきだ、と提起している。

（8）分析の視点

　ネグレクトに関する海外の研究の中で、家族の「注意・注目に対する欠乏」が子どものネグレクトの中心課題であることが指摘されている（Nelson,Saunders and Landsman 1993）。またネグレクトは、「子ども虐待のさまざまな具体的な形態の問題の結果」として捉えられており、この考え方は子どもに関わる専門家たちに全面的に支持されている（Giovannoni 1989; Goddard and Carew 1993）。

　またガウディン（Gaudin 1993）は、専門職は個々のパーソナリティ要因、家族システム要因、環境要因、コミュニティ要因、文化的要因を考慮すべきであると主張している。さらにドゥボイッツら（Dubowitz et al. 1993）は発達ニーズ、ネグレクトの種類、潜在的なネグレクトの程度、ネグレクトの頻度、子どものニーズに対する親の理解、宗教・文化的信念、貧困に注目すべきであると主張した。

　さらに、ネグレクトの指標は医学的指標と心理社会的指標にも分けられており、前者は、あらゆる衛生面への管理不足、歯や健康面への管理不足、医療遅延、低体重、医師の指示に従わないこと、子どもの監督不足、基本的ニーズ（栄養、衣類、衛生保護など）の未充足、子どもの薬物・アルコールの使用に親が介入しないこと（Gaudin 1993）、さらに認知能力の発達遅滞、運動能力の発達遅滞、シラミ、無気力、脱水症、慢性寄生虫病などがあげられた。後者は、知能の発達遅滞、運動能力の発達遅滞、言語の発達遅滞、学業不振、アタッチメントの問題（親子間の絆の欠如）、無感動、引きこもり、消極的、攻撃的、情緒上の問題をあげている（Crouch&Miler 1993）。

（9）アセスメントスケール

　サリバン（Sullivan 2000）はネグレクトスケールを作成し、子どもの生活レベル、ネグレクト指標などの項目を設定している。ただしネグレクトのスケールは子ども虐待と独立して存在するのではなく、あくまでも子ども虐待のサブスケールとして位置づけられている。

　また、ネグレクトのスケールは子どもが置かれている状況、子ども自身や養育者の報告、周囲の大人からの通告による情報を基礎として作成されている。それゆえ、子ども虐待における対応が同一ではないと同様に、子どもネグレクトの内容によっても、アセスメントのポイントを整理し、ケースごとの適切な対応や支援の方法が必要とされることはいうまでもない。

（10）WHOの定義

　国際的な基準として2002年WHO（World Health Organisation）は、「ネグレクトは子どもの発達保障をする上での親の失敗であること。健康、教育、心理的発達、栄養、住居、安全に生活できる状態についてひとつないしそれ以上の領域で親が保障する立場にあること。ネグレクトはそれゆえ家族と養育者が入手可能な資源があるケースのみに起こる特有の貧困状況である」と定義している。すなわち、家族及び養育者が子どもに提供できる立場にありながら、実際には健康、教育、心理的発達、栄養、住居、安全において保障していない状態を示しており、この点に着目する必要がある。

　このWHOの定義の中で注目されるのは、子どもの栄養に関するネグレクトを指摘している点である。毎日の生活に必要なエネルギーだけではなく、発育・発達の観点からもエネルギー摂取は必要であることはいうまでもないが、乳児は消化器官などの内臓が未成熟であるため、必要な栄養を取り込むために乳を飲む回数が多く、幼児も3回の食事の他に間食することが多い。また子どもの咀嚼力の発達に応じて、母乳及びミルクから離乳食、幼児食に移行するが、いずれにしても子どもにとって必要な栄養は養育者が選択し、与えることになるため、子どもの発達、成長のためには養育者が子どもに与える栄養や栄養に関する知識をもち、適切に栄養を与えることは重要である。

まとめ

　ネグレクトの概念としての定義を概観すると、概ね広義で包括的な定義づけがされており、厳密な基準は作られていない現状がある。このことは、ネグレクトの定義がまちまちなために研究の比較をしにくいことにもつながっている。

　またネグレクトの定義は時代や環境によって変化し、ネグレクトの測定の範囲が、栄養、住居、その他生活必需品という範囲から、医療、教育、情緒面のケアにまで拡大してきているといえよう。

　今後、有効かつ信頼性の高いネグレクトのカテゴリーを構築していくためには、ネグレクトの対象となる行為ないし行動の一つひとつを分類する基準を明確に定めて、カテゴリーごとに分類していくことが大切になってくると考えられる。

　また、概念的定義では、観察、面接、その他のアセスメントによって測定できるような具体的な行為を概念として置き換えていくことが必要になる。

　さらに、ネグレクト研究を進めていくためには、カテゴリーの体系化だけではなく、ネグレクトと関連する理論モデルの構築およびネグレクトの測定ツール（チェックリストやアセスメントツール）の開発が重要であり、さらに測定ツールに関連するマニュアル作成やネグレクトの構成概念の妥当性を論証していく研究も必要になってくる。

参考文献

Boehm,B.(1964)"The community and the social agency define neglect", *Child Welfare,*November,pp.454 - 464.

Crouch,J.L.,&MilerJ.S.(1993)."Effects of child neglect on children." *Criminal Justice and Behavior* 20,49 - 65.

Daro,D.(1988).*Confronting Child Abuse; Research for Effective Program Design,* Free Press.

Drotor,D. (1992) "Prevention of neglect and nonorganic failure to thrive",in D. J. Willis,E.W. Holden and M.Rosenberg(eds)*Prevention of Child Maltreatment: Developmental and Ecological Perspectives.*, pp.115 - 149, John Wiley & Sons.

Dubowitz, H., & Black, M.M.,Starr, R.H., & Zuravin,S.J.(1993)."A conceptual definition of child neglect".Criminal *Justice and Behavior* 20,8 - 26.

Gaddard, C. R and Carew, R.(1993)*Respondng to Chileren: Child Werfare Practice,* Longman Cheshire

Gaudin, J. M., Polansky, N. A., Kilpatrick, A. C. & Shilton, P. (1993), "Loneliness, depression, stress

and social supports in neglectful families", *American Journal of Orthopsychiaty*, 63, 597‐605.
Giovannoni, J (1989), "Definitional issues in child maltreatment", in D. Cicchetti and V. Carlson(eds) *Child Maltreatment : Theory and Research on the Causes and Consequences of Child Abuse and Neglect*, Canbridge University Press, Canbridge.
Hegar, R. L. and Yungman, J. J. (1989), "Towards a causal typology of child neglect", *Children and Youth Services Review*, 11, 203‐220.
Helfer,R.E.(1987) "The litany of the smoldering neglect of children". 301-311 in R.E.Helfer and R.S.Kempe,eds., *The Battered Child*, Fourth Edition, Revised and Expanded. Chicago: University of Chicago Press.
Helfer RE(1990) "The neglect of our children".*Pediatric Clinics of North America* 37: 923-942.
Kempe, R. S., Silverman, F. N., Steele, B. F., Droegemuller, W. and Silver, H. K. (1962)"The battered child syndrome", *Journal of the American Medical Association*, 18(1), 17‐24
Maureen M. Black(2000)*The Roots of Child Neglect: Treatment of Child Abuse,* The Johns Hopkins University Press.
Meier,E.G.(1964)."Child neglect". In N.E.Choen(Ed),*Social work and social problems,* 153‐200, National Association of Social Workers.
三上邦彦（2011）「海外におけるネグレクトに関する先行研究の特徴と傾向」主任研究者安部計彦『平成 22 年度児童関連サービス調査研究等事業報告書　要保護児童対策地域協議会のネグレクト家庭への支援を中心とした機能強化に関する研究』こども未来財団、10 － 23
National Research Council (1993) *Understanding Child Abuse and Neglect*, National Academy Press.
Nelson, K. E., Saunders, E. J. and Landsman, M J. (1993)"Chronic child neglect in perspective", *Social Work*, 38(6).661-671
Polansky, N. A., and Hally, C. (1975). Profile of Neglect. Washington, D. C.: Public Services Administration; Department of Health, Education, and Welfare
Polansky,N.A.,Chalmers,M.A.,Buttenwieser,E.,Williams,D.P.,(1981),'Damaged Parents':An Anatomy of Child Neglect,The University of Chicago Press
Sullivan, S. (2000), *Child neglect : Current definition and models*, A review of child neglect research, 1993‐1998, National Clearinghouse on Family Violence, Ottawa, Ontario
The Oxford English Dictionary Second Edtion (1989)Oxford University Press.
World Health Organisation (2002) *World Report on Violence and Health*, World Health Organisation.
Wolock, I. and Horowitz, B. (1984) "Child Maltreatment as a Social Problem : The Neglect of Neglect", *American Journal of Orthopsychiatry*, 54, 530‐543
Zigler, E. and Berman, W. (1983) "Discerning the future of early childhood intervention", *American Psychologist,*38, 894‐906
Zuravin, S. J. (1991) "Research definitions of child physical abuse and neglect : current problems", in R. H. Starr and D. Wolfe (eds) *The Effects of Child Abuse and Neglect : Issues and Research*, Guilford Press.

2　全米虐待発生率調査

(1) 全国虐待発生調査の背景と目的

　1974年の子ども虐待防止及び対処措置法（P.L.93-247）により、子ども虐待全米センター（The National Center on Child Abuse and Neglect、以下 NCCAN と記載）が設置され、子ども虐待の全国発生調査の実施が定められた。この法律では、子ども虐待が疑われるケースの通報を認可し、子どもと接触する専門職（教育者、医療専門職、その他）に通報が義務づけられた。

　また、①子ども虐待に関する調査研究についてモニターし、この分野で働く者に役立つ資料を編纂し、公表すること、②州が子ども虐待の発見、確認及び防止に関するプログラムを構築・展開するために、それらを行う州に対して援助する体制を整備すること、③子ども虐待の探知、防止及び対処措置における連邦政府の役割を先行型のものに強化すること、④子ども虐待の防止及び対処措置に関する限定的な政府の調査研究を承認すること、⑤子ども虐待全米センターを保健福祉省に設置し、助成プログラムを管理すること、⑥新規の事業・活動については、実証実践を通して問題を確定すること、⑦情報の収集、プログラムの改善、資料の頒布、州及び地方に対して最良の実践例に関する情報を提供する中心として活動すること、⑧子ども虐待全国情報センター（The National Clearinghouse for Information Relating to Child Abuse）の設置、などである。

　その後、NCCAN は通報されたケースのみに依拠するだけではなく、子ども虐待の発生ついて、その実態を推定する必要性を認識し、1976年より、調査機関の Westat へ子ども虐待の発生率と重症度に関する研究の設計と実施を依頼した。

　1979年から1980年にかけて第1回全国虐待発生調査（The first National Incidence Study: NIS-1）が実施された。子ども虐待の発生についての情報を広く集めるために、裁判所や警察の調査機関、その他の地域機関の専門職

である医師や教育者などの情報を収集した。そして、子ども保護サービス機関（Child Protective Services、以下 CPS）、調査機関、地域機関の専門職から通報されたケースおよび通報されなかったケースのデータが全米 26 郡の確立標本として収集された。

NIS － 1 は、子ども虐待のタイプを運用基準の定義に基づき分類したうえで、親子の特徴、子ども虐待の特徴（不作為または作為）とその結果についての情報を収集した。しかし、このデータについては子ども虐待の発生の実態というよりも、サービスを提供する機関が認知した子ども虐待のみを反映したものであったと指摘している。

なお、NIS － 1 は 12 カ月間（1979 年 5 月 1 日から 1980 年 4 月 30 日まで）の子ども虐待の被害児童の推定数を分子とし、米国内の同年齢の児童数を分母として発生率を算出されている。

その結果、CPS のデータでは、虐待発生率は、子ども 1000 人あたり 17.8 人であった。そのうち立証されたケースが 42.7% で、立証ケースの発生率は子ども 1000 人あたり 7.6 人であった。そのうち 53% は中程度または重度の危害を要件とする NIS － 1 の子ども虐待の基準を満たさないので、発生率は年間 1000 人あたり 3.4 人に修正されている。そして CPS のデータに他の地域のデータを加えると、発生率は年間 1000 人あたり 10.5 人であった。

第 2 回全国虐待発生調査（The Second National Incidence Study: NIS － 2）は、1986 年に編纂された。NIS － 2 は NIS － 1 と同様の設計で発生率を推計し、NIS － 1 後の子ども虐待の頻度・性格・重症度の変化を報告している。NIS － 2 からは 2 種類の運用基準が使用されているが、詳細は次節で説明する（American Humane Association 1979,1981；American Association for Protecting Children 1986, 1987；NCCAN 1981, 1988, 1992）。

土屋恵司（2004）はアメリカの子ども虐待防止についての法律の推移を以下のように紹介した。

1988 年児童虐待防止、養子縁組及び家族福祉法は、「児童虐待防止及び対処措置法」を全面的に改正し、子ども虐待に関連したプログラム及び活動に責任を有する機関間の作業班を設けた。また、調査研究の範囲を拡大し、子ども虐待事件に適用される捜査及び裁判手続並びに全国発生率を含むものとした。さらに虚偽の通報による事件、未発見の事件または立証されない事件

に関する標準データ並びに子ども虐待を原因とする死亡者数を含むデータの全国的収集システムを確立する等を示した。

　また、1992年児童虐待、家庭内暴力、養子縁組及び家族福祉法では、「児童虐待防止及び対処措置法」を改正し、子ども虐待に関連する文化的特徴、文化的に細心の注意を払うべき手続き、文化的多様性との関連性を加えた。

　その結果を受けて、1988年児童虐待防止、養子縁組及び家族福祉法（P.L. 100-294）および1992年児童虐待、家庭内暴力、養子縁組及び家族福祉法（P.L. 102-295）によって義務づけられていたNIS－3は1993年にデータ収集が行われた。

　また、「2003年児童及び家族の安全保持法（Keeping Children and Families Safe Act of 2003）」）は、子ども虐待防止及び対処措置法、1978年子ども虐待防止及び対処措置並びに養子縁組改革法（そのうちの「機会提供プログラム」に関する規定）、1988年遺棄幼児援護法及び家庭暴力防止及び支援法の一部を改正し、関連の施策を実施するためのものである。

　なお、「児童虐待防止及び対処措置法」の2003年改正の背景に、米国連邦議会の事実認定（合衆国法典第42編第5101条注）がある。その内容は①毎年、約90万の米国の子どもが虐待の犠牲者となっている、②冷遇の諸形態のうちでもネグレクトに苦しんでいる児童が最も多く、複数の調査によって、2001年に虐待の犠牲者となった子どもの60％がネグレクトに苦しみ、19％が身体的虐待を被り、10％が性的虐待を受け、7％が精神的虐待を受けたと判定された、③子ども虐待は、子どもを死に至らしめることがあり、2001年に推定で1300人が子ども虐待の結果、死亡したとCPSは算定、1歳以下の幼児が子ども虐待死亡者の41％を占め、85％が6歳未満の者であった、これらの子ども及びその家族は、適切な保護及び対処措置を受けることができなかった、これらの子ども（2001年には41％）及びその家族のほぼ半数近くが、適切な保護または対処措置を受けることができなかった（土屋恵司 2004）、としている。

　この「2003年児童及び家族の安全保持法」（P.L. 108-36）の制定により、NIS－4（2005年から2006年にデータを収集）が義務づけられた。

(2) NIS－4の設計と方法

①主要研究

　NISは子ども虐待をアセスメントし、CPSが調査する子ども以外の問題も含めた範囲を独自な視点と将来的な見通しを提供している。

　またNISは、CPSの調査以外に、CPSに報告または調査されず、CPSによってスクリーニングされなかった子どものデータも含まれている。これらの追加された子どもは、コミュニティの専門職（警察と保安官の部門、公立学校、託児所、病院、ボランタリーの社会サービス機関、精神保健機関、非行やホームレス状況にある若者を支援している保護観察機関、公衆衛生部門、公営住宅、避難所など、子どもと接触を持っている機関のすべてのスタッフ）によって虐待として認知されたものである。

　NIS－4の主要な目的は、米国における子ども虐待の発生率の推定値を提供し、以前の研究から発生の変化を測定することであった。

　NIS－4のデータは、米国内を代表する122郡のサンプルに基づいている。これらの郡にある126のCPSは、それぞれ3ヵ月の研究調査期間（2005年9月4日から12月3日または2006年2月4日から5月3日）に調査を受けた。NIS－4は、1094カ所の機関の計1万791人の専門家によって行われ、調査期間中に彼らが出会った虐待された子どもについての報告書が提出された。

②NISにおける2つの定義（被害基準と危険行為基準）

　「被害基準」とはNIS－1以降に使用されている基準である。これは一般的に、子ども虐待として分類されるもので、行為または不作為により明白な被害を生じていることを必要とする比較的厳格な分類である。被害基準の主要な特徴はその高い客観性にある。一方、欠点としては、認知基準が非常に厳格であるため、CPSが虐待を受けている子どもたちを実証するには狭すぎる点である。

　「危険行為基準」はNIS－2以後、継続して使用されている。これは、被害基準のほか、この基準ではNIS－1の被害基準に該当しない「危険にさらされている」子どもも追加された。郡の機関によって虐待の状況にある子どもが危険行為にさらされたと推定されると、CPSの調査が入り、その状

況を確認する。その結果、子ども虐待の状況について、これまで「子ども虐待によって傷つけられていなかった子ども」としてカウントしていた範囲も含まれるようになった。また、特定の分類における両親以外の養育者、性的虐待の加害者、10代の保護者を含む加害者の場合には、危険行為基準は被害基準より多少幅広く設定されている。

　なお、以前のNISサイクルで使用された方法に相当する手順に従って、データが重複しないように、NIS－4研究チームでは国内の推定値をデータ化している。調査期間については3ヵ月であるが、推定値を年率換算できるように反映した結果として提出している。

参考文献

American Humane Association(1979)*Annual Statistical Report: National Analysis of Child Neglect and Abuse Reporting 1978*

American Humane Association(1981)*National Analysis of Child Neglect and Abuse Reporting 1979.*

American Association for Protecting Children(1986)*Highlights of Official Child Neglect and Abuse Reporting,1984*

American Association for Protecting Children(1987)*Highlights of Official Child Neglect and Abuse Reporting,1985*

Children's Bureau, Office on Child Abuse and Neglect, DePanfilis, Diane(2006)*Child Neglect: A Guide for Prevention,* Assessment and Intervention

National Center for Child Abuse and Neglect(1981)*National Study of the Incidence and Severity of Child Abuse and Neglect.*81 - 30325.US. Department of Health and Human Services

NIS 1(1988)Study Finding: National Study of the Incidence and Severity of Child Abuse and Neglect. Washington, DC: US.Department of Health and Human Services

NIS 2(1992)National Child Abuse and Neglect Data System,Working Paper1,Summary Data Component. April. Washington, DC: US. Department of Health and Human Services

ピーターセン、アン・C編、多々良紀夫監訳、門脇陽子・森田由美訳（2010）『子ども虐待・ネグレクトの研究』福村出版

Sedlak, A.J., Mettenburg, J., Basena, M., Petta, I., McPherson, K., Greene, A., and Li, S. (2010) Fourth National Incidence Study of Child Abuse and Neglect (NIS-4): Report to Congress. Washington, DC: U.S. Department of Health and Human Services, Administration for Children and Families.

土屋恵司（2004）「アメリカ合衆国における児童虐待の防止及び対処措置に関する法律」『外国の立法』219

3　NIS－4にみられるアメリカのネグレクト状況

　子ども虐待とネグレクトの米国内における発生調査（NIS－4）の結果の中で、ネグレクトを中心に以下、その内容について説明する。

（1）被害基準による発生率

　厳格な被害基準の定義が使用され、その結果推定125万6600人の子どもがNIS－4（調査期間：2005年－2006年）の調査により子ども虐待を経験していたことが報告された。米国内の児童58人あたり1人の子どもに該当する。このうちネグレクトが最も多く、概算として77万1700人（61%）、虐待（アビュース）が概算として55万3300人（44%）と続いている。なおNISでは、子どもを、該当するすべてのカテゴリーに分類するので、合計は100%以上に達する。

　虐待を受けた子どものうち、32万3000人（58%）が身体的虐待を経験している。また、心理的虐待が14万8500人（27%）、性的虐待が13万5300人（24%）受けていた。さらに身体的ネグレクトが29万5300人（38%）、情緒的ネグレクトが19万3400人（25%）、教育ネグレクトが36万500人（47%）であった（表1－3－1）。

（2）ネグレクトの推定値

　全国子ども虐待防止委員会（NAPCA）は、ネグレクトにおける推定値を算出し、1990年に米国内50州の調査から、通報のあった子どもの46%（全児童の2%）はネグレクトと推定している（Crittenden 1992, Daro and McCurdy 1991）。

　①ネグレクトの被害基準における特定のカテゴリー
　NIS－4におけるネグレクトの被害基準は、身体的、情緒的、教育の3つのカテゴリーが含まれている（表1－3－2）。

表1－3－1　NIS－4の結果の概要

被害基準子ども虐待カテゴリー	NIS–4 推計 2005–2006		以前の調査研究との比較			
	子どもの合計	1000人あたり	NIS-3 推計 1993		NIS-2 推計 1986	
			子どもの合計	1,000人あたり	子どもの合計	1000人あたり
すべての子ども虐待	1,256,600	17.1	1,553,800	23.1 m	931,000	14.8 ns
虐待（アビューズ）						
すべての虐待	553300	7.5	743,200	11.1 *	507700	
身体的虐待	323,000	4.4	381,700	5.7 m	269,700	4.3 ns
性的虐待	135,300	1.8	217,700	3.2 *	119,200	1.9 ns
心理的虐待	148,500	2	204,500	3.0 m	155,200	2.5 ns
ネグレクト						
すべてのネグレクト	771,700	10.5	879,000	13.1 ns	474,800	7.5 m
身体的ネグレクト	295,300	4.0	338,900	5.0 ns	167,800	2.7 m
情緒的ネグレクト	193,400	2.6	212,800	3.2 ns	49,200	0.8 *
教育ネグレクト[†]	360,500	4.9	397,300	5.9 ns	284,800	4.5 ns

＊：これとNIS-4発生率との間の差は、p<0.05で有意
m：これとNIS-4の発生率の差は統計的に限界である（すなわち、0.10＞P＞0.05）。
ns：NIS-4発生率の差は（p＞0.10）が有意でも限界でもない。
[†]：教育ネグレクトは危害および被害基準の下で双方のカテゴリーに含まれている：全てのネグレクト及びすべての子ども虐待推計の合計は100前後で示されている。
出典：Andrea J. Sedlak Jane Mettenburg, Monica Basena Ian Petta, Karla McPherson Angela Greene, & Spencer Li ,Fourth National Incidence Study of Child Abuse and Neglect（NIS-4）Report to Congress

　身体的ネグレクトには、監護の拒否、医療ネグレクト、不十分な監督、不十分な栄養、不適切な衣類、子どもの身体的なニーズや身体的な安全などが含まれる。

　「不十分な監督」では、重大または致命的で明白な傷害または障害の結果があれば、NISは被害基準の子どもとして計上する。重大な被害は生命を脅かす、または専門的治療が必要なものと定義されている。このように身体的ネグレクトの危害行為基準はやや厳しい。

　表1－3－1に示すように、身体的ネグレクトを受けた子どもたちは、NIS－4でネグレクトの被害基準では2番目に大きいグループを構成している。数値としては29万5300人で、子ども1000人あたり4.0人が身体的ネグレクトを経験していることになる。

　情緒的ネグレクトは、不適切な世話／愛情、家庭内暴力、故意に薬物／アルコールの乱用を許可などが含まれる。

表1-3-2　虐待が疑われる状況を分類するための NIS-4、60 フォームの類型

性的虐待（10コード）	身体的ネグレクト（12コード）
「暴力を伴わない性的侵入」「暴力を伴う性的侵入」「児童買春あるいは侵入を伴う児童ポルノグラフィへの関与」「性器接触による性的虐待」「露出・のぞき見」「性的に露骨な素材を提供」「挿入を伴わないポルノグラフィへの子どもの関与」「子どもの自発的な性的行為の監視の怠慢」「身体的な接触を伴う性的虐待への脅しもしくは未遂」「その他・未知の性的虐待」	「症状や障害があるにもかかわらず、必要なケアの提供の拒否」「必要なケアを求めることを理由なく先延ばしにしたり、求めようとしない」「監護の拒否・放棄」「監護のその他の拒否」「監護を不法に移す」「その他、子ども虐待に関連した詳細不明の監護、監護の設定が不安定」「不十分な監督」「不十分な栄養」「不十分な個人衛生」「不適切な衣類」「不十分なすみか」「その他・詳細不明の子どもの身体的なニーズや身体的な安全性に対する無関心」
身体的虐待（6コード）	教育ネグレクト（4コード）
「揺さぶる」「投げる」「意図的に落とす」「手で叩く」「物で叩く」「押す、ひっつかむ、ひきづる、ひっぱる」「パンチ」「キック」「その他の身体的虐待」	「慢性的な不登校を認めている」「その他の不登校」「入学あるいは履修をさせない」「その他、教育ニードの診断や意見があるにもかかわらず拒否あるいは従わない」
心理的虐待（8コード）	情緒的ネグレクト（11コード）
「厳重な監禁：結び付ける・縛る」「厳重な監禁：その他」「言葉による攻撃や心理的虐待」「性的虐待の脅迫（接触なし）」「他の子ども虐待の脅迫」「子どもを恐怖に陥れる」「処方されていない薬物の投与」「その他・認知されていない虐待」	「不適切な世話・愛情」「家庭内暴力」「故意に薬物・アルコールの乱用を許可」「故意に他の不適応行動を許可」「情緒または行動障害・問題を診断されているにもかかわらず、必要なケアの提供を拒否」「情緒的または行動障害・問題のための必要なケアを探さない」「過保護」「不適切な体制」「不適切に高い期待」「不適応行動や環境にさらす」「その他発達・感情的なニーズに対する不注意」
その他の子ども虐待（6コード）	任意の NIS 基準で数えられない（3コード）
「予防的ヘルスケアの不足」「一般的ネグレクトその他・詳細不明のネグレクトの疑い」「監護・子どもの養育費の問題」「行動の制御・家庭争議の問題」「親の問題」「一般的な子ども虐待：詳細不明・他（上記コード化されていない）」	「故意ではないネグレクト」「薬物依存による新生児」「子ども虐待ではない事例」

出典：Andrea J. Sedlak Jane Mettenburg, Monica Basena Ian Petta, Karla McPherson Angela Greene, & Spencer Li, Fourth National Incidence Study of Child Abuse and Neglect (NIS-4) Report to Congress

虐待は、情緒面において重大な被害をもたらすため、すべてのケースで数値化されることが必要である。

情緒的なネグレクトを受けた子どもたちの数は、ネグレクトサブグループの中では3番目だが、その数はまだ相当なものである。子ども人口の1000人あたり2.6人の子どもたちに相当する19万3400人の子どもが情緒的ネグレクトを受けていると推計されている。

また表1－3－1が示すように、教育ネグレクトは36万500人の子どもが推計されており、この数値は、ネグレクトを経験したすべての子どもの47％、1000人あたり4.9人と推計されており、ネグレクトの中では最も多いカテゴリーであった。

②被害基準ネグレクトの発生率のNIS－2とNIS－3の比較

NIS－3では、被害基準における身体的ネグレクトの発生率をNIS－2と比較すると有意な増加を見出し、また情緒的ネグレクトが大幅に増加している。特に情緒的なネグレクトはNIS－2レベルよりも有意に高かったことを示している。NIS－4における情緒的ネグレクトを負った子どもの推定数は、NIS－2推定値のほぼ4倍ある。NIS－2の時からみると情緒的ネグレクト子どもの総数が293パーセントの増加、および発生率225％の増加である。身体的ネグレクトの子どもの数はNIS－2では子ども1000人あたり2.7人、NIS－3では5.0人、NIS－4では子ども4.0人となっており、NIS－2よりもNIS－3、NIS－4ともに高かった。

教育ネグレクトは、NIS－2以来の大幅なまたは統計的に大きな変化を示さなかったカテゴリーである（表1－3－2参照）。

まとめ

NIS－4はNIS－3以降の子ども虐待の発生率について、いくつかの重要な変化を明らかにした。

NIS－4における2つの定義基準では、虐待の全部門の発生率において子ども虐待が減少傾向である。ネグレクトについては、NIS－3以来、情緒的ネグレクトの発生率に特に増加傾向が見られ、今後、子ども虐待における取り組みの方針をたてるうえで、焦点化され意識的に変更されていくと考えら

れる。

　NIS－4におけるネグレクトの被害基準は、身体的、情緒的、教育の3つのカテゴリーから示されており、合計で77万1700人（子ども1000人あたり、10.5人）の子どもたちがネグレクトを経験している。その内訳の中で、教育ネグレクトが最も高い数値となっていることや、情緒的ネグレクトの割合がNIS－3と比較しても減少傾向が見られないことなどが特徴的である。また、身体的ネグレクトについてもNIS－2以降、減少傾向が見られない点が示されていた。

　特に教育機関は被虐待児の発見場所として重要であるが、学校で認知された被虐待児の中で20%またはそれ以下しかCPS調査を受け取っていない。

　このことは、学校で認知されるべき被虐待児童がカウントされず、結果として虐待発生率が低くなっている可能性を否定できないともいえる。同様なパターンは以前のNISでも出現している。学校は子どもたちの様子を最前線で観察できる場所でもある。教師やスクールカウンセラーなどの専門職はその役割を最大限に発揮し、CPSと教育機関との間でよりよい関係が作り上げられるべきであり、最優先で取り組んでいくことの重要性があらためて問われている。

文　献

Andrea J. Sedlak Jane Mettenburg, Monica Basena Ian Petta, Karla McPherson Angela Greene, &Spencer Li, Fourth National Incidence Study of Child Abuse and Neglect (NIS-4) Report to Congress

Children's Bureau, Office on Child Abuse and Neglect, DePanfilis, Diane(2006) Child Neglect: A Guide for Prevention, Assessment and Intervention

Cicchetti, D.,& Lynch,M.(1993)Toward an ecological/transactional model of community violence and child maltreatment: Consequences for children's development. Psychiatry,50,96－118

Crittenden, P.M(1992)*Preventing Child Neglect,* Chicago National Commitee for Prevention of Abuse

Daro, D., and K. McCurdy(1991)Current Trends in Child Abuse Reporting and Fatalities

Daro, D., and K. McCurdy (1990)The Results of the 1990 Annual Fifty State Survey. Chicago: National Committee for Prevention of Child Abuse

Helfer,R.E.(1987) The litany of the smoldering neglect of children. Pp.301－311 in R.E.Helfer and R.S.Kempe,eds., The Battered Child, Fourth Edition, Revised and Expanded. Chicago: University of Chicago Press

三上邦彦（2010）「子どもネグレクトアセスメントを通して見たネグレクトの特徴と傾向」『要保護児童・ネグレクト家庭における支援類型化の試み　平成21年度科学研究補助事業研究成果報告書　基盤研究（C）』

第4章

ネグレクトのアセスメント

安部計彦（西南学院大学・1節）／三上邦彦（岩手県立大学・2、3節）

1　ネグレクト支援のための多軸診断

（1）子ども虐待のリスクアセスメント

　子ども虐待は多様な状態を示し、その背景となる家族状況もさまざまである。しかし厚生労働省発表による全国の児童相談所が対応した虐待対応件数は毎年増加しており、2015（平成27）年度では速報値で10万3260件と過去最高を更新（厚生労働省2016）した。このような子ども虐待に適切に対応するには、個々の事例において正確なリスクアセスメントを行い、適切な支援が必要である。

　そのため国（厚生労働省）が児童相談所や市区町村での虐待対応の指針として示している「子ども虐待対応の手引き」においても、「子ども虐待評価チェックリスト」（厚生労働省2013：51）や「一時保護決定に向けてのアセスメントシート」（前掲書：101）、「家庭復帰の適否を判断するためのチェックリスト」（前掲書：219）などが掲載されている。

　また加藤（2003）は在宅支援アセスメントを開発して、市区町村が中心となって支援する事例の子どもや家庭の情報を広く把握できるように改良を重ね、広く全国で使われている。それ以外にも、佐藤（2008）など保健分野では乳幼児期の虐待リスクアセスメント指標が使われている。さらにさまざまな地方自治体で、子ども虐待の早期発見のためのチェックリストが使われている。

（2）ネグレクトに特化したアセスメントの必要性

　ネグレクトは他の虐待を併発することも多く、また虐待による死亡事例の26.5％を占める（厚生労働省 2015：10）など危険性の高さから、子ども虐待全般のリスクアセスメントは欠かせない。一方、ネグレクトは他の虐待種別と違い、養育者の養育内容の把握が必要であり、単に生命の危険度だけでは重症度や支援の必要性は判断できない。そのためネグレクトに特化したアセスメント、つまり家族成員の生活状況や属性、養育態度などの詳しい情報の整理が必要である。

　日本におけるネグレクトのアセスメントシートとしては、三上（2008）が有名であるが、その詳細は本章3節で詳しく紹介しているので、ここでは省略する。

　また岡山県ではネグレクト死亡事例をきっかけに、イギリスのニーズアセスメントの枠組みを参考に、①ストレングスとリスクを捉える、②他機関協働による一貫した重層的な支援を推進する、③当事者参加の促進、という3つの視点を持った「子どもが心配」というチェックシート（岡山県 2009）を開発した。この「子どもが心配」の特徴は、養育者と話し合いながら記入することで養育者自身に気付きを促すところにある（薬師寺 2013：99-102）。

　項目はよく考えられており使用効果も大きいと思われるが、養育者と協働関係がある程度構築された段階での使用になるため、初期調査での使用が可能かどうかは不明である。

　さらに福島らは直接にネグレクトのアセスメントツールを作ったわけではないが、研究の中で使用した「家族の健康課題に対する生活力量アセスメント指標」（福島ら 2004：40）は、家族の生活力量として「家族のセルフヘルスケア力」「家族の日常生活維持力」、それと「家族の生活力量に影響する条件」からなる。

　これらの指標のうちセルフヘルスケアを養育と読み替えれば、そのままネグレクト家庭の指標として使うことが可能かもしれない。

（3）ネグレクト支援に必要なアセスメント項目

　以上のような現状や先行研究を踏まえ、ネグレクト支援に必要なアセスメ

ントに、どのような項目や注目すべき要因があるかについて検討する。

①生命の安全

すでに述べたように、虐待死のうちネグレクトは26.6%を占めている。また厚生労働省の通知「医療ネグレクトにより児童の生命・身体に重大な影響がある場合の対応について」（厚生労働省2012）もあるように、ネグレクト支援に必要なアセスメントにおいては、まず子どもの生命の安全の確認が必要である。

この点について三上のネグレクトアセスメントシートは、身体的ネグレクトの一部で安全確保の有無を尋ねている（三上2008：32、44-45、55-56）。また岡山県の子どもが心配も、子どもの安全の確保を、養育者が一緒の時と子どもだけの時に分けて確認（岡山県2009：40-41）している。なお加藤の在宅アセスメントシート（加藤2003）は、虐待の重症度についての確認項目はあるが、子ども虐待全般のアセスメントシートであるため、ネグレクトの状態把握や要因分析には十分ではない。

以上のことが、生命の安全を確認する項目や診断尺度が必要である。

②安定した支援関係

第3章第5節の援助拒否や引きこもり（孤立）に関する検討から、ネグレクト支援に養育者が援助受入困難である場合には、子どもの不潔や病院未受診、不登校の割合が増え、統計的に有意であった。また一般に子どもの養育は、多くの関係機関や周囲からの支援によって支えられている。逆に周囲からの支援を拒めば、養育の質や量が低下する危険性は高い。実際、市区町村で対応に苦慮しているネグレクト事例の多くが、援助拒否や引きこもり（孤立）などの安定的な支援関係の構築が困難な事例と筆者は感じている。

これについて三上のアセスメントシートは、ネグレクト状態を明確に把握することを目的としているために、このような養育者と支援者との関係性を尋ねる項目はない。岡山県版の子どもが心配は、養育者と子どもとの関係は確認が求められるが、社会や支援者との関係についての確認項目はない。これは、子どもが心配は、そもそも養育者と共同で記入することが前提であり、支援関係がある程度構築されている場合に使用されるからなのかもしれ

ない。なお加藤の在宅アセスメントシートには「サポート」として、社会的サポート、協力態度、援助効果の3点を確認するようになっている。

以上から、新たにネグレクトアセスメントとして、養育者の援助者との関係の確認ができる尺度が必要である。

③養育力の確認

ネグレクトの要因の一つとして養育力不足が考えられる。そのイメージは（図1－4－1）で、横軸は年齢、縦軸は養育量を示し、ある年齢で必要な養育量（A）と、実際に養育者が発揮する養育力の差がネグレクトと考える。子どもが必要とする養育量（A）は年齢により徐々に低下する。逆に養育者の養育力の不足があっても、親族や近隣、社会的なサポートがあれば、適切な養育をすることが可能と考えられる。そのため、養育者の養育力を適切に把握することが必要となる。

この点について、三上のアセスメントシートも子どもが心配も、多くの項目を多角的に養育者の養育状況の把握に充てている。そのため、アセスメント項目の選定に当たっては、これらの先行研究を参考にすることが可能であろう。

図1－4－1　養育力不足と支援による補充のイメージ図

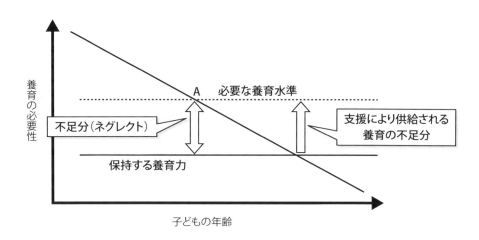

④子どもの放置と年齢相応の保護

　子どもの養育は、将来的な子どもの自立を目的にしている。そのため、子どもの世話をいつまでも養育者がすべて行うことは適切とは言えない。

　しかしひとり親や共稼ぎ家庭では、夜間保護者不在や下の子の面倒を頼むなど、本来の養育者が行うべき養育が行われていない現実がある。また大阪で1歳と3歳の子どもを長期間放置して死亡させた事例（杉山 2013）のように、まったくの放置といえる事件もある。

　このように子どもの放置の背景には、生活困窮から仕方なく行われている事例から不適切な価値観による意図的な放置まで多数の要因や状況があり、その背景によって支援の方法は大きく違うことが想定される。

　先にも述べたが、三上も子どもが心配も安全・安心の確認としてこの項目を考えているとも考えられる。また両者とも、アセスメントシートや確認項目を年齢別に分けており、子どもの年齢に応じた養育の水準を想定している。

　この両者の年齢別に必要な保護を検討する方法は参考になるが、単に安全・安心の確保だけはなく、養育者の行動様式の把握も必要と思われる。

⑤養育者との情緒的な交流

　ネグレクトが子どもに与える影響については第5章で詳しく検討するが、ネグレクトの影響としては「持続的なネグレクトは……社会適応能力や人間関係の形成、学習能力にも長期にわたって困難をもたらす」（Department of Health, Home Office, Department for Education and Employment 1999=2002:12）とされ、ブライア（Briere 2002 =2008：30）は情緒的ネグレクトを情緒的応答性のない養育として、その影響が極めて深刻であることを指摘している。しかし同じくブライアは、情緒的なネグレクトが子ども保護機関で軽視され、対応が十分でないことも報告（前掲書：33）している。

　情緒的な交流の欠如の背景としては、貧困やひとり親などによる生活困窮からの夜間就労や長時間労働が想定されるが、情緒的ニーズに応えないことからくる非器質性成長障害症候群や情緒的応答性のない養育（Briere 2002=2008：26-30）など、養育者の子どもへの否定的な感情からくる場合も考えられる。ただこの鑑別は、個別事例ごとに行う必要がある。

　子どもが心配では、養育者と子どもの関係だけでなく、養育者のほめ方や

第4章　ネグレクトのアセスメント

しかり方、受け止め方などを細かく尋ねている。三上は情緒的ネグレクトとタイプ分けされた項目の中で、養育態度やしつけ、子どもへのかかわりを尋ねている。

これらは養育者の情緒的応答性の確認として参考になると思われる。

⑥養育者のリスク

第2章で検討したように、養育者に貧困などの生活困窮があると養育力不足は加速された。また世代間連鎖など不適切な価値観は子どもの放置を招きやすい。さらに援助拒否や引きこもり（孤立）などの援助受入困難があると支援が入らないため、養育力は低下し、ネグレクトになる可能性は高まる。

またひとり親、疑いを含めた精神障害やうつなどの精神疾患、疑いを含めた知的障害など、さまざまな項目がネグレクト事例の養育者に多くみられた。さらに近年では、一つの項目が一つの状態のネグレクトを作るのではなく、項目や要因同士の相互作用によってネグレクトが形成されると考えられるようになった（例えばBriere 2002=2008:402）。

そのため、子どものネグレクト状態を増加させる養育者のリスク要因を的確に把握するアセスメントシートが必要である。

⑦ネグレクト支援の階層

以上のことから、ネグレクト支援の目標には図1-4-2のような視点が必要と思われる。

（4）ネグレクト支援のための多軸診断の必要性

図1-4-2の5項目は下から積み上がるが、一番の前提は子どもの安全である。三上も子どもが心配も、下2段は前提としているのかもしれない。この階層はマズローの階層説とは違い、各階層に含まれる項目は並列で存在する。そのため、すべての階層についてそれぞれに診断する多軸診断の考え方が必要であろう。また養育者のリスク要因は、どの段階にも作用していると考えられるために、外からの影響として階層外に付置した。

ネグレクトは多様な状態像を示し、さまざまな要因が重複して作用する。そのため「ネグレクト」と分類されただけでは個別事例の実態は把握でき

図1-4-2　ネグレクト支援の階層（案）

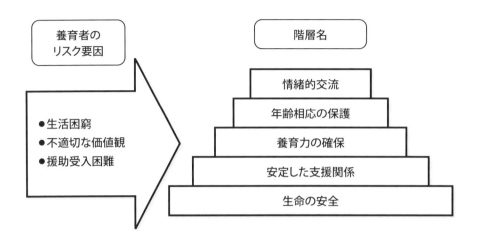

ず、関係機関で子どもや家庭についての共通理解を得ることはできない。そのためこれら6つの軸を使って個々の事例を分析し、それぞれの状態から必要な支援策を検討することが必要と思われる。

現段階で、この多軸診断に応えられるアセスメントシートは存在しないが、実際に支援場面では、この6軸を想定した視点でアセスメントを行う必要があるだろう。

参考文献

安部計彦（2016）「子どものネグレクト状態に関係する要因の相互作用に関する研究」社会福祉事業大学博士論文

Briere, J. (2002) The APSAC Handbook on Child Maltreatment, 2nd. U.S., London, New Delhi, Sage Publications, Inc. ＝小木曽宏監修、和泉広恵・小倉敏彦・佐藤まゆみ・御園生直美監訳（2008）『マルトリートメント　子ども虐待対応ガイド』明石書店

Department of Health, Home Office, Department for Education and Employment. (1999) Working Together to Safeguard Children. ＝松本伊智朗・屋代通子訳（2002）『子どもの保護のためのワーキング・トゥギャザー――児童虐待対応のイギリス政府ガイドライン』医学書院

福島道子、北岡英子ほか（2004）「『家族生活力量』の視点に基づく児童虐待が発生している家族に関する事例的研究」『日本地域看護学会誌』6（2）、38-46

加藤曜子（2003）「児童虐待防止の関係機関のための在宅アセスメントへの手引き――アセスメントから家庭支援へ」（平成14年度（財）こども未来財団児童環境づくり等総合調査研究事業報告書）
厚生労働省（2012）「医療ネグレクトにより児童の生命・身体に重大な影響がある場合の対応について（雇児総発0309第2号）」（平成24年3月9日　厚生労働省雇用均等・児童家庭局総務課長）
厚生労働省（2013）『子ども虐待対応の手引き』（平成25年8月改正版）
厚生労働省（2015）『子ども虐待による死亡事例等の検証結果等について』（第11次報告）
厚生労働省（2016）「平成28年度全国児童福祉主管課長・児童相談所長会議資料」
三上邦彦（2008）『子どもネグレクトアセスメント』ネグレクトアセスメント研究会
岡山県（2009）「子どもが心配」チェックシート（岡山版）
佐藤拓代（2008）「保健分野における乳幼児虐待リスクアセスメント指標の評価と虐待予防のためのシステム的な地域保健活動の構築」『子どもの虐待とネグレクト』10(1)、66-74
杉山春（2013）『ルポ　虐待――大阪二児置き去り死事件』ちくま新書
薬師寺真（2013）「「子どもが心配」チェックリスト（パンフレット版）の開発と活用」『子どもの虹情報研修センター紀要』11、99-110

2　ネグレクトアセスメントの先行的な取り組み
　　――アメリカのガイドラインから

（1）ネグレクトをアセスメントする意義

　子どもへのネグレクトの支援において、ネグレクトの状態を把握することは、ネグレクトによって生じているさまざまな困難を理解することだけではなく、子どもや家族がどのように生活しているのか、周囲の人々や環境、社会制度を含む社会資源とどう関わっているのかを把握・理解することにつながる。また、そのためにネグレクトのアセスメントを実施することは欠かせない事項である。ネグレクトのアセスメントとは「ネグレクト状態を理解し、必要な支援を計画し、過去・現在の状況から将来の行動を比較・予測し、支援の結果について調査し評価すること」である。ネグレクトのアセスメントを実施する際の基本的な姿勢として重要なのは、対象となる子どもや家族の日常生活の行動に焦点を当てて観察することである。また、ネグレクトのアセスメントの結果を支援に展開させていくためには、子どもや家族の周囲の環境と相互・交互作用の情報を集め、どのような状況や環境が設定さ

れるとネグレクト状態が軽減するのか、現段階では何ができているのか、どのように支援すればスムーズに支援することができるのかといった情報を収集し、子どもや家族に関係する機関との情報交換や支援方針の確認の場が必要である。

　これによって、今後必要な支援を計画し、将来の行動の予測も可能となる。また、ネグレクトアセスメントには支援の結果についてモニタリングし、再アセスメントするということも含まれている。定期的にモニタリングと再アセスメントを行うことで、支援計画の見直しや状況の変化によって支援計画の変更が柔軟に行われる。

　つまり、子どもネグレクトのアセスメントによって、援助者の主観的な判断や理解に留まることなく、子どもとかかわりが深い家族、親族、教員、福祉関係者などから面接や家庭訪問などで状況を観察・聴取することで、より客観的に問題を捉えることが可能であり、子どもに対するサポート資源を確認し、実質的な支援に結びつける可能性が広がる。もちろん、アセスメントし、支援計画を立てて終了ではない。ネグレクトの支援が実証されているかをモニタリングし、必要に応じて再アセスメントし、支援計画を見直していかなければならない。

　本節では、ネグレクトに関連するアセスメントの先行的な取り組みとしてアメリカ保健社会福祉省児童家庭局で作成した『子どもネグレクト：予防・アセスンメント・介入のためのガイド（Child Neglect: A Guide for Prevention, Assessment and Intervention)』）を中心に紹介する。

（2）ネグレクトアセスメントのガイドライン

①ネグレクトの特徴的なリスクと安全性の評価

　ネグレクトのリスクを評価することとネグレクト状態の安全性を評価することは異なる。ネグレクトにおけるリスクアセスメントとは、子どもが将来的に虐待やネグレクトを受ける可能性の程度を判定するための情報の集合体である。一方、ネグレクト状態における安全性の評価は、子どもへのネグレクトが慢性的に続いており、子どもの基本的ニーズを満たせないケアの脆弱性によって子どもに危害が及ぶリスクがどのくらいあるかを評価し、判別するという特徴を持つ。子どもネグレクトの要因は一般的にリスクと安全性の

評価の両方に関係しているが、支援者は、効果的かつ達成可能な安全性確保の計画を作成するために家族と協働でアセスメントを進めていく必要がある。通常はネグレクトのリスクと安全性の評価に関して、初期のアセスメントや調査では、まずリスクに対処することを進めていくことになるが、慢性的に子どもへのネグレクトが続いている場合は、長期的にネグレクト家庭のライフサイクル全体にわたってアセスメントを継続する必要がある。

また、家庭訪問などを通して初期のネグレクトにおけるリスクと安全性のアセスメントを行う際の情報収集のポイントとして、①ネグレクトやその他の虐待の有無、②養育者の行動とネグレクト状態に対する責任行動、③ネグレクトの継続期間（慢性的ネグレクト状況の確認）、④ネグレクトの重症度、⑤子どもの発達段階、⑥物理的・心理的健康、⑦問題解決能力、⑧家族内の機能及びパワーとコントロールの問題、⑨家族以外の他者との相互関係、⑩経済状況　等があげられる。

②家族アセスメントのプロセス

家族のアセスメントは、子どもの安全性、ケアの永続性、そして子どもの福祉に影響を与える要因を理解するための包括的なプロセスである。したがって、ストレングス、ニーズ、および家族の資源についてより理解を得られるようにアセスメントが行われる必要がある。またアセスメントは、子どもたちの安全が確保されネグレクトの危険性を低減することができるように、親や養育者がリスクを認識し、支援条件を整えていくために家族と提携された上で実施されるべきである。さらに、家族成員ごとにそれぞれの家族の個性的なストレングスやニーズに合わせて、支援内容が調整される必要がある。

●初期アセスメントの実施

初期の情報収集で、ソーシャルワーカーは以下の点を確認する。
- 家族生活に影響を与えるリスク要因や家族のニーズは何か？
- 子どもがネグレクトから受ける心身への影響を考慮しない場合にどのような結果になったか？
- 個人と家族のストレングスは何か？

- 家族は彼らのニーズとストレングスは何だと認識しているのか？
- ネグレクトとその他の虐待の危険性を低減または排除し、効果的に対処するために何が必要か？
- 親の子どもに対する養育の準備性、動機、安全性、永続性、そして家族の福祉を確保するために、これまでの養育の仕方を変更することに対する養育者の受入れのレベルはどうなのか？

◉家族アセスメントの実施

ソーシャルワーカーは、集められた情報を整理し、その意味を分析・解釈する。そしてその評価に基づいて正確な結論を引き出すためには、養育者とのパートナーシップを前提としながらの家族への柔軟で繊細な面接技法や分析スキルを必要とする。家族アセスメントの目的を達成するために、以下の点が重要になる。

- 家族のアセスメント及びプランを作成する。
- 家族が安全に対して関心を持っているかどうかを確認するために、家族成員すべての面接及びおよび家族のアセスメントを実施する。
- 必要に応じて、他の専門家（医療・保健・教育・法律等）に相談する。
- 必要に応じて、安全計画を策定する。
- 情報の分析。

◉初期アセスメントと調査情報の確認

初期アセスメントや調査で得られた情報に基づいて、ソーシャルワーカーは、家族のアセスメントのプロセスで対処する問題のリストを開発する必要がある。以下の質問内容は、ソーシャルワーカーが一般的に調査する項目の例である。

- ネグレクトの性質（種類、重症度、慢性度）は何であったか？
- ネグレクトへの家族の理解はどうであったか？
- 初期アセスメントまたは調査中に判別されたリスク要因の中で最も影響を及ぼすのは何か？
- ネグレクトに対する安全性と安定性に関して子どもの現在の生活状況はいかなる状態か？

- 子どもの安全についてプランが作成されているか？また、このプラン作成について家族の反応はどうか？
- 現在、親や養育者の過去の経緯についてどんな点が把握できていないか？
- 過去の経緯の詳細を知ることで、親や養育者の現在の状況を説明する根拠を示唆する手がかりはあるか？
- 家族はどんなソーシャルサポート・ネットワークについて知っているか？
- 誰が家族を支援しているか？
- より多くのソーシャルサポートが強化される必要性があるか？
- 子どもの行動上の問題が観察されているか？
- 子どもと学校との間で社会的関係がどのように機能しているか？
- 家族成員個々の行動や感情の問題に関する情報があるか？
- 問題のさらなる検討や評価が（薬物またはアルコールの問題、家庭内暴力、精神医学的または心理的な問題、健康上のニーズ等）必要になることが確認されているか？
- 家族に関する追加情報よって、慢性的なネグレクトが継続的されるリスクと防御因子について共通理解ができるのだろうか？

●**家族のアセスメント計画の作成**

家族のアセスメントプロセスをどのように行うかについて、ソーシャルワーカーは、以下の点を考慮する必要がある。
- 最初に家族と一緒に合同面接が行われるのはいつか？
- 家族との合同面接はどのくらいの頻度で行うか？

⇒以上の確認をしてから家族との合同面接を行う。
- 他の専門家のサービスが（心理テストまたはアルコールや他の薬物乱用の評価のための）必要か？
- 誰が家族との話し合いに出席するか？
- 家族のニーズに関する重要な情報を持っている他の人（友人、親族、他の専門家）はいるか？　また彼らはどのようにプロセスに、関与するのか？

- 学校・保健医療機関などから、家族に関する情報の提供を受けることで支援に活用できるか？
- いつ情報が分析され、家族アセスメントの要約が完了するか？
- どのようにしてソーシャルワーカーは、家族と情報を共有することになるのか？

◉家族アセスメントの実施

　評価のための計画が確立されると、ソーシャルワーカーは、家族自らの支援のニーズを決定するために子どもと家族へのインタビューを行うことになる。「家族との話し合い」については3つのタイプがあると考えられる。

　(a) 家族全員との話し合い

　可能であれば家族全員の安全のためにソーシャルワーカーが行う必要がある。家族のアセスメントの目的は家族の特徴の把握であるため、家族アセスメントを開始する際に、入門的なセッションで家族全員と会う。そして現在の状況と家族の認識について理解するために家族全員一緒の場面で全員のインタビューを試みる。家族のダイナミクスを理解するために、入門的なセッションを終えてから行う会議は家族全員で実施されるべきである。そこで家族メンバーの役割と相互作用を観察し、評価する。

　(b) 個々の家族との話し合い

　可能であれば、子どもを含む個々の家族との話し合いが、実施されるべきである。それは尋問を目的とするのではない。ソーシャルワーカーは、よりよく状況を理解しようとすることが大事である。家族のストレングス（強み）と、ネグレクトのリスクを軽減するためにそれらをどのように拡張できるかについて、家族の認識を得られるようにアセスメントをフィードバックする必要がある。子どもたちへのインタビューで重点に置くのは、ネグレクトの影響を詳細に理解することである。両親へのインタビューでは、彼らの問題を自身で認識してもらうために、現在のリスクだけでなく、なぜそのような行動を起こすのか、その要因を明らかにすることに重点を置く。

　(c) 親や養育者との話し合い

　複数の成人の養育者がいる家族の場合、ソーシャルワーカーは、子どもが安全な状態であるかどうかという観点をもち、話し合いの場面では、複数の

親・養育者に対応できるよう複数のスタッフの配置が必要である。このインタビューでは、ソーシャルワーカーはコミュニケーションの性質を観察し、評価する必要がある。

　ここでは子育ての問題だけでなく、子どもとの関係の健全性や性質を考慮し議論する。また、それぞれの家族と親・養育者の問題の認識、現在の状況を確認する。また、ソーシャルワーカーは、ドメスティック・バイオレンス（DV）の可能性を確認し、事前にDVがあったことがわかった場合には危害のリスクを回避するために複数スタッフで対応することや危害の兆候に警戒する必要がある。また状況に応じて、ソーシャルワーカーからクライエントに、地域におけるDV相談機関や避難所の連絡先などの支援機関の情報提供を行う必要もある。

③父親の関与と子ども家庭サービスのレビュー

　米国では1994年の社会保障法の改正により、アメリカ保健社会福祉省児童家庭局は、子どもと家族の関係改善のためのサービスとして包括的なモニタリングシステムを開発し、提供している。そこでは、子どもの福祉に関する共通の課題として、ケースの支援計画に父親が関与していないことが挙げられている。調査結果では、相談機関の多くが、父親と接触するために十分な努力をしていなかった。さらに、相談機関が、母親とコンタクトがとれた場合、父親や父方の親戚を探し、コンタクトをとって福祉サービスを提供する傾向にあった。一般的に児童福祉機関は、父親に関与していないことを認識しており、政策、プロトコル、治療のガイドラインの変更にあたっては、この問題への対処も含んだ内容が検討されている。

まとめ

　アメリカにおけるネグレクトアセスメントのガイドラインの特徴は第一に、ネグレクトのリスクと安全性の双方をアセスメントする際に、まずリスクのアセスメントを優先させながらも、あわせて安全性のアセスメントをすることで、家族のニーズとストレングスを引き出すかかわりを重視していることである。

　第二には、家族アセスメントのプロセスの中で、初期アセスメントをする

ことにより、早い段階でネグレクト状況におけるリスク要因や子どものニーズを把握し、家族もアセスメントを協働して行うことである。それによって、家族成員それぞれが家族の状況を理解し、家族の問題を認識することが可能となり、現在のリスクだけではなく、なぜそのような行動を起こしてしまうのかを考えることになる。その結果、ネグレクトのリスクを軽減することが目指されている。

文　献

Children's Bureau, Office on Child Abuse and Neglect, DePanfilis, Diane(2006)Child Neglect: A Guide for Prevention, Assessment and Intervention

Nelson, K. E., Saunders, E. J. and Landsman, M J. (1993) "Chronic child neglect in perspective", S*ocial Work*, Vol.38, No.6. pp.661-671.

Zuravin, S.J. (1999)"Child neglect: A review of definitions and measurement research". In H. Dubowitz (Ed.) *Neglected children: Research, practice, and policy.* Thousand Oaks, CA: SAGE Publications, Inc.

3　子どもネグレクトアセスメントスケール(NASC − R)

　子どものネグレクトを日常生活の中で捉えようとする時に、家庭の機能が子どもの養育にとって適切に機能しているかという視点が必要になってくる。

(1) 基本的な考え方

　筆者らが開発した子どもネグレクトアセスメントスケール（Neglect Assessment Scale for The Children-Revised: NASC − R）は、ネグレクトを受けている子どもや子どもに影響を与える保護者のかかわりや状態を包括的に捉え、領域ごとのネグレクト状況に評価尺度をつけ、ネグレクト状況の重傷度を判断するために開発した評価方法である。

① NASC − R の特徴
　ネグレクト状況を把握するためのスケールを乳児用、幼児用、児童用の3種類作成した。また NASC − R は6領域（乳児用は5領域）から構成してお

り、乳児用（1歳未満）で32項目、幼児用（1歳〜5歳）で35項目、児童用（6歳〜12歳）で30項目から成り立っている。

②領域
各領域の内容は以下の通りである。

ⓐ 栄養学的ネグレクト（Nutritional Neglect）
養育者が与える資源があるにもかかわらず、子どもの標準的な発育・発達に必要な食べ物と栄養摂取が不足したり、栄養管理が不十分な状態。

ⓑ 身体的ネグレクト（Physical Neglect）
家庭内で生じる避けられる危険に対する明らかな怠慢を指す。例えば、子どもの衣類、入浴、衛生状態、部屋の暖房や安全などの身体的ケア、不適切な栄養や食事を与える過程などの育児行動を含む。

ⓒ 医療ネグレクト（Medical Neglect）
けが、病気など医療を必要とする状態、機能障害に対して、医療専門職の提案にしたがって必要な医療を与えないあるいは受け入れないことをいう。あるいは専門職でなくても、治療が当然必要だと認められるような子どもの身体的・精神的な健康や発達の深刻な状態に対して、適当な時期に適切な医療を求めない。

ⓓ 保護・監督ネグレクト（Supervision）
子どもの活動について保護・監督することの怠慢である。すなわち子どもの発達、能力、判断力、身体的能力、気質を考慮することができずに、養育者の行動が不適当なかかわりとなり、結果として子どもの活動に危険が生じる状態。

ⓔ 情緒的ネグレクト（Emotional Neglect）
子どもの情緒ニーズを消極的に無視し、愛情、情緒的支持、注目、潜在能力への関心、承認などが欠けている状態。子どもの薬物やアルコールの乱用の容認や不適応行動の容認、心理的ケアの拒否・遅延など。

ⓕ 教育ネグレクト（Educational Neglect）
長期無断欠席の容認、未就学・その他の無断欠席、特別支援教育ニーズへの怠慢など、基本的な教育を養育者が子どもに提供する資源があるのにもか

かわらず、怠慢している状態。

③発達的観点

子どもの発達段階によって、必要とされる養育環境は異なってくると考えられるために、3つの発達段階に基づいてNASC－Rを作成した。

この発達段階に応じて、考慮すべき子どもの特徴（能力、判断力、身体能力、気質、経験、技能、危険な行動を取る傾向など）を分別して質問項目を設定している。

④NASC－Rの評価方法

NASC－Rは、原則的に評価者による直接観察に基づいて評価する。しかし、一人の評価が評価対象児童・家族の生活全般にわたる多岐の情報を直接観察することは実際には困難な場合が多いため、以下のような直接観察以外の情報に基づく評価も認めることにした。

- 評価対象児童の生活を直接観察しうる者（家族、保育者、教師、保健師、ソーシャルワーカー、主任児童委員など）への面接。ただし、家族には複数回数会う必要あり。
- 評価対象児童への面接・行動観察・家庭訪問
- ケース記録などの参照

情報が1ヵ月前以上のものになると、すでに現時点において状況が変化していることも考えられるため、評価の基となる情報に関しては約1ヵ月が理想的である。

また、一度の評価だけではなく数回評価して総合するのが、信頼度を高めることになる。

⑤NASC－Rの評価結果

6つ（乳児は5つ）のネグレクトの領域をサブスケールごとに集計し、ネグレクト状況の評価を、設問数で割った平均点をもとに、評価対象児のネグレクトの全般状況を、レーダーチャートによるプロフィールとして表した。また、サブスケールの各項目ごとの得点プロフィールも併せて表した。

これにより、概ねネグレクトの特徴や傾向が判断でき、ネグレクトケース

の支援計画を立てる参考になる（図1-4-5参照）。

⑥ NASC - R 項目の選定

NASC - R で使用する項目は、注目する程度が高いと評定された内容に基づき項目を作成した。NASC - R 乳児用では合計 32 項目、NASC - R 幼児用では合計 35 項目を選定、そして NASC - R 児童用では合計 30 項目を選定した。

⑦ NASC - R 解説シート

NASC - R 解説シートは、乳児用、幼児用、児童用の3種類である。

各子どもネグレクトアセスメント解説シートの項目は、肯定的な内容を記載している。

NASC - R ではネグレクトアセスメントの入力用のシート「子どもネグレクトアセスメントマニュアル NASC - R 自動計算表改訂版」を使用し入力する。

それぞれの項目であてはまれば、対象の子どもの状態を見て「はい」か「ややはい」をつける。「ややいいえ」「いいえ」の場合には該当する具体例をあげている。該当する項目のうち養育者同士で対立する場合は、「いいえ」を優先して記載する。また、評価をする上で不確かな項目は「不明」に半角数字の1を記載する。

（2）診断システムの操作法

NASC - R では、評価結果を入力することで自動的にネグレクトの特徴をグラフ化したり、リスク度を計算・評価して表示することができる。

①自動診断システムの起動

CD - ROM をコンピューターに挿入し、CD - ROM 内に収録された「NASC - R 自動診断表＊＊用 .xls」（＊＊は各発達段階）をダブルクリックして起動する。表計算ソフト Excel が起動し、自動診断表が表示される（図1-4-3）。

② NASC － R 自動計算表の構成・機能

NASC － R 自動計算表には乳児用、幼児用、児童用の３種類があり、各発達段階別に評価項目の内容は異なるが、自動計算表の構成は共通である。自動計算表の構成は３つの部分（入力表シート、レーダーチャート・シート、ネグレクトリスク度シート）からなる。

◉入力表シート

評価結果を入力するためのシートである（図１－４－３）。①と②という２枚のシートが設けられている。入力表①に入力した結果はレーダーチャートにおいて青色の領域で示され、入力表②に入力した結果は紫色の領域で示されるようになっている。また、入力表シート①②はそれぞれ、ネグレクトリスク度シート①②と対応している。

まず、入力表シート①の青色のプロフィール列に、評価結果を入力していく（図１－４－４）。必要があれば入力表シート②も使用することも可能である。入力方法は①と同様である。

入力表シート①に機関介入前のネグレクト評価を入力し、入力表シート②

図１－４－３　NASC － R 自動診断表（乳児用）を起動した場面

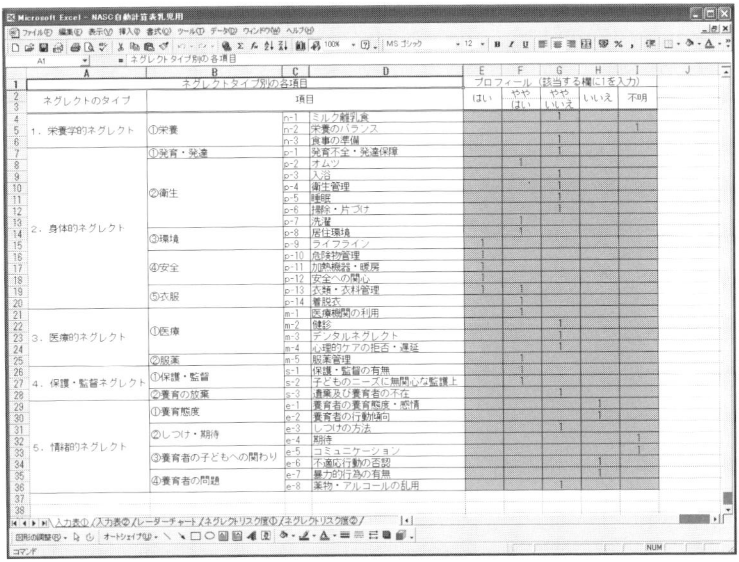
Microsoft Excel - NASC自動計算表乳児用

ネグレクトタイプ別の各項目				プロフィール（該当する欄に1を入力）				
ネグレクトのタイプ	項目			はい	ややはい	ややいいえ	いいえ	不明
1．栄養学的ネグレクト	①栄養	n-1	ミルク離乳食			1		
		n-2	栄養のバランス					1
		n-3	食事の準備			1		
2．身体的ネグレクト	①発育・発達	p-1	発育不全・発達保障			1		
	②衛生	p-2	オムツ		1			
		p-3	入浴			1		
		p-4	衛生管理			1		
		p-5	睡眠			1		
		p-6	掃除・片づけ			1		
		p-7	洗濯		1			
	③環境	p-8	居住環境		1			
		p-9	ライフライン	1				
	④安全	p-10	危険物管理	1				
		p-11	加熱機器・暖房	1				
		p-12	安全への関心	1				
	⑤衣服	p-13	衣類・衣料管理	1	1			
		p-14	着脱衣		1			
3．医療的ネグレクト	①医療	m-1	医療機関の利用		1			
		m-2	健診			1		
		m-3	デンタルネグレクト			1		
		m-4	心理的ケアの拒否・遅延			1		
	②服薬	m-5	服薬管理		1			
4．保護・監督ネグレクト	①保護・監督	s-1	保護・監督の有無		1			
		s-2	子どものニーズに無関心な監護上		1			
	②養育の放棄	s-3	遺棄及び養育者の不在			1		
5．情緒的ネグレクト	①養育態度	e-1	養育者の養育態度・感情				1	
		e-2	養育者の行動傾向				1	
	②しつけ・期待	e-3	しつけの方法			1		
		e-4	期待					1
	③養育者の子どもへの関わり	e-5	コミュニケーション					1
		e-6	不適応行動の否認				1	
	④養育者の問題	e-7	暴力的行為の有無				1	
		e-8	薬物・アルコールの乱用			1		

図１−４−４　プロフィール列への入力

プロフィール（該当する欄に1を入力）				
はい	ややはい	ややいいえ	いいえ	不明
		1		
				1
		1		
	1			
		1		
		1		
	1			
	1			
1				

評価結果は「はい」「ややはい」「ややいいえ」「いいえ」の該当列に半角数字1を入力する。情報不足などのために評価が不明である場合には「不明」列に半角数字1を入力する。

に機関介入後の評価を入力することで、介入前後のネグレクト状況の差異をレーダーチャートやリスク度の変化として比較することが可能となり、介入の効果を検討することができる。また、たとえば入力表①に、あるケースのネグレクト評価を入力し、入力表シート②には別のケースのネグレクト評価を入力することで、ケース間の比較が可能になる。このように２枚のシートを利用することでさまざまな比較が可能になる。

●レーダーチャート・シート

　入力表シートに入力された評価から、各ネグレクト領域の得点が算出されてレーダーチャートが表示される（図１−４−５）。レーダーチャートは中心部が原点０であり、外側に行くほど各ネグレクト領域の得点値が高い。つまり着色領域が広くなればなるほど、各ネグレクト領域広範にわたるネグレクトであることを示す。逆に着色領域があるネグレクト領域に固まっている場合、レーダーチャートは棒状あるいは先鋭な図として表現される。

　ここで示される得点は各領域における平均値ではなく、「ややいいえ」および「いいえ」に該当した項目数が各領域においてどのくらいの割合を占めたかを示す数値である。得点の高さはそれ自体でネグレクトの深刻さを示すわけではない。あくまで「どのネグレクト領域に該当しているのか」という特徴をつかむためのものである。

●ネグレクトリスク度シート

　入力表シートに入力された評価数値から、各下位尺度別のネグレクトリス

図1-4-5　レーダーチャート・シート

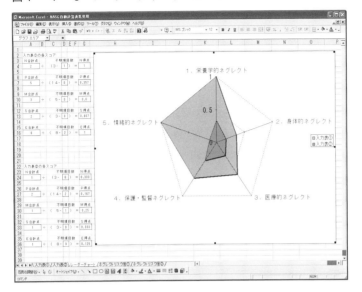

ク度が算出され表示される（図1-4-6）。入力表シート①の結果がネグレクトリスク度シート①に表示され、入力表シート②の結果がネグレクトリスク度シート②に表示される。リスク度は5段階あり、該当するリスク度に○が表示される。シートでは、リスク度は右に行くほどリスクが高くなるように配列されている。

5段階で示されるネグレクトリスク度の内容は以下のようになっている。

【高いリスクがある】：すでにネグレクトにより重大な結果が生じている。子どもや保護者がネグレクトを理由に保護を求めている等の状況。次にネグレクト状況が起こると重大な結果が生じる可能性が高い。

【中程度のリスクがある】：ネグレクトが繰り返される可能性が高い。ネグレクトの発生につながる可能性のある家庭環境等。

【あまりリスクはない】：ネグレクトの可能性が比較的低い状況。

【リスクはない、低い】：ネグレクト状況がない。ネグレクトが起こるリスクは低い。

【要情報収集】：情報が不十分でネグレクトの判断ができないため情報収集が必要。

図1－4－6　ネグレクトリスク度シート

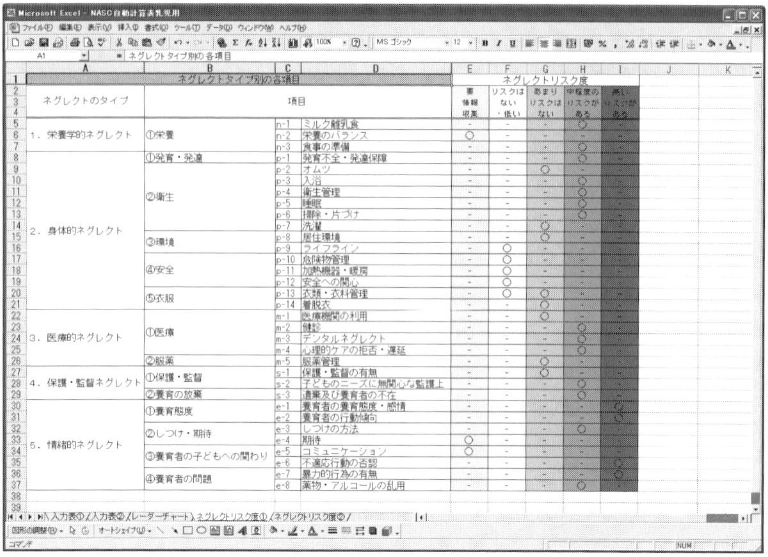

ネグレクトのタイプ	項目			要情報収集	リスクはない・低い	あまりリスクはない	中程度のリスクがある	高いリスクがある
1．栄養学的ネグレクト	①栄養	n-1	ミルク離乳食	-	-	-	○	-
		n-2	栄養のバランス	○	-	-	-	-
		n-3	食事の準備	-	-	-	○	-
2．身体的ネグレクト	①発育・発達	p-1	発育不全・発達保障	-	-	-	○	-
	②衛生	p-2	オムツ	-	-	○	-	-
		p-3	入浴	-	-	-	○	-
		p-4	衛生管理	-	-	-	○	-
		p-5	睡眠	-	-	-	○	-
		p-6	掃除・片づけ	-	-	-	○	-
		p-7	洗濯	-	-	○	-	-
	③環境	p-8	居住環境	-	-	○	-	-
		p-9	ライフライン	-	○	-	-	-
	④安全	p-10	危険物管理	-	○	-	-	-
		p-11	加熱機器・暖房	-	○	-	-	-
		p-12	安全への関心	-	○	-	-	-
	⑤衣服	p-13	衣類・衣料管理	-	○	○	-	-
		p-14	着脱衣	-	-	○	-	-
3．医療的ネグレクト	①医療	m-1	医療機関の利用	-	-	○	-	-
		m-2	健診	-	-	-	○	-
		m-3	デンタルネグレクト	-	-	-	○	-
		m-4	心理的ケアの拒否・遅延	-	-	-	○	-
	②服薬	m-5	服薬管理	-	-	○	-	-
4．保護・監督ネグレクト	①保護・監督	s-1	保護・監督の有無	-	-	○	-	-
		s-2	子どものニーズに無関心な監護上	-	-	-	○	-
	②養育の放棄	s-3	遺棄及び養育者の不在	-	-	-	○	-
5．情緒的ネグレクト	①養育態度	e-1	養育者の養育態度・感情	-	-	-	-	○
		e-2	養育者の行動傾向	-	-	-	-	○
	②しつけ・期待	e-3	しつけの方法	-	-	-	○	-
		e-4	期待	○	-	-	-	-
	③養育者の子どもへの関わり	e-5	コミュニケーション	○	-	-	-	-
		e-6	不適応行動の否認	-	-	-	-	○
	④養育者の問題	e-7	暴力的行為の有無	-	-	-	-	○
		e-8	薬物・アルコールの乱用	-	-	-	○	-

まとめ

ネグレクトアセスメントの対象は子どもであるが、子どものニーズの特性は多種多様である。また、子どものニーズは生活基盤となる家庭環境や家庭のニーズと切り離すことができない。さらに子どもネグレクトは、その状況によっては、大変深刻で子どもの命にかかわってくる。それゆえ、早期にネグレクトを発見するという視点を持つ必要がある。単に子ども虐待のリスクを判断し子どもと親を分離するというだけではなく、在宅支援を有効的に機能させていく上での指標として利用するという考え方がベースにはある。子ども虐待のアセスメントは、子どものリスクと安全性を共有する側面に着目する。リスクを見ていく上で大事なのは、リスクだけに着目しないということである。リスクしか見ないと、リスク因子のみに特化した判断となり、ストレングス（強み）に注目しないことになってしまう。リスクと安全面の双方を見ていく視点が必要になる。

NASC － R ではネグレクトの各領域及び全体的な特徴を視覚的に理解できる。レーダーチャート全体の面積が大きい場合には、概ねネグレクト状況

が深刻であり、逆に面積が小さい場合には、ネグレクト状況があまり深刻ではないと評価することができる。ただし、各領域の特徴を十分に考慮する必要がある。突出して高い領域が一つでもあると、その高い領域のネグレクトが深刻な状況にあると評価できる。リスクが高い場合には、早い段階での介入が必要となる。

あわせて、ネグレクトリスク度も同時に見るとよい。そこには各領域のリスク状態が示されているので緊急性の判断などで参考になると考えられる。

また、ネグレクトアセスメントシートを活用し、観察場面や日常生活場面での様子、成育歴などの情報を総合的に解釈する必要がある。

なお、NASC－Rの結果は子どものネグレクト状況に関する仮説的概念であり、支援経過や支援の結果として子どものネグレクト状況が改善されることを通して、仮説の検証が可能となると考えられる。

文　献

三上邦彦（2010）「子どもネグレクトアセスメントを通して見たネグレクトの特徴と傾向」『要保護児童・ネグレクト家庭における支援類型化の試み（主任研究者　加藤曜子）』（平成21年度科学研究補助事業研究成果報告書）

三上邦彦、山中亮、久保順也ほか（2008）『子どもネグレクトアセスメント』ネグレクトアセスメント研究会

在宅アセスメント研究会（2009）『要保護児童対策地域協議会（市町村虐待防止ネットワーク）個別ケース検討会議のための在宅支援アセスメントマニュアル【2009年版】』在宅アセスメント研究会

第5章
子どもへの影響と心理的治療・支援

坪井裕子（名古屋市立大学大学院）

1　ネグレクトが子どもに与える影響

　子ども虐待が子どもに与える影響については、さまざまな見地から研究がなされている。ここでは、特にネグレクト児の示す問題行動、精神医学的問題などについて、これまでに示されていることを、いくつかの視点から概観する。

(1) 精神医学的問題

　ネグレクトが子どもに及ぼす影響のうち、精神医学的問題として挙げられるのが愛着の問題である。愛着とは、特定の人物（主たる養育者など）との情緒的な絆のことであり、対人関係の基礎となるものである。ネグレクト児に関する研究では、発達への影響を愛着形成との関係から論じたものが多く見られる。たとえば、ゴーチェら（Gauthier, Stollak, Messé & Aronoff 1996）は、被虐待児の愛着スタイルに関して、身体的虐待児は、たとえ虐待という不適切なかかわりであっても「親の関与」があるのに対し、ネグレクト児には「親の関与」が欠如していることを指摘し、愛着と臨床症状との関係に言及している。

　この愛着の問題について、低年齢の場合は、米国 ZERO TO THREE (National Center for Infants, Toddlers, and Families, 1994) の診断分類（以下DC：0－3と略記）によると、第Ⅰ軸の「幼児の反応性愛着剥奪／不適切な養育障害」(Reactive Attachment Deprivation ／ Maltreatment Disorder of Infancy) があ

てはまる。DC：0-3では以下のように示している。①持続的な両親のネグレクト、あるいは身体的または心理的虐待が子どもの基本的な安心感と愛着を徐々に害する。②一次的養育者が頻繁に変わる。あるいは一次的養育者を一貫して利用することができない。③安定した愛着を妨げるその他の環境的妥協物の存在（ex. 入院、物質乱用など）。これらの子どもたちの示す特徴として、社会的かかわりの失敗、アンビバレントで矛盾する反応（接近―回避、極度な警戒、抑制、無気力、無差別なかかわり）、failure to thrive（成長の失敗）やその他の成長障害との関連を挙げている。

　実際にネグレクトを背景として施設等に入ってくる子どもたちの中には、人にあまり関心がないように見えたり、かかわりを避けたりするような子どもたちがいる。逆に無差別の愛着ともいえるかのように、誰にでもくっついていく子どももいる。アメリカ精神医学会（APA：American Psychiatric Association）の「精神疾患の分類と診断の手引き」であるDSM-5（APA, 2013）によると、前者は反応性アタッチメント障害／反応性愛着障害といわれるようなタイプであると考えられ、後者は脱抑制型対人交流障害といわれるようなタイプと考えられる。いずれにしても、特定の人との適切な愛着が形成されていないことがうかがわれ、人との関係性の難しさを感じさせる。このように、ネグレクトによる子どもへの影響として愛着の問題が挙げられ、これはその後の対人関係の持ち方にも影響を及ぼすものであるといえる。

（2）行動上の問題

　ネグレクトだけでなく、虐待を受けた子どもの行動上の問題として臨床現場で挙げられるのが、注意集中の問題、落ち着きのなさ、多動などである。マンリーら（Manly et al.2001）は、身体的ネグレクト、情緒的ネグレクト、身体的虐待、性的虐待の各群の比較において、いずれの群も外向尺度得点（非行や攻撃性）が高いことを示し、どのようなタイプの虐待でも外向的問題行動に影響すると指摘している。ルイス（Lewis 1992）は、虐待とその後の暴力行動についてまとめており、身体的虐待とネグレクトを比べた場合、ネグレクト児の方が、攻撃性は高いとしている。クリッテンデン（Crittenden 1992）は、ネグレクト児および身体的虐待とネグレクトの重複児における対人関係の問題と攻撃性の高さを指摘している。エリクソンら（Erickson &

Egeland 1996)は、ネグレクト児の攻撃性や破壊性の高さと、協調性の低さなどを指摘している。このようにネグレクトによって行動上の問題が引き起こされることが、いくつかの研究で示されている。これらの行動上の問題を示す子どもたちは、周囲から注意されたり叱られたりすることが多くなると考えられ、それに伴って自尊感情の低下や、友達関係、仲間関係の難しさを招くともいえるだろう。

(3) 知的・認知的発達の問題

　知的・認知的発達に関するいくつかの研究においても、ネグレクト児の示す問題が挙げられている。カウフマンら（Kaufman, et al. 1991）は、ネグレクト児にIQの低いものが多いことを指摘している。ウォダルスキーら（Wodarski, et al.1990）や、ケンドールタケットら（Kendall-Tackett & Eckenrode 1996）も、ネグレクト児は、身体的虐待児よりも数学や国語のテストの成績などの学業成績が悪いことを指摘している。ヒルドヤードら（Hildyard & Wolfe 2002）は、ネグレクト児について、学業成績の低さだけでなく、引きこもりや友人関係の狭さ、内向的問題が深刻であり、早期のネグレクトによって親との愛着が形成されなかったことが、認知や学業など多くの領域の発達にも影響していると指摘している。エリクソンら（Erickson &Egeland 1996）はネグレクトの影響による意欲のなさが成績に反映していると述べている。このようにネグレクト児の学業成績の問題について、多くの研究で指摘されている。

　ネグレクト環境においては、子どもの知的好奇心の刺激が少なく、学習に安心して取り組むことも難しいと考えられる。その結果、学習への意欲も阻害され、学業成績も下がってしまうのではないかと考えられる。また勉強がよくわからないことで、子どもの自尊心が低下したり、学校へ行くこと自体の意欲が下がったりする恐れもあり、その結果、不登校になるなど、二次的な不適応要因となってしまう可能性もあるといえる。

(4) 調査研究によるネグレクト児の特徴から

　児童福祉施設に入所している子どもの特徴について、日本語版Child Behavior Checklist（CBCL：井澗・上林・中田・北・藤井・倉本・根岸・手塚・岡

田・名取 2001)による調査(坪井 2005)を紹介する。職員が記入した結果から、被虐待児全体の特徴として「注意の問題」「非行的行動」「攻撃的行動」に加え、「社会性の問題」でも、心理的なケアの必要な子どもが多いことが示されている。さらに虐待種別での検討から、ネグレクト群の得点が、「思考の問題」、外向尺度、総得点で、虐待のない群(N群)より高いことを示している。この研究で、直接、身体的な暴力を受けていないネグレクト児においても、攻撃性や非行などの外向的問題(非行や攻撃性)の高さが示されたことは注目すべきだといえる。コンピテンス項目の虐待タイプ別の検討では、ネグレクト児は親との関係についての評価がはっきり「悪い」と言えないことが示されており、それはむしろ親子関係の希薄さを窺わせる結果ではないかと述べられている、ネグレクト児の成績の悪さについても、先行研究での指摘と一致する結果が示されている。

CBCLとYSR(子どもが自分で記入する質問紙)を用いた調査(坪井・李、2007)では、施設職員はネグレクト児の「身体的訴え」の多さを受け止めているが、子ども本人はその多さを自覚していないことが特徴として挙げられている。本人はそれほど意識せずに「おなかが痛い」「頭が痛い」などと訴えており、それはネグレクト児の一つの表現の仕方であるとも考えられる。ネグレクト児は家庭ではそのような身体的訴えに適切に対応された経験の少ない子どもたちであるといえる。施設等で職員がそのような子どもたちの訴えに丁寧に対応していくことは、心理的なケアの意味もあり、子どもとの関係を築くきっかけとなる可能性もあるといえるだろう。

次に、ロールシャッハ法による被虐待児の心理的特徴の検討(坪井・森田・松本、2007)を紹介する。ここではネグレクト児の反応として、いくつかの特徴が挙げられているが、特に食物反応が多かった点に注目したい。ネグレクト児の場合、実際に食べ物を適切に与えられなかった子どもは多い。しかし、食物反応の多さは、現実的な食べ物へのこだわりを示すだけでなく、口唇欲求的なもの(愛情や適切なケアなど)、本来取り入れられるべきものの欠如が背景にあるように思われる。また、感情カテゴリーの検討におけるネグレクト群の特徴は、不安と敵意をベースにした反応が多いことが指摘されている。ただし敵意は直接的に示されるものではなく、間接敵意反応が多いと指摘されている。欠損反応や不安陰うつ反応に示される不全感、抑う

つ感、活気の欠如、あきらめなどは、ネグレクト児の心理的特徴を示していると述べられている。さらに、課題への取り組みの際の特徴として、ネグレクト児は、自罰的傾向（自分が悪いと思いがちになること）とともに、不確かな状況への自信のなさや不安の高さなどがうかがえる結果となっている。

　このようにロールシャッハ法から見ると、ネグレクト児は、抑うつ的で、間接敵意の多さなどが指摘されている。それにもかかわらず、自記式の質問紙（YSR）では、不安や抑うつの得点が身体的虐待児に比べ、特別高いわけではないという結果（坪井・李、2007）であった。このことから、ネグレクト児は、自身の抱えている不安や抑うつ的な気分を自覚していないか、自覚しても表現するに至っていないのではないかと考えられる。あるいは、ネグレクト児の抱えているような無意識レベルでの根源的な存在に関わる不安などは、漠然としていて自覚に至らないのかもしれない。この場合、現実生活場面では、特に問題がないように見える可能性もある。一見「適応」しているようであっても、実は、内面には抱えているものがあるかもしれないこと、活動性が落ちていておとなしく見えるだけかもしれないということなどを念頭においておく必要があるだろう。ネグレクト児の場合は、身体的虐待児などに比べて、思春期以前には行動レベルで問題が目立たない可能性もあることを考慮し、表面的な適応だけでなく、内面に抱えているものに、より一層、注意を払う必要があるといえる。

まとめ

　ここでは、ネグレクトが子どもに及ぼす影響として示されていることについてさまざまな研究から概観してきた。基本的な問題として、愛着形成がうまくできていないことが挙げられ、その問題をベースに対人関係などさまざまな問題にも影響していることが明らかとなっている。さらに行動上の問題として、攻撃性や破壊性の高さ、協調性の低さが挙げられ、学業成績の低さも多くの研究で示されている。このように、ネグレクトという環境は子どもの発達のさまざまな面に影響を及ぼしているといえる。

　ここで示された問題がすべてのネグレクト児に当てはまるわけではない。表面に問題や症状を示している子どもはもちろんのこと、一見、問題や症状を示していないように見えても、その内面には何らかの心理的ケアを必要と

する子どもがいるということも考慮すべき課題である。実際に子どもと関わる際には、一人一人の特徴を、丁寧にアセスメントし、その子どもに応じた心理的な支援や生活上のケアを組み立てていく必要がある。そこで、次にネグレクト児への心理的支援や心理治療について述べることとする。

2　ネグレクト児への心理治療と心理的支援

　ネグレクト児の特徴を踏まえた上で、実際に心理治療や心理的支援はどのように行われていくのだろうか。ここでは、まず前提となる生活の中での支援を挙げ、次に心理治療について述べることとする。

(1) 生活の中での支援

①安心・安全な環境の保障

　ネグレクト状況にある子どもたちの心理的支援を有効にするためには、まず安心・安全な環境が大前提となる。実際、ネグレクト児には、親の都合で住居が転々として、安定した生活を送ってこられなかった子ども、車中生活をしていた子どもたちがいる。親がいつ帰ってくるのかわからない不安の中で過ごしてきた子ども、次にいつご飯が食べられるのかわからない状況にいた子ども等々、生活基盤が脅かされてきた子どもたちが多い。生きていく上で、衣食住の心配をしなくて良い生活が保障されることが大前提であり、その保障がなくては心理的な支援も機能しないといえる。

②生活の中での配慮

　ネグレクト児には基本的な生活習慣が身についていない子どもたちも多い。入浴、洗髪など身体を清潔に保つことや、食事のマナーなど、一般的には常識と思われるようなことでも、身についていないこともある。たとえば、朝決まった時間に起きて（起こしてもらって）、朝ご飯を食べて、遅刻しないで学校に行くというようなことが経験できていない場合もある。このような子どもたちは、学校等でいじめの対象となりやすく、劣等感や不全感を

いだいて、学校での適応的な生活が難しくなることもある。そこで、生活の中での配慮が必要となってくる。できないことを指摘されたり怒られたりするのではなく、施設などの安定した生活の中で、まずは基本的なことを教えてもらえれば、子どもたちは吸収していけると考えられる。基本的習慣ができること、周囲の皆と同じような生活がおくれることによって、自己肯定感や有能感がはぐくまれると考えられる。

　さらに、ネグレクト児の中には、前項で述べたように愛着障害を抱える子どもが多い。家庭での優しいかかわりや温かい言葉がけの経験をあまりしてこなかった子どもたちもいる。これらの子どもたちは、人との上手な接し方や距離感がつかみにくい場合もある。施設などで担当職員から優しいかかわりをされると、どうしたらよいのかわからずに困ってしまい、素直になれないことがある。また、人とどう接したらよいかわからないため、反抗してみたり、逆に甘えすぎてみたりすることもある。それでも、子どもたちの特徴を理解して、丁寧に関わってくれる大人たちがいることで、子どもたちは人とのかかわりの基本を身につけていくといえる。そのようなかかわりを元に生活の基盤ができていくことが重要である。これがネグレクト児の生活の中での心理的な支援につながるといえるだろう。

（2）心理治療の実際

　次に、ネグレクトによって施設等に入所してきた子どもたちの心理治療の実際について、事例を交えながら紹介する。

◉事例Aの経過

　この事例（坪井 2004）のCl（クライエント。Aさん）はセラピー開始当時小学校3年生の女児である。幼児期に父親が亡くなり、夜の仕事に出た母親が家になかなか帰ってこなくなって、ネグレクト状況が続いていたケースである。上のきょうだいたちは不登校となっており、学校が児童相談所に連絡したことから、家庭への介入が始まって施設入所となった。母親が新たな男性と同居し子どもを産み、上のきょうだいは非行をするなど家庭の混乱が続き、Aは安定した親子関係や愛着がもてなかったと考えられる。Aは小学校入学後、「いじめられやすい」「無気力である」という問題が挙げられ、施

設内でのセラピーを開始することになった。

　セラピーの開始当初はCl自身、自分が何をしたいのか、何を聞いても見通しが持てず、「わからない」と言うのが特徴だった。何をどうしたいのかの判断ができず、主体性はほとんど発揮されていなかったといえる。セラピーでも遊びの選択ができなかったが、第Ⅰ期、第Ⅱ期で、徐々に箱庭に興味を示してアイテムを置くことでの表現が始まってきた。さらに人形遊びを通して、「ご飯がない」「世話をされない」といった、物や関係の欠乏など、ネグレクト状況の再現と考えられるものが表現されてきた。その中で、子どもが一人ぼっちでも「しょうがない」とあきらめが示されていた。

　第Ⅲ期で始めたジグソーパズルは、「難しい」といったん中断する。その後、第Ⅳ期では、プレイの中で母親への怒りや赤ちゃんへの複雑な気持ちが表現されるようになってきた。Th（セラピスト）に母親役をさせて、ぬいぐるみや赤ちゃん人形の世話の仕方をClが指示してくることがあった。自分がどうしたいのか、どうして欲しいのかを表現できるようになってきたといえる。これは、単に乳児期に得られなかったもの、欲しかったものを埋め合わせるだけでなく、さらに体験を自分のものとして能動的にやり直そうとしているかのようであった。

　第Ⅴ期では、少しずつ年齢相応の女の子らしさ、健全な自己愛のようなものが表現されてきた。また、いったん中断していたパズルを、第Ⅳ期で「難しくてもいいからやってみる」と再挑戦し、第Ⅴ期でやっと完成にこぎつけた。

　第Ⅵ期では、「いじめられた女の子が助けられる」というお話の場面を自ら描くことができるようになってきた。初期の頃とは違ってかなり自由に自分の感情を表現できるようになり、肯定的な自己イメージが持てるように変化してきた。Clがより成長したとき、自分の課題に再び取り組み、自らのストーリーを再構成する時期が来るかもしれないと思いつつ、施設内での見守り型の終結という形を迎えることとなった。

（3）ネグレクト児のプレイセラピーで大切なこと

　事例Aのケースから考えられることを含め、ネグレクト児のプレイセラピーについて、坪井（2008）はいくつかの視点から検討を行っている。ま

ず、第一段階は、基本的な信頼関係の構築の段階として、①子どもが持ち込む対人関係パターンの見立て、②リミットテスティング（試し行動）が挙げられている。①では、子どもがそれまでの人間関係の中で身につけてきた対人関係パターンを Th との関係にも持ち込むと述べている。事例 A のように、ネグレクトで、親とのかかわりがあまりなく、「あきらめている」子どもの場合は、人とのかかわりに期待せず、深く関わらないというようなパターンを示してくる。この段階で重要なことは、子どもの示す関係性の特徴や、対人行動パターンについての見立てを行うことである。本来、見立ての際には、生育歴や家庭環境、親子関係などを参考にするが、ネグレクト児の場合は、生育歴や親との関係などについて、保護者から聞き取りできないことが多く、情報の少なさがまたネグレクト児の特徴であるとも考えられる。したがって、心理アセスメントを用いたり、行動観察を注意深く行ったりして、子どもの示す特徴をどう見立てていくのかがカギとなると述べている。②では、「簡単には信用できないタイプ」の子どもたちの出してくる、Th を悩ませるさまざまな行動が、Th を試すリミットテスティングだとしている。それを認識することで、無用な挑発にのることも避けられ、Th が無力感に陥るのを防ぐ効果もあるのではないかと指摘し、リミットテスティングを有効に活用することが、関係づくりに役立つと述べている。Th との安定した関係をベースに、まずは子ども自身の課題に取り組み、その後、親との関係修復に挑戦していけばよいのではないかとも述べている。

　次に、第二段階は、子どものテーマに取り組む段階だとして、①子どもが示すさまざまなテーマへの取り組み、②能動的再体験、③子どもの良好な内的対象を育てること、④人生の意味の再構築、を挙げている。①について、子ども自身が持っているテーマはさまざまであり、ネグレクト児の場合には、喪失体験や、ネグレクト状況の再現が示されるかもしれないと述べている。また、対象イメージの修正や、攻撃性、衝動性のコントロールといった課題があることも考えられる。これらのテーマへの取り組みは、現実生活の持ち込みから離れた、プレイセラピーという非日常を舞台に繰り広げられる。親への怒り、あるいは悲しみといった感情、さらに好きなのに攻撃してしまったり、諦めつつも思慕の情が隠せなかったりといったアンビバレントな感情も、この時期に示され、扱われるべきものであるとしている。

事例 A では、何をするにも「わからない」ばかりだった Cl であるが、「やってみよう」と言えるまでになった。これはセラピー過程で、自分で決めていく力、主体性を回復していった表れであるとも考えられる。②では特に、ネグレクト児の場合は、親からの適切な養育や、愛着関係などの体験の欠如が大きな問題であるため、セラピーの中で、これまで得られなかったものを再体験していくことが必要なこととして挙げられている。これは、単に欠けているものを補うという消極的な意味だけではない。むしろ、Cl 自らが、自分のして欲しいことを表現したり、Th との交流を通して体験したりすること、つまり能動的に体験しなおすことに意味がある。自分を尊重してもらう体験の過程で、自由な感情の表出や、自己統制感も得られるようになるだろう。したがって、ネグレクト児のプレイセラピーでは、「能動的再体験」が重要であると述べられている。

　③について、ネグレクト児のプレイセラピーで特に重視したいのは、Th との交流を通して、Cl 自身の良好な内的対象を育てていくという作業であると述べている。親との関係で愛着がしっかり形成されていない Cl にとって、良好な内的対象をどのように育てていくことができるかが、ネグレクト児のプレイセラピーでの課題である。

　④として、セラピーを通して人生の意味の再構成がされることについて、ネグレクトされた子どものセラピーの最終的な目標は、「主体性の回復」であると述べている。子どもが、自分の人生を自分で生きていけるようになること、自分の人生を自分で引き受けていくということである。そのためには、子どもたち自身が、自分なりに人生の意味を組み立て直していかなくてはならないといえる。これは大変な作業である。Cl はこのようなテーマに、ひとりで取り組むわけではない。そこには、関係のできている Th の存在が不可欠である。Th はその作業に付き合い、寄り添っていくことしかできないかもしれない。それでも、安定した関係のできている Th がいるからこそ、Cl が取り組んでいけるのだと信じて、Th 自身も Cl に主体的なかかわりをすることが重要だと考える。それこそが Th の役割でもあると述べられている。

まとめ

　ネグレクト児のプレイセラピーでは、前提となる衣食住の保障や、安心・安全な生活の安定の上に、第一段階として基本的信頼関係の構築があり、その上に、子どものテーマに取り組む第二段階があるといえる。さらに別の段階としては、現実生活における適応の問題があるだろう。社会生活の中で、あるいは学校や家庭でどのように生きていけるのか、家庭の再統合はどのように行われるのか、といった現実の生活を見据えた段階である。第一段階でも第二段階でも、現実社会との関係はセラピー外で続いている。子どものトータルな支援を考える際に、現実生活は、切り離しては考えられないものであるといえるだろう。

　上記で述べてきたように、ネグレクトされた子どもの心理的ケアの取り組みには、まだまだ課題も多い。ネグレクト児は、自分が尊重された体験が少ない子どもたちである。自分を大切にしてもらう経験の積み重ねがあって、はじめて自分の意思を表現したり、相手の気持ちを尊重したりできるようになると考えられる。心理治療だけでなく、生活場面も含めた包括的な心理的支援の実践が今後も引き続き望まれるところである。

文　献

American Psychiatric Association(2013)*Desk reference to the Diagnostic Criteria from DSM-5*. =日本語版用語監修日本精神神経学会,髙橋三郎・大野裕監訳（2014）『DSM-5　精神疾患の分類と診断の手引き』医学書院

Crittenden,P.M.(1992)"Children's strategies for coping with adverse home environments: An interpretation using attachment theory". *Child Abuse & Neglect*, 16, 329-343

Erickson,M.F., & Egeland,B.(1996)"Child neglect". In J.,Briere,L.Berliner,J.Bulkley,C.Jenny, & T,Reid(Eds,)*The APSAC handbook on child maltreatment* (pp.4-20).Thousand Oaks,CA：Sage Publications

Gauthier,L.,Stollak,G.,Messè, L., & Aronoff, J(1996)"Recall of childhood neglect and physical abuse as differential predictors of current psychological functioning".Child Abuse & Neglect, 20, 549-559

Hildyard,K.L. & Wolfe, D.A.(2002) "Child neglect: developmental issues and outcomes". *Child Abuse & Neglect,* 26, 679-695

井潤知美・上林靖子・中田洋二郎・北道子・藤井浩子・倉本英彦・根岸敬矩・手塚光喜・岡田愛香・名取宏美（2001）「Child Behavior Checklist/4-18日本語版の開発」『小児の精神と神経』41、243-252

Kaufman, J. (1991)"Depressive disorders in maltreated children". *Journal of American academy of*

Child and Adolescent Psychiatry, 30, 257-265

Kendall-Tackett,K.A. & Eckenrode,J.(1996)"The effects of neglect on academic achievement and disciplinary problems: A developmental perspective". *Child Abuse & Neglect*, 20,161-169

Lewis, D.O(1992) "From abuse to violence: Psychophysiological consequences of maltreatment". *Journal of American academy of Child and Adolescent Psychiatry*, 31, 383-391

Manly,J.T.,Kim,J.E.,Rogosch,F.A., & Cicchetti,D.(2001)"Dimensions of child maltreatment and children's adjustment: Contributions of developmental timing and subtype".*Development and Psychopathology*, 13, 759-782

坪井裕子(2004)「ネグレクトされた女児のプレイセラピー——ネグレクト状況の再現と育ちなおし」『心理臨床学研究』22、12-22

坪井裕子（2005）「Child Behavior Checklist/4-18（CBCL）による被虐待児の行動と情緒の特徴——児童養護施設における調査の検討」『教育心理学研究』53、10-121

坪井裕子（2008）『ネグレクト児の臨床像とプレイセラピー』風間書房

坪井裕子・李明憙（2007）「虐待を受けた子どもの自己評価と他者評価による行動と情緒の問題——Child Behavior Checklist（CBCL）と Youth Self Report（YSR）を用いた調査の検討」『教育心理学研究』55（3）、335-346

坪井裕子・森田美弥子・松本真理子（2007）「被虐待体験をもつ小学生のロールシャッハ反応」『心理臨床学研究』25、13-24

Wodarski,J. S., Kurtz,P. D., Gaudin, J. M., & Howing, P.T. 8 (1990)"Maltreatment and the school-aged child: major academic, socioemotional, and adaptive outcomes". *Social Work*, 35, 506-513

ZERO TO THREE/National Center for Infants, Toddlers, and Families(1994) *DIAGNOSTIC CLASSIFICATION:0-3, Diagnostic Classification of Mental Health and Developmental Disorders of Infancy and Early Childhood.* ＝本城秀次・奥野　光訳（2001）『精神保健と発達障害の診断基準——0歳から3歳まで』ミネルヴァ書房

part2

第2部

実践編

chapter6 　ネグレクトの支援類型
chapter7 　市区町村における支援
chapter8 　児童相談所における支援
chapter9 　保健師による支援
chapter10　学校における支援
chapter11　児童養護施設における支援
chapter12　情緒障害児短期治療施設における支援
chapter13　病院における支援
chapter14　保育所における支援
chapter15　児童自立支援施設における支援
chapter16　母子生活支援施設における支援
chapter17　民間支援団体における支援

第6章

ネグレクトの支援類型

加藤曜子（流通科学大学）

1　多岐にわたるネグレクトの支援機関

　ネグレクトへの支援は、虐待対応の歴史の長い先進国においても遅れがちであると報告されている[*1]。それでも予防的なかかわりは重要であり、家庭訪問や家庭支援、親教育は効果があることはわかってきている[*2]。日本では、病院を中心としたネグレクト研究が進み、重篤なネグレクト事例への対応が研究され、宮本、柳川、山本らによって医療ネグレクトガイドラインが作成された[*3]。また事故などによる小さな怪我なども、ネグレクト状態も含む「子どもの安全」の視点から研究が開始されはじめた。
　ところでネグレクトの状況下の子どもは、親（保護者）と共に暮らし続けるか、親から離れて社会的養護で養育される。親と共に暮らし続ける子どもには、ネグレクト状態が改善され、安全な暮らしが守られることが第一目標である。そのため社会的養護により親と別れて暮らす子どもには安全な暮らしと自立にむけての養護が保障されているが、家庭に再び帰る場合には、児童相談所や市区町村が連携して子どもの安全な暮らしが守られるように、親や家族を支援する必要がある。
　よく知られているようにネグレクトの背景には、貧困（経済苦）、ひとり親、養育力の弱さ（養育意欲の低下）、生活力の弱さ、メンタルヘルス問題、薬物問題、ドメスティック・バイオレンスなど多くの問題点がある。それらが互いに関係しあい、子どもを放置放任する子育てにつながる。そのため、子どものみを支援するのではなく、家族支援の視点が必要となる。

したがってネグレクト傾向にある子どもや家族を支援する関係者は、母子保健、学校、学童保育、保育所、医療機関、市区町村子ども家庭相談窓口、生活保護担当、母子自立相談員、社会福祉施設、子育て支援サービス提供者、NPO、障害福祉担当課、民生委員など多分野に及ぶ。

　これら関係する機関が互いに情報を共有し、それぞれの役割を理解しておくことが多機関連携で必要である。家族を支援するためには、それぞれのニーズに応じた多機関による支援チームが必要で、その適切な対応のための会議を「個別ケース検討会議」と呼ぶ。個別ケース検討会議は、児童福祉法で法定化されている要保護児童対策地域協議会の会議の一つである。

　また子どもの発達年齢に応じて関係する機関は変化していくため、実務者会議（進行管理会議）で、例えば保育所から小学校へ情報が引き継がれる必要がある。

　この情報のとりまとめや引き継ぎのため、要保護児童対策地域協議会の調整機関（同じ相談担当課にある場合とそうでない場合がある）が事例の進行管理を担う。

　本章では、要保護児童対策地域協議会で進行管理し支援する在宅事例に関する調査から明らかになった知見（加藤2011）[*4]を中心に、ネグレクト事例の支援タイプについて説明する。

2　支援対象のレベル

　まず支援対象のレベルを、(1) 一般的な予防、(2) 予防的な支援、(3) 要支援、(4) 要保護、の4つに分けて説明する。

(1) 一般的な予防レベル

　一般的な予防は、妊娠前から始まる。母子保健が中心であるが、子ども家庭相談窓口や子育て支援担当も担う。

　例えば、妊娠相談、妊娠時の家庭訪問、健診受診勧奨、医療機関連携が母子保健の業務であり、妊婦健診を兼ねて、出産後のイメージ作りとして、実

演を兼ねた親教室や両親教室などを開催している。そこでは親として持っておくべき養育知識（おむつ、ミルクの与え方、お風呂の入れ方など、赤ちゃんの衛生状態、子どもにとって安全な住居や空間）を提供する。

また出産後は、家庭訪問（新生児訪問、乳児家庭全戸〈こんにちは赤ちゃん〉訪問）、乳幼児健診勧奨、出産後の知識や保育所入所への案内、子育て支援情報などの知識を提供する。すべての母が育児の孤立感を持つ可能性があるため、希望する場合にはボランタリーな形での家庭訪問型サービスの機会も地域によっては提供される。*5

（2）予防的な支援レベル

予防的支援は心配や困難な事態に早期に対応することである。

例えば、子育て中の親が仕事や急の外出が必要だが子どもの預け先がない場合に、家に子どもを一人で残す事態となれば、子どもは安全でなくなる。そういった事態に陥らないため利用しやすい保育サービスや相談できる機会を設け、母子保健での相談支援サービス利用を提供する。また、保育所の手続きや出産手続きを知らない場合もあるため、あらかじめ、手続きに同行するなどの手助けをする。家族の経済苦（貧困状態）には生活相談にのる。

このように、ヘルパーや児童館、女性相談センター、障害福祉や児童発達支援センター、スクールソーシャルワーカー、保健センターでの発達相談、乳児家庭全戸訪問など、地域で子どもに携わる人や機関の気づきが事例発見のきっかけとなる。親に困り感などの自覚がある場合には、必要な資源利用の動機づけもしやすい。早期に問題が解決する事例には、制度やサービスを利用できる場合が多くみられた。

（3）要支援レベル

ネグレクトにつながる危惧があるため特別な支援が必要な場合である。これは要保護児童対策地域協議会の「要支援児童」として、支援の対象となる。

例えば母の産後の状態が悪く、精神的につらくなる場合がある。この時には、じっくり親の相談に乗るなどの支援に求められる。さらに夫の不在で孤立傾向に陥り適切な支援を得ることができていない家庭には、養育支援訪問事業（家庭訪問）が提供される場合もある。また親の精神疾患やアルコー

ル・パチンコなどの依存の問題は、専門的な治療が必要である。

また小学生が不登校状態になった場合には、なぜ不登校なのかを早期に解明する必要がある。例えば乳児の面倒を小学生にみさせる例もあるため、その家庭の状況に応じた具体的な支援を紹介することも必要である。

このようにネグレクトが疑われたり、心配される事態になる状況では、早期に発見することで解決の糸口がみつかる場合がある。

(4) 要保護レベル

これはネグレクトがすでに発生している場合で、複雑な家庭背景で育つ子どもは要保護児童対策地域協議会の「要保護児童」となる。この場合、子どものネグレクトによる「傷つき度」により、児童相談所が中心に担当するのか、市町村が中心に担当していくのかが決定される。

以下に、子どもの安全を第一にする立場から、子どもの傷つき度からの支援例を挙げる。

①子の傷つき度が重度である例[*6]

日常的なケアやライフラインが止まるレベルである。乳幼児には脱水症状、栄養障害などがみられる。夜間放置、長時間放置などの状態に子どもが置かれる場合など、子どもの安全性や、このままの状態が継続すれば子どものいのちに影響を与えかねない場合をさす。

養育を支援する者がいない孤立的な子育てに親は置かれている。その養育者自らが精神疾患、長期病気などにより養育する力が弱く、養育意欲も減退している場合が多い。経済的ストレスやDVなどによって子どもに向かうエネルギーが弱まっていることが背景にあることもある。

このような状態の親に対して市町村関係者が働きかけても機関利用に拒否感を抱いている場合には、児童相談所と共に一時保護や施設入所も想定しつつ協議をする。乳幼児のFTT（failure to thrive：体重増加不良）は疾患ではないのに体重が増加しないなど養育者が適切な栄養を与えない行為によって起こる状態であり、子どものいのちに関わるため、親子のかかわりには注意が必要であるとされる。特に重度事例では[*7]、個別ケース検討会議を開催し、社会資源などのサービスが受けられる状態かどうか、現在の子どもの安全を

今後、保障していけるかどうかを検討協議する。子どもが送ることができるよう安全な暮らしを市区町村は定期的に支援するが、危険度が高いため児童相談所が危機管理と対応の責任を負う主担当機関となる。

②子どもの傷つきが中程度
「子どもの日常的ケア」や「子どもの身体的状況」「生活不良で改善なし」の背景は重度と同様であるが、年齢や状況により一定程度、子どもの安全が保たれているレベルである。

市区町村の相談担当者や保健師の家庭訪問は実施されているが、支援をしても変化がない場合や、親側にネグレクトの自覚がなく、支援が必要だと相談担当者がみなしても、サービス利用を拒否する場合には、親との関係構築やサービス利用のモチベーションを上げることが優先課題となる。例としては、親が医療機関と結びつくことで支援に結びつき、子どもの状態が改善される場合がある。また生活保護受給は一定の生活安定の道がつけられている。

このレベルの事例は乳幼児が占める割合も高いため、担当者は事態の変化に3年以上はかかると予測することが多い。個別ケース検討会議開催を定例あるいは必要に応じ開催し、子どもの状態を改善させるために、どのような目標を立て、それをどう実現していくかなどを検討する。

③軽い傷つき度
子どもの状況は、風呂に入る回数が少ない、季節外れの衣類を着る、など健康問題が起きない程度のレベルである。こうした軽度に対する支援は子どもよりも親側に必要であり、これは生活状況の悪化を防止する意味がある。

長期支援が必要な場合も多く、①親の問題理解が乏しいため支援の必要性がある、②子どもに重度障害があり、親の養育能力、生活力が低いため関係機関連携でかかわる必要がある、③親の能力の課題により支援をすることで生活状況を維持していく必要がある（定期的な通院の確保や障害ヘルパー利用の導入など）、などがみられる。なお利用するサービスとしては、生活保護や子どもの所属機関である保育所、学校との連携が有効である。

親との話し合いができるのであれば、「家族応援会議」のように親参加型の会議ができると、親自身が自分の問題として捉えていくことにつながる。[*8]

ただし拒否的である場合には、関係者間での支援目標をまずは共有していくことが重要である。

3　親のストレングス（プラス面）

　筆者の調査によると、支援が入ることで親の養育者としての自覚が高まり、親族も応援するなどのプラス力が高まった。また支援開始時はプラス力が「ない」が63.2％であったのが、支援開始後は「ない」は32.5％に減少している（加藤 2012）。そのためには親の成育歴を理解し、できているプラス面を評価していく姿勢をとる必要がある。支援が入ると子どもの日常的世話ができている割合が高くなり、親に解決しようとする力のある場合には、親が自ら病院受診し子どもも受診させるなど、医療との連携も強くなる。ショートステイや生活保護を活用し、来所して相談をするなど、申請型のサービスを能動的に利用することにもつながる。[*9]

　これらの知見から子どもの傷つき度と家族課題および親の解決力の関係を例示したものが図2-6-1である。

4　支援サービス

　ネグレクトの背景には多問題がある。そのため、それらの問題を軽減し、親の力や家族の力を上げていく必要がある。実際に生活困難がある場合や生活困難が予測される場合には、表2-6-1のサービスが提供される。ただ、サービス提供は機械的に実施するのではなく、それぞれの担当者につないでいくためには、それを受けてみようとする親や家族への動機づけ、また実際に利用してみて本当に利用しやすいのかどうかをフィードバックさせていく機能など、事例のキーパーソンとなる家庭児童相談担当者の存在が大きい。ソーシャルワークやケースマネジメントができる担当者が関係機関と

図2-6-1 子どもの傷つき度と家族課題および親の解決力

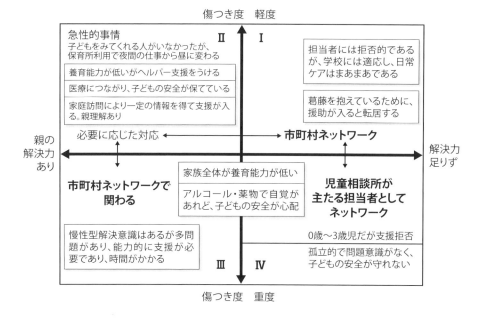

チームとして個別ケース検討会議を開きアセスメントから支援プランを立て支援できるよう調整をする必要がある。

5 個別ケース検討会議の重要性

　ネグレクトを起こすのは、貧困（生活保護）、住宅、法律、障害、就労、自立、薬物・アルコールなどに問題を抱えた多問題家族が多いため、支援は家庭児童相談担当者が中心となり、保健、医療機関などとも連携をする。したがって、ネグレクトへの支援には、まず要保護児童対策地域協議会として個別ケース検討会議を開催する必要がある。調査結果で担当者がうまくいっていると回答した例に共通している内容は、①訪問や来所相談で親に継続的にかかわれていること、②長年同じ担当者であること、③他の機関との連携を

表2−6−1 ニーズに沿った支援サービスの例

基本的な支援類型	子どもを中心にみた支援内容		
	乳児	幼児	学齢児（小学・中学）
栄養 医療 身体的ケア 保護監督 情緒的ケア 教育支援	医療機関・保健 身長・体重確認・健診 医療・デンタル 生活環境整備 事故防止・親教育 発達支援	医療機関・保健 身長・体重確認・健診 医療・デンタル・ 生活環境整備 気になる行動・機関連携 就園勧奨・発達支援 就学支援	医療機関・保健 身長・体重確認・健診 医療・デンタル・ 生活環境整備 問題行動・機関連携 個別来所相談 学習支援・登校支援・学童保育 少年センター 適応治療教室
障害支援	障害児関連 　療育手帳・身障手帳 　手帳関連支援 　　物品給付支援 ヘルパー利用	障害児関連 　療育手帳・身障手帳 　手帳関連支援 　　物品給付支援 ヘルパー利用	障害児関連 　療育手帳・身障手帳 　手帳関連支援 　　物品給付支援 ヘルパー利用
養育力	家庭訪問 保育所入所勧奨	家庭訪問 保育所入所勧奨	家庭訪問
育児知識	生活環境整備 育児情報 家事・育児サポート 養育家庭訪問事業 一時保育・ショートステイ利用	生活環境整備 育児情報 家事・育児サポート 養育家庭訪問事業 来所相談 一時保育・ショートステイ利用	生活環境整備 家事・育児サポート 来所相談 ショートステイ利用
親支援医療支援 障害者生活支援	医療機関 　精神保健協力 　手帳関連 ヘルパー利用	医療機関 　精神保健協力 　手帳関連 ヘルパー利用	医療機関 　精神保健協力 　手帳関連 ヘルパー利用
生活安定 　手続き支援 　就労 　法律 　住宅	生活安定確認 　必要に応じた 　　生活保護 　　手当て 就労支援 法律相談 ごみ問題・入居相談	生活安定確認 　必要に応じた 　　生活保護 　　手当て 就労支援 法律相談 ごみ問題・入居相談	生活安定確認 生活保護 手当て 親の自立支援 就労支援 法律相談 ごみ問題・住宅提供
地域での支援者	民生児童委員 友人・知人・親族	民生児童委員 友人・知人・親族	民生児童委員 友人・知人・親族
ひとり親支援	ヘルパー利用	ヘルパー利用	ヘルパー利用

図2－6－2　支援の具体的な基本とする関係機関連携例

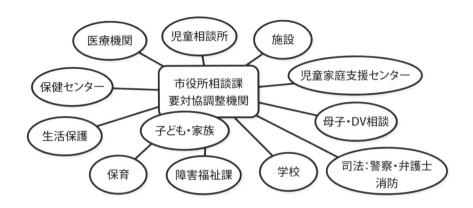

密にとっていること、④関係機関が連絡しあって効果評価がし合えていること、などであった。

　幼児や多子家族で養育者が若年の場合には、民生児童委員が近隣支援として重要な役割を担っていた。親の養育力支援の結果、親族が参加する例もあった。また養育力不足でネグレクトされがちな障害児については、障害福祉担当課の支援参加が重要であり、必要に応じてヘルパー派遣も提案する。また生活保護を受けている場合には、生活保護のケースワーカーが参加していた。長年生活保護を受給している間に、生活保護の担当者が配置換えなどで変わることがあるため、要保護児童対策地域協議会の調整機関は定期的な個別ケース検討会議を開催し、子どもと家族の支援の共通理解を図ることが必要である。[*10]　図2－6－2は、日頃、市区町村相談担当及び要保護児童対策地域協議会調整機関が連携する機関の基本となる例を示す。

6　子どもの年齢別にみた支援のポイント

　以下は基本的に支援にかかわるネットワークを形成する代表的な機関を挙げている。ネグレクト事例をみていくと、いくつかの支援パターンがあるため、年齢別に説明する。重要な点は、関係する機関の情報は必ず、要保護児童対策地域協議会調整機関に一点集中させるため、知らせておくということである。なお、在宅支援は家族再統合ケースも含まれる。

（1）乳児

　特定妊婦から乳児を育てる親への支援は保健師・助産師の一対一関係が優先する。この時期の支援の要点は以下の通りである。
　①医療・保健を中心にした親の治療を含めた支援は、妊娠期からの保健機関と医療機関の連携が必要となる。母子手帳未発布や望まない妊娠などの事例も多いため、支援は保健センターが中心となる。ここは親の治療（精神を含む）、胎児、出産後の子どもへの治療も含む。

図2-6-3　乳児期の支援ネットワークに関係する機関

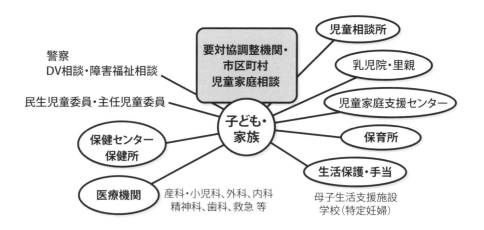

②親の育児負担の軽減や規則正しい生活のための保育所利用。
③生活保護や手当てなどの実際的な金銭給付を含めた生活支援は、妊娠期から生活を安定させるため必要になる。場合によっては助産施設利用や出産後は手当なども関係する。ひとり親となる場合には母子生活支援施設とも連携する。
④ショートステイなどを含む支援で、育児ストレスへの知識を得る。また孤立しない育児のためにショートステイ利用や家事ヘルパーなどもある。

前ページの図2−6−3は、個別ケース検討会議を開催する場合に関係する機関をすべて挙げている。

ただし個々の事例では、それぞれの関係機関の組み合わせで個別ケース検討会議が開催される。例えば②の場合には、〈調整機関、保育所、保健センター〉が会議の参加の中心となる。③であれば、〈調整機関・相談担当者、保健センター、保育所、生活保護担当〉の会議参加が具体的に考えられる。

(2) 幼児

子どもの発達に合わせた親支援を行うため、乳幼児健診や保健師の定期的家庭訪問が重要である。この時期で重要なのは、以下の点である。
①養育者が障害（精神、知的、身体障害、またはその疑い）や病気を抱えてお

図2−6−4　幼児期の支援ネットワークに関係する機関

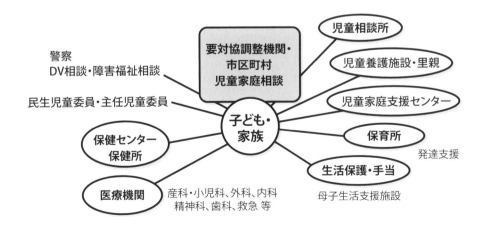

り、それによって養育能力が損なわれていると判断した際には、医療や保健を中心に、親自身の治療、通院などを支援する。また、子どもが病気や障害を抱えている場合には、養育者の負担を軽減するために、子どもの発達にあわせた保健サービスや医療の利用などを支援する。

②保育所利用により日常的に子どもの状況が把握できる。

③生活保護や手当て、住宅・生活環境を含む生活支援型は、妊娠期から生活を安定させるためには必要である。さらに住宅を含めた安全な環境づくりが確保されることも重要である。

④ヘルパー利用やショートステイを含む家事・育児支援。

個々の事例は①と②の支援ネットワークや①と④を利用したネットワークを形成するなど、多機関の連携は異なる。

（3）学齢児

この時期の子ども支援の中心は学校になるが、親支援は引き続き必要である。

①親の医療・保健を中心にした治療を含めた支援、子どもの心理カウンセリング、治療を中心とする治療的支援。

図2－6－5　学齢児の支援ネットワークに関係する機関

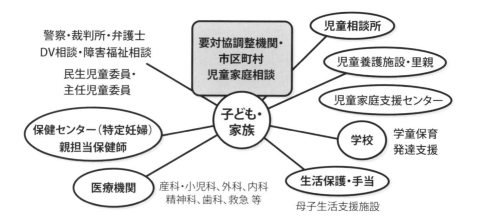

②低学年であれば学童保育も含め、調整機関は学校との連携（スクールソーシャルワーカー、スクールカウンセラー、養護教諭を含む）を十分にとる必要がある。
③生活保護や手当て、住宅・生活環境を含む生活支援。
④ヘルパー利用やショートステイを含む育児負担軽減や養育代替支援。

幼児と同様に、個々の事例により支援ネットワークでの関係機関の組み合わせは異なる。

（4）中学生

中学生の場合には、子どもに問題行動が発生することが多いために少年補導センターなどの協力が必要になっており、支援として子どもの問題行動を優先するのか、虐待問題を優先すべきなのかの議論がなされる。ただ基本的な支援は、小学生と内容が重なる。
①親の医療・保健を中心にした治療。
②子どもの心理カウンセリング、治療を中心とする治療支援（児童相談

図2－6－6　中学生の支援ネットワークに関係する機関

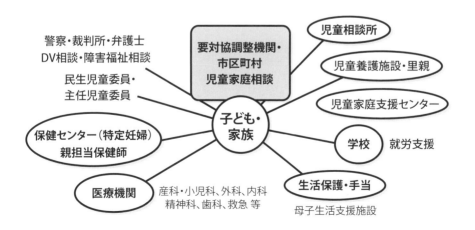

第6章　ネグレクトの支援類型

所、医療機関、学校のスクールカウンセラー、スクールソーシャルワーカーなどが担当)。
③生活保護やひとり親世帯、住宅を含む生活支援。
④中学生になれば、進学や自立支援が支援の必要性に入ってくる。

　個々の事例により医療や生活安定のための生活保護、また子どものケアを利用するなど、多職種でかかわるが、調整機関が情報を集約し、支援の進行管理をする。

(5) ネグレクト状態の特定妊婦（中学生、高校生、無所属の未成年）

　すでに要保護児童対策地域協議会の事例であれば、きょうだいとともに要保護児童である。新規の場合でも、妊娠時点で10代の特定妊婦として扱われる。[*11] 支援者が乏しい特定妊婦は、生活面でもネグレクト状況に陥りやすい。そのため次のような支援が必要である。
①保健と医療機関との連携が第一に重要となる。
②中学校、高校生であれば学校（教育委員会も含む）との連携を取りつつ、教育の機会継続を検討していく。また学校に在籍していない場合には、就労や生活など自立を意識した支援が必要となってくる。
③ひとり親世帯では、生活保護や住宅を含む生活支援を親とともに受ける場合と、ひとりで利用する場合に分かれるが、それぞれのニーズに応じた機関連携をする。ひとりで子育てを行う場合には母子生活支援施設などの利用も考えられる。
④ショートステイや親子が孤立しないための家庭訪問型支援（ファミリーサポート、ヘルパー）などが利用できるように配慮する。
⑤親だけでは子どもの安全が保障できない場合には、児童相談所を通して児童福祉施設利用や、里親など社会的養護利用となる。家族再統合で帰宅する場合には、再び市区町村での支援ネットワークが利用される。

まとめ

　ネグレクトへの支援の基本は一対一の信頼関係を作り、親の自己価値や自己効力感を挙げることである。[*12]
　一方、被害児については、傷つきをアセスメントしたうえで、どのような

支援や、心理的な治療にのせていくのかという課題がある。子どもの発達に応じた対応が求められる。

　ネグレクトは長期にわたる支援が必要な場合が多いが、親が受けている治療や機関との連携を十分にとりつつ、家族として生きる力や生活の知恵がつくような工夫がいる。そのためには家族カンファレンスを開く、家事を共にしながら具体的な力をつける、時々ショートステイ利用をして親の負担軽減を図るなどの工夫が必要となろう。また学齢児については、子どもへの声掛けや配慮が必要である。[*13]

　さらに要保護児童対策地域協議会による支援ネットワークは専門機関が中心ではあるが、親族や知人などによるインフォーマルな支援も重要であり、養育の協力を得ることで親が親族との結びつきが高まる場合は重要な社会資源となる。

　今後はサービスの効果評価を積み重ね、さらに開発されていくことが重要であろう。

注
- ＊1　Scott,J., Daniel, B., Tayler, J.(2011)*Recognizing and Helping the Neglected Child: Evidence-Based Practice for Assessment and Intervention*, JKP
- ＊2　Dubowitz, Howard (2003). Preventing Child Neglect: Promoting Children's Health Development and Safety, *APSAC*, 158(no2), 3
- ＊3　宮本信也、磯谷文明、柳川俊彦、山本恒雄（2010）「医療ネグレクトにおける医療・福祉・司法が連携した対応の在り方に関する研究」「医療ネグレクトへの対応の手引き」（平成21年度厚生労働科学研究費補助金研究）。医療ネグレクトについては、子どもの命に及ぶことから民法改正となった（http://www.mhlw.go.jp/bunya/kodomo/pdf/dv120317-1.pdf）
- ＊4　加藤曜子（2012）「要保護・ネグレクト家庭への支援類型化研究の試み（文部科学省科学研究費補助金研究成果報告書）」
- ＊5　Howe,D., Brandon,M., Hinings,D. and Scholfield,G.（1999）*Attachment Theory, Child Maltreatment and Family Support*,Palgrave. ／Horwath,J.（2007）*Child Neglect Identification and assessment* Palgrave, 53
- ＊6　子どもの傷つきとして在宅アセスメント研究会で例示が示されている。在宅アセスメント研究会（2008）『要保護児童対策地域協議会（市町村ネットワーク）個別ケース検討会議のための在宅支援アセスメント指導マニュアル』／『児童虐待等の子どもの被害、及び子どもの問題行動の予防・介入・ケアに関する研究　平成19年度総括・分担研究報告書　厚生科学研究』（主任研究　奥山眞紀子）2014年改訂版

* 7 　ジョーンズ、N・デビット編、鈴木敦子、小林美智子、納谷保子訳（1994）『児童虐待防止ハンドブック』医学書院
* 8 　林　浩康（2008）『児童虐待時代の新たな家族支援——ファミリーグループ・カンファレンスの必要性』明石書店／「多機関間連携における虐待防止ネットワーク——若年親・青少年への支援分析　総括報告書」2016 年 3 月（研究代表　加藤曜子）
* 9 　栄セツ子、岡田進一（2004）「精神科ソーシャルワーカーのエンパワメントに基づく精神地域保健実践活動」『生活科学研究誌』7、2051-21.
* 10 　加藤曜子（2007）「多機関連携の実際　個別ケース検討会議の進め方—地域で子どもと家庭を支えていくために」（平成 19 年度児童関連サービス調査研究事業報告書「地域における子どもの生活を守るための要保護児童対策地域協議会のあり方に関する研究（主任研究者　加藤曜子）」）こども未来財団
* 11 　『多機関間連携における虐待防止ネットワーク—— 10 代親と青少年への支援分析（主任研究者　加藤曜子)』（文部科学省科学研究費補助金研究成果報告書）
* 12 　親育ての目標は、親の自己評価をあげる、親子のコミュニケーションをあげる、親の基本的スキルや力をつける、親が社会とつながることができる（社会資源を利用できる）の 4 点を挙げることができる。「虐待する親のためのペアンレンティングプログラム」(2005 年、研究代表加藤曜子、厚生労働省科学研究費補助金)
* 13 　Daniel, B., Wassell, S. and Gilligan, R. (2009)*Child Development for Child care and Protection Workers*, JKP

第7章

市区町村における支援

八木安理子（枚方市子ども総合相談センター）

1　関係機関のネットワークで支援する

（1）市区町村における虐待対応と要保護児童対策地域協議会

　市区町村における子ども虐待の対応が本格的に始まったのは、2004年（平成16年）の児童虐待防止法の改正と児童福祉法の改正によって、市町村に児童家庭相談の業務と虐待通告の窓口の設置が、そして要保護児童対策地域協議会の設置が規定されたことからになる。しかし、児童虐待防止法が法律化された2000年ごろからすでに各地で児童虐待防止ネットワークが設置され、地域におけるネットワークによる支援が始まっていた。また、それをさかのぼること30年以上前の1964（昭和39）年、家庭児童福祉の充実・強化を図るために、全国の都道府県や市町村の福祉事務所に家庭児童相談室が設置（昭和39年4月22日付厚生省発児第92号厚生事務次官通知）され、まだ子ども虐待といった言葉での役割はなかったものの、児童福祉として地域に根ざした相談・援助機関として活動が行われてきたといえる。

　要保護児童対策地域協議会は、「要保護児童及びその保護者に関する情報その他要保護児童の適切な保護を図るために必要な情報の交換を行うとともに、要保護児童等に対する支援の内容に関する協議を行うもの」とされている。2005（平成17）年4月から各地で設置が始まり、現在では全国の市区町村の98.9％に要保護児童対策地域協議会が設置されている。構成メンバーとしては、市区町村の保育所、福祉事務所（家庭児童相談室）、民生・児童委員

◇ 157

協議会などの児童福祉関係、市区町村保健センターや保健所、医師などの保健医療関係、教育委員会や幼稚園・学校などの教育関係、警察・司法関係など、地域の実情に合わせて参加させることとなっている。

　業務としては、虐待通告等から把握した要保護児童及び要支援児童や特定妊婦について、情報の交換を行うとともに支援の内容に関する協議を行うこと、またそれらについて定期的に状況確認や援助方針の見直し等を行うことである。なお、要保護児童対策地域協議会の構成員および構成員であったものは、正当な理由なく協議会で知りえた秘密を漏らしてはならないという守秘義務が課せられており、罰則規定もある。

　このようにして、各市区町村におけるネグレクトを含む被虐待児童は、終結するまで関係機関によるネットワークで要保護児童として支援の対象となるのである。

（2）枚方市の虐待対応と要保護児童対策地域協議会

　枚方市では児童家庭相談と虐待対応について、子ども総合相談センターの家庭児童相談担当が行っている。2016（平成28）年度の機構改革により、子ども・若者・ひとり親相談と合わせて「枚方市子ども総合相談センター」となったが、それまでも昭和40年代から先述の家庭児童相談室として長く地域の児童家庭相談の役割を担ってきた。家庭児童相談担当としては、子どもの相談全般を行う「相談グループ」と子ども虐待対応を中心に行う「地域支援グループ」の2グループ制となっている。地域からの通告や虐待に関する情報が入れば、「地域支援グループ」の主担当と副担当の二人がすみやかに動くことになる。家族背景の把握とリスクアセスメントのための調査を行い、緊急受理会議で緊急性を判断し初期対応を決定した後、子どもの安全の確認と、保護者との面接や家庭訪問などを行うことになる。保護者との話の中で、育児や子どもの問題行動等で困っていることがあれば、「相談グループ」につなぎ、相談員が親の面接や子どもの困った行動などについて発達テストなどの心理検査を実施することや、必要に応じてプレイセラピーなどを行うなどして来所相談を行うことになる。他にも、相談グループでは発達相談や問題行動などの相談の中で、子どものやりにくさから虐待に陥っている場合の早期発見、適切な関わりを提案することで予防としての役割も担って

いる。2グループ制によって、虐待対応の専任として速やかに動き、警告の役割を行う地域支援グループと家族の気持ちを受け止める相談グループで役割分担できること、2つのグループが家族に関わることで多面的な視点で家族の状況判断ができることになる。

　本市では、1999（平成11）年から虐待防止ネットワークとして「枚方市児童虐待問題連絡会議」を設置しており、法改正を受けて2004年に要保護児童対策地域協議会と位置付け、そこで要保護児童についての進行管理を15年以上続けてきたことになる。本章では、それらの取り組みから特に「ネグレクト家庭への支援」という視点で述べたい。

2　事例でみる支援の実際

　市区町村でネグレクトを把握する方法としては、地域の民生委員児童委員や近隣住民から寄せられる心配な家庭としての相談や、子どもの通う学校や保育所などから不適切な養育状況としてネグレクトの通告、また生活保護や障害福祉など庁内の関係各課から養育を心配した連絡、そして母子保健から妊娠出産などを通して養育困難としての通告などが挙げられる。乳児期の体重減少や放置など重篤なケースから、地域から入る少し心配な要支援ケースまで様々な情報が寄せられるのである。

　以下の事例は本市での取り組みの実際を、個人を特定できない程度に変更を加えたものである。

CASE1　地域の支援を受けて、育っていった母と子ども

　保健センターから、養育力に乏しく心配な家庭がいると通告があり、保健師と同行訪問をすることになった。父親は30代でトラック運転手の仕事をしており、自宅には週2回しか帰らず、母親は20代前半の無職で、ほとんど一人で1歳のMくんの育児をしているという。体重増加不良が見られ保健師が関わってきたところ、当初は拒否的で時には保健師の指導に食ってか

かるような攻撃性も見せていたが、家庭訪問を繰り返すうちに関係が取れるようになってきたなか、調乳が困難であることや、健診や予防接種などの案内が理解できないなど、母親の知的な弱さを感じられるようになっての連絡だった。子どもが歩き始めてからは、片付けられていない部屋のゴミやたばこの誤飲があり、粗大ごみが家の中に置かれたままになっているため、危険な状態であるということであった。

　保健師と同行訪問し、話を聴いていくと、母親の両親は離婚して母子家庭として育ち、実母は朝から飲酒をして家事をほとんどせず、小学校の頃は施設に入所していた時期もあったこと、「くさい」といじめられ、あまり学校には行かなかったことがわかってきた。母親の養育力の低さから子どもの危険性回避が困難なことと生活面の保障のため、保育所の入所を勧め、虐待要件による入所ができることとなった。保育所の準備物や子どもの健康面などを保育士から一つ一つ声をかけてもらい、トイレットトレーニングや身辺自立も保育所の援助を得て進んでいった。

　父親の収入は不安定で、時々パチンコと競馬でお金を使ってしまうため経済的には苦しく、時には電気代が払えないときもあった。その頃、母親には就労を見据えた職業カウンセリングセンターでの検査を促し、その検査結果から知的障害があることがわかった。療育手帳について父親は当初反対をしていたが、経済的な利点などを説明する中で承諾し、障害基礎年金ももらえることとなり生活の安定につながった。

　Mくんが小学生になってからは、学習面については学校の配慮で放課後に宿題を済ませるようにしてもらい、学校からの連絡については母親が文章の理解が困難なため、直接担任が電話で伝えるようにした。その後、学年が進むうちに学校の準備物や連絡事項などは自分でできるようになった。母親のほうは障害福祉への紹介でヘルパー派遣や地域支援センターの相談などの支援を受けるようになっていった。その後母親は、Mくんの友達関係や新年度の新しい担任との関係など、不安なことがあるとセンターに来所して「ここの人たちは親代わり。ずっとMくんのことを知ってくれている」と話し、日頃の話を聴いてもらいながらも養育を頑張っている。

■──この事例から教えられたこと

母親は乳児期の育児を十分に行えず、誤飲など子どもの危険性の回避策がとれず、家事も適切に行えていない状態であった。それは母親の知的な能力の低さだけでなく、自身の親から十分な養育を行ってもらえず、伝えられた養育スキルはあまりにも少なかったことによるといえる。また実母の影響もあり幼少期から地域で孤立した状態で育ち、学校でいじめられて友だち関係でも苦労した上に、知的な問題として理解してもらえなかったことで、周囲からずっと否定的に扱われてきたと考えられる。地域や学校から援助をしてもらった経験が少ないまま大人になっていることを思うと、地域や周囲にSOSを表せず、むしろ拒否的になったり攻撃的になったりすることは想像し得る。そう考えると、親の責任と考えるより、このような家庭こそ地域や社会で支援を継続していく必要のある家庭と言えよう。

　乳幼児期に関わり始めた母子保健の保健師の通告からネットワークによる支援が始まり、その後学校や障害福祉など様々な支援を受けることが可能となった。地域の支援や適切なサービスや資源に丁寧なつなげることが、長期的な支援が継続的に家庭に届けられることになる。

CASE2　「何を考えているかわからない」と言われてきた母親の心の背景

　小学校の教頭先生から「母親が子どもの世話をしない」とネグレクトを心配して連絡が入った。昨年転入してきた小学2年生のKくんと1年生の妹のAちゃんと母親の3人家族であるという。学校が訪問しても電話をしても、なかなか母親とは連絡が取れず、学校から迎えにいくと子ども達だけが出てきて何とか登校している状況で、「迎えに行っても挨拶もしない母親は、いったい何を考えているのかわからない」という報告であった。二人はあまりお風呂に入ってないのかにおいがするし、朝ごはんも食べさせてもらえてないように思うとのことで、「宿題を親がちゃんとさせてないから、子どもにも学習意欲がない」と担任は話した。

　生活保護を受給中であるとのことで、母親は精神科クリニックに通院中で家にこもってほとんど外出できていないことがわかった。ケースワーカーの家庭訪問時にも学校を休みがちだと話していたとのことだったので、「子どものことを色々と相談できる人だから」と紹介してもらうようお願いして、

一緒に訪問させてもらうこととなった。母親はKくんに落ち着きがなくて勉強もできないので心配していること等を、言葉少なに話してくれた。母親として子どものことを色々考えていることを評価しながら、そのためにもこれからの子どもさんのことを一緒に考えようと伝えた。その後、何度か訪問をするうちに、夫からの暴力で逃げてきたこと、そして精神科の薬のために朝が起きることができず子どもたちを起こせないでいること、学校から先生が迎えに来てもらうことが情けなくて、迎えに来た先生や学校からの電話を避けていることなどがわかってきた。

まずは学習面の心配について、子どもの特徴を調べるため当センターでの発達検査を勧め、1ヵ月後母子で来所することとなった。発達検査の結果、発達のアンバランスと衝動性や多動性などが見られたため、支援学級の利用と医療機関へのKくんの受診を提案した。

学校に、母親が申し訳ない思いから学校との連絡を取れていないことや、学習については真剣に考えていることなどを伝えると、「お母さんもたいへんだったんですね」と理解を示した。

母親に担任が心配していたことを伝えると「悪い母親だと軽蔑されていると思っていた。わかってもらえてよかった」と涙ぐんだ。医療機関でADHDとボーダーラインの知的状況との診断を受けたことも踏まえ、母親と担任と支援学級について話し合い、支援学級に在籍できるようになった。その頃から、Kくんは妹と一緒に集団登校で登校できるようになってきた。支援学級への連絡帳には母親からの返事が書かれるようになり、学校との連絡もスムーズになっていった。暴力を振るっていた夫の顔にKくんが似ていて嫌いだと言っていた母親から「あの子は甘えベタだけど、優しい子」と話すようになったのは、Kくんが中学生になった頃だった。

■——この事例から教えられたこと

ネグレクトとして通告されるケースには、関係機関と連絡の取りにくい事例が少なくない。挨拶をしない、子どものことをどう考えているのか、なぜ不衛生なまま平気なのか、などと否定的に受け取られることや、親として理解に苦しむと周囲からみられる場合が多くある。しかし、まったく子どもへの関心がないように見える場合も、よく話をきいてみると親としていろいろ

と悩み、心配しているところもある。障害や疾患、また環境的なことが要因で、社会から否定的にみられていることを強く感じていることも多い。周囲の熱心さが逆に非難されているように感じていたと何年かして親から聴かされることがある。親が今何に困っていて、どうしたいと考えているのかを丁寧に聴きだし、そのニーズに合わせてかかわりを始めていくことが支援のスタートになることを、後で気づかされることがある。

CASE 3 「じゃあ、どうやって食べていけばいいんですか！」

「子どもの尋常じゃない泣き声がする」「夜遅くまで、子どもたちだけでいる様子」「夕方遅くまで子どもがウロウロしている」という複数の通報が近隣の人たちからあった。調査によると、母子家庭で小学低学年のMちゃんとの乳幼児の弟たちがいることがわかった。駆けつけるとちょうど出かけるところの母親に出くわした。母親は、借金で経済的にも苦しくなってきて、朝から夕方までの仕事を終えたあと保育所に迎えに行き、夕食を作ってから再び仕事に出かけるようになったと言う。隣町にいる祖母とは離婚を反対されたことをきっかけに疎遠になり、援助してくれる親族もいないとも話してくれた。

子どもだけを置いて仕事に行くことは、急に子どもが体調を崩すことや何か怪我があったときの対応ができず、また火事が起こるときもあると伝えると、「姉がしっかりしているので、ちゃんと下の子どもたちの世話をしてくれている」と話し「じゃあ、どうやって食べていけというんですか！」とすごんだ。母親は明け方に帰ってきてそのまま子どもたちの朝の支度や家事などを行い、精いっぱい働いている様子であった。「お母さんのお気持ちもわかるが、何かあってからでは遅い」と、夜の仕事を辞めて足りない分を生活保護で補う方法やいったん生活が安定するまで子どもたちを施設に預ける方法、他にもショートステイの利用等を提案した。母親は「子どもと離れるのは絶対イヤ」「放っておいてください。ちゃんとしますから」と叫び、今まで利用したこともある夜間の無認可保育園に預けると言ってドアを閉めてしまった。その後しばらくして、保育所から「どうもまた子どもたちだけになっているのでは」という連絡が入り、再び家庭訪問をするとちょうど出か

けるところの母親に出くわした。母親の話では、保育料が二重にかかることからそこを休みがちになり、再び夜間子どもたちだけの状態に戻っているようだった。「このままだと、児童相談所で一時保護されるかもしれません」と警告を行い丁寧に説得する中で、夜間の仕事を減らし、しばらくはどうしても出勤が必要なときにショートステイやトワイライトの子育て短期支援事業を利用することとなった。そして借金については法律相談などを紹介し、弁護士に任意整理の方向で話が進んでいった。思いきって祖母に市に家庭訪問されたことを話してみるとたまには預かってくれるようになったと話す母親は、少し嬉しそうだった。そのうち母親は正社員の仕事を見つけて夜間の仕事を辞めた。年に数回、リフレッシュとしてショートステイを利用しながら、祖母ともいい距離の関係を続けて、生活は少しずつ安定してきている。

■――この事例から教えられたこと

母親は、離婚後、慰謝料も養育費も支払われることはなく、母子家庭になって生活が苦しく借金が膨らんだ。離婚した際に自分の母から「我慢が足りないから離婚になった」と非難されてから疎遠になっており、援助してもらえる人が周囲におらず、すべての課題を一人で抱えた母親は子どもたちを夜間おいて仕事に行かざるを得なかったと考えられる。支援を求めることができず、信頼できるところは保育所だけであった。保育所は毎日の子どもたちの甘えを受け止め、母親には子どもの姿を伝えながら気持ちをサポートした。

小学校では、担任がMちゃんの気持ちの変化に気を配り、学校の中で子どもらしく生活することを大切に関わってもらった。地域の民生委員児童委員や主任児童委員は、登校時の言葉掛けを行いながら、夜間の見守りも行ってくれた。未受診訪問を行った保健師は、相談センターから指摘されたことへの母親の思いを受け止めてくれた。様々な働きかけの中、当初拒否的だった相談センターへもSOSを出せるようになり、祖母にも援助を求められるようにもなっていった。

経済的に苦しいひとり親家庭は多い。地域のネットワークが役割を分担しながら、関係機関の支援を受けることを丁寧に届けることで、早期に改善していくことがある。問題を突きつける役割は、受け止める役割の機関が別に

あるからこそ、可能になるのであろう。

CASE 4　漂うように生きていく母と子

　生活保護のケースワーカーから心配な家庭があるので一緒に訪問してほしいとの連絡があり、同行訪問することになった。中学生のHくんを筆頭に小学生2人、就学前2人の5人の子どもたちがいる生活保護家庭で、30代の母親は下の子どもたちの世話をさせて学校を休ませることや、男性宅に泊まりに行って帰宅しないこともあるという前の居住地での引継ぎ記録があった。近隣とのトラブルや男性との関係で住居を転々としているという。母親は適応障害で精神科に受診中で、多量服薬を行うなど精神的に不安定な様子で、今回の転居は精神科に近いところへの転居だという。

　生活保護のケースワーカーと一緒に家庭訪問をすると、「困っていることはないし、子どもたちは家事を進んでやってくれている。時々登校を渋るが、無理に行かせたくはない」と話し、母親は笑顔で接するものの話は深まらない状況だった。近隣市に住む祖母も再婚して幼児を育てており、その子を預かったり飼っている数匹の犬を預かったりしていることもあると話し、訪問時には2間のアパートに5人の子どもとゲージに入った犬たちで、足の踏み場もない状態になっていた。母親は子どもを置いていくことや男性との付き合いについては「そんなことはまったくない」と全面的に否定した。子どもたちは仲良く遊んでおり、好きなときに冷蔵庫から食べ物を出して食べ、母親も注意することもなくスマホのゲームをしながら子どもたちに話しかけている状況だった。

　個別ケース検討会議では、学校や保育所からの情報で、夕食は各自がお金をもらって、コンビニで空揚げやお菓子を買って食べており、洗濯や買い物などはほぼHくんたちが行っているようだとわかってきた。学校は朝が起きられないため遅刻しがちで、保育所には昼前にHくんが送ってくることがほとんどであるという話も出た。また、就学前の子どもからは「パパと出かけた」という言葉が聴かれており、母親が男性と外出しているのではと推察された。保健センターからの報告では、健診が未受診のため保健師が家庭訪問しても出てこず、一度は子どもたちだけで留守番しており、しばらくして

帰ってきた母親が「ほんの10分間、銀行に行っていただけ」と言うが疑わしいとのことだった。各機関が家庭訪問や子どもからの聞き取りを重ね、母親が長時間子どもを置いて外出していないか情報把握を行った上で当センターが母親に警告を行うこと、民生委員児童委員にも地域での見守りをお願いすることという方針が決定された。その後、母親が多量服薬をして救急搬送されたとの連絡が入り、保育所からは、子どもが「パパとけんかしたから」と言っていると報告があった。しばらくして「男性からしつこく付きまとわれていて、危険なので転居しようと思っていて、保育所をやめる」と母親が話していると保育所から連絡が入った。小学校の情報では、子どもの話から、母の知り合いのところに移り住むことになるようだった。当センターと生活保護から、電話をしても母親の電話番号が変わっており連絡がつかず、訪問してもすでに住んでいる様子はなかった。その後、学校から転校先を教えてもらい、その市の要保護児童対策地域協議会の調整機関に連絡を入れ、情報提供を行ったのであった。

■――この事例から教えられたこと

ネグレクトの中には、住居を転々とする家庭が少なからず存在する。計画性がなく、近隣トラブルや異性関係などの理由で、突然転居してしまうことが多い。やっと保育所に入所したり、家庭訪問で関係が作れたり、地域との関係ができ始めたころに転居となるため、支援は途切れ、関係性は表層的なままとなる。根無し草のように漂流するような家族のありようは、人生設計そのもののように計画性がなく、地域や関係機関との関係も深まっていきにくいことになる。繰り返される転居によって、子どもの対人関係も育ちにくく、不登校になったり家出や非行につながっていったりする場合もみられる。子どもの安全や安心、また心の把握を行う前に転出してしまうことになり、支援者側は転出していった家族のことが気になりながらも、また新たな通告に意識は向いてしまい、支援は途切れてしまうこととなる。

今では転居に従って、市区町村間でケース移管を行うようになり、以前のように関わりが途切れてしまうわけではなった。このような場合、近隣市との連携があれば転居先の担当者を紹介でき、情報も的確に伝えられることになり、スムーズなケース移管ができる。そうすることで、転入したときも速

やかに関わることができ、転居が新たな支援のスタートとしてとらえることができる。これからは、近隣市町村との連携や顔が見える関係作りも、途切れない支援のためには重要となる。

3　支援からみえるさまざまな課題

(1) 長期化するケースとは

　市区町村でのネグレクトは、比較的早期に軽度の時期に発見されることが多く、一時的に集中的に支援を行うことや地域のサービスにつなげることで、短期間に改善することもある。一方で、問題意識が低く環境改善が困難である場合や多問題家庭の場合は、なかなか改善せず慢性化し、支援に5年、10年と必要になるような長期化するケースもある。

①ネグレクト家庭への支援の困難さ

　身体的虐待、性的虐待、心理的虐待に共通しているのは、叩く、怒鳴る、無視といった行為や行動、言動を「行う」という能動的な点である。それに対してネグレクトは、「neglect：＜当然注意すべきこと・人＞を（不注意で・余裕がなくて）無視する、軽視する。（怠慢・不注意から）充分な注意〔世話〕をしない、かまわないでおく」（ジーニアス英和辞典）」にあるように、「行わない」「何もしない」という点が異なる。すなわち前者は「言うことを聞かないから」「しつけとして」「好きになれない」など、子どもに働きかける方法が誤っているものの、子どもに対する関心が見られ、そのため心理的葛藤が起こり、何らかの問題意識を抱いているように推測できる。一方、ネグレクトは、子どもに心が向かっていない、心の中の子どもの占める割合が低い状態であると考えられる。そのため前者の虐待とは異なり、心理的葛藤が生まれにくく、問題意識も生成されにくい。もちろん、子ども虐待はそれら種別が重なり合って起こることも多く、実際にはネグレクト家庭の中に、身体的虐待や性的虐待が起こることもある。

今まで様々な子ども虐待ケースに出会ってきたが、身体的虐待をしてしまう人には、親の言うことを聞かないなど様々な理由で暴力を振るい、そうせざるを得ないことに苦しみ、後ろめたさを感じている姿が多くみられた。また心理的虐待をしてしまう人には、イライラ感や拒否的感情に苛まれながらも、子どもを愛せないことへの葛藤がみられた。しかし、ネグレクト家庭への支援の困難さは、子どもとの関係に悩むことよりも、自らの経済的な課題や目の前のことに考えがいきがちで、周囲が心配していることには関心が低く、課題意識もないことが多い。また、ネグレクトは生活姿勢全般におよび、時には自分自身の生育歴も同様の環境で、その場合は抜本的解決に至ることが難しいことも特徴である。そのため長期化・慢性化することが多く、関係機関が懸命に支援を行っていても改善がみられず、家族の意識も低いときなどは、支援者の閉そく感や疲弊感が生まれるときもある。遅々として改善が進まない支援者側の苛立ちが、個別ケース検討会議の場などで時には調整機関や児童相談所などへの批判や不信感として向けられることもある。

②ネグレクト家庭の特徴
　次に、今まで出会ってきたネグレクト家庭から感じられる養育者の特徴をいくつか挙げてみたい。一つは、地域に対して不信感や拒否感が強く、地域から孤立している人たちが多いことである。そして、助けを周囲に求めたり社会資源などの情報をうまく取り入れたりすることが難しい状態になっている場合もみられる。そのような中で、食事や下の子どもたちの世話や親役割を上の兄姉たちが担っていることがあり、中には親の失恋話を聞かされているなど、親と子どもの境界線のあいまいさがみられる。また、閉ざされた環境の中できょうだいの結束力は高く、きょうだいすべてが不登校で昼夜逆転になっているケースや、家庭の中だけで通用する奇妙なルールがある家庭もある。親の状況として、自分自身もネグレクト家庭で育ってきた事例が多く、幼少期から家族が地域の人々と良好な関係である経験が少なく、むしろ地域社会から受け入れてもらえなかった経験を持つ場合もあり、それが地域や社会への不信感や諦めとなっているように見受けられ、親になっても自信のなさや自尊心の低さとなっているように思う。
　また、育ちの中で親の離婚や出奔により突然預けられたり転居を余儀なく

されたりした経験を持つ人もいて、子ども時代に努力が積み重なった経験も少なく、そのような環境下で達成感が育ちにくい状況となる。それが、計画性や建設的な選択より目先の選択になる傾向となり、むしろ刹那的な生き方を選んでいるように感じる。また、計画性や建設的な力のなさのためか、優先順位や取捨選択の苦手さがみられることも多く、小さい子どもの世話が不十分なのにもかかわらず動物を複数飼おうとしたり、借金を頼まれると断れずに経済的に苦労したりする姿もみられる。そして、対人関係においても積み重なりの乏しさや自信のなさから、他者との関係の取りにくさや、些細なことで裏切られたと感じやすい被害的感情を持つ傾向にも影響していると感じられる。

一方で、これらの特徴は見方を変えると、自分の損得かまわず目の前のことを大切にするやさしさや、後さきかまわず生きていく潔さを感じるときもある。時には、厳しい環境の中で育ってきたたくましさや強さを教わることもあり、むしろ人間味のあるあたたかさを感じることもある。

(2) 市区町村だからこそできる支援

このような特徴から、ネグレクトを受けている家庭には貧困や経済的な問題、親族・地域からの援助者の少なさ、そして親自身もネグレクトを受けてきた世代間連鎖、また保護者の疾患や障害などで養育力が低下した状況下で親族の援助が困難である場合などが背景としてあることが多い。それらは社会環境的な要因であり、親の責任とは言えないのではと感じることがある。それは、まさに児童福祉法にある「国及び地方公共団体は、児童の保護者とともに児童を心身共に健やかに育成する責任を負う」ことにつながる。家庭だけでは困難な養育状況であれば、地域の支援の輪を幾重にも広げ、地域や社会で支えることで、子どもの心身共に健やかに育成することは我々市区町村の責任でもある。

市区町村におけるネグレクト家庭への最も特徴的な支援としては、市区町村のもっている様々なサービスや支援を提供できることである。障害や疾病などの育児能力の困難さには保育所入所や子育て短期支援事業（ショートステイ）で育児の軽減を図ること、また家庭へのサポートとして養育支援訪問事業や障害福祉のヘルパー派遣などにより援助が可能となる。経済的な問題

については生活保護や貸付の情報提供を、そして借金に対しては市区町村にある無料法律相談などへの紹介、出産費用に関しては助産制度の紹介、離婚後に対しては児童扶養手当やひとり親医療制度の紹介ができる。他にも配偶者からの暴力についてはDV防止の相談につなげることもできる。

次に、学校や保育所・幼稚園などの子どもの所属機関の他、母子保健の担当の保健センターや地域子育て支援センター、地域の児童委員や主任児童委員、そして先述の様々な関係機関で連携しながら、子どもや家庭をネットワークで支援することができる。地域との関係が希薄である場合や社会への不信感が強いケースに対して、最初は家庭のニーズに沿った支援を提供しながら、丁寧に関係機関を広げていくことになる。そして各機関が支援方針を共有化して長期的な支援目標を持ちながら、達成可能な短期的支援を積み重ねていくことが大切である。そのためには、互いの機関の役割とその限界をよくわかっていくことが重要で、それが適切な情報を得ることや有効な支援機関につなぐことにもなる。

そして、家庭のニーズに合わせた多様性のある資源の開発や連携も、市区町村の支援としても必要である。本市では夏と冬に料理教室を行っているが、そのチラシを持って行くだけでも家庭訪問ができ、また楽しいお知らせで訪問できる機会にもなっている。料理教室に参加したときの会話から家庭状況の把握にもなり、弁当作りや家庭では経験できない新しい調理体験の場となり、自立に向けた取り組みにつながってくれることを期待する。他にも家で学習する機会の少ない子どもや登校を促せない家庭に対して、新学期の始まる前に鉛筆に触れる機会と登校につながるような学習の場や、相談員との面接を通して自分を語り、自分を守る方法を一緒に考え、社会性を育むことなどを目的に関わりを続けてきた。このように、ネグレクト家庭の子どもが当センターや社会の様々な人と関わることが、閉塞的な家庭から一歩出て、子どもは社会で育つ権利と適切に関わってもらう大切な存在であることを理解することにつながる。そして、関わりの中で自分を語り、主体的に生きていく力を身につけ、ロールモデルとなる大人と出会い、それが世代間連鎖を断ち切ることになればと願っている。

市区町村でネグレクトを支援していくためには、日頃からネットワークの支援の輪を幾重にも広げ、継続的に地域で新たな施策やサービスの構築や

ネットワークの強化を常に心がけていくことが重要である。

まとめ──自信を持って子育てできるように

ネグレクト家庭の親に関わっていて、その人その人の生きてきた複雑な人生や経験、そしてそこから生まれてきた人格の形成など背負ってきた様々な問題が見えてくる。また、現在の急激な環境の悪化が関係している場合もある。逃れようのない過去の体験に苦しみ、自分を責め、周囲の環境に振り回されている人にも出会う。それらを抱えながらも、その人たちが可能な限り自信を持って子育てができ、自分らしく尊厳を持って生きていくことを、地域の支援者としてずっと寄り添いながら支援をしていきたいと思う。そうすることで、子どもたちに世代間の連鎖を断ち切り、子どもたちのからだと心の育ちを地域で育むことにつながると考える。

文献

柏女霊峰（2005）「子ども家庭福祉における市町村の役割強化」柏女霊峰編『市町村発子ども家庭福祉』ミネルヴァ書房

加藤曜子・安部計彦編（2008）『子どもを守る地域ネットワーク 活動実践ハンドブック 要保護児童対策地域協議会の活動方法・運営』中央法規

厚生労働省（2015）「要保護児童対策地域協議会の設置・運営状況について（平成25年度調査）」www.mhlw.go.jp/file/04-Houdouhappyou.../0000075571.pdf

厚生労働省（2008）「要保護児童対策地域協議会設置・運営指針」www.mhlw.go.jp/bunya/kodomo/dv11/05.html

笹井康治（2008）「子ども虐待の救済・防止」荒牧重人他編『子ども支援の相談・救済』日本評論社

畠山由佳子（2015）「質問紙調査２ 市町村における児童虐待ケース在宅支援の実態及び意見調査」『子どもの虐待在宅ケースの家族支援』明石書店

マーク・A・ウィントン、バーバラ・A・マラ（2002）『児童虐待とネグレクト──学術的アプローチの実際』岩崎浩三監修、筒井書房

松本伊智朗（2010）『子ども虐待と貧困』明石書店

村田泰子（2006）「ネグレクトとジェンダー」上野加代子編『児童虐待のポリティクス』明石書店

八木安理子（2010）「家族に寄り添いながら──市町村のとまどい、そしてこれから」「そだちと臨床」編集委員会編『そだちの臨床 Vol.9』明石書店

八木安理子（2010）「『漂流する家族』への地域臨床の可能性を探って──繰り返される転居とネグレクトの特徴」立命館大学大学院 応用人間科学研究科学位請求論文

第8章

児童相談所における支援

土橋俊彦（神奈川県立中里学園）／田代充生（神奈川県中央児童相談所）

1 児童相談所の支援の流れ

　ネグレクトケースに対する児童相談所の相談支援は、主に学校や保育所、近隣、警察署などからの通告を受理する形で開始される。児童相談所内では受理会議を開催、調査方針を決定する。基本的な対応として、通告先や子どもが所属する学校や保育所などへの聞き取り調査を行い子どもの養育状況や家族の生活状況を確認する。また、必要に応じて子ども本人と面接を実施する。その他市町村の子ども家庭相談の相談経過、子どもの健診状況など周辺情報を調査し、児童相談所で判定・措置会議により当面の対応方針を決定する。急迫した子どもの状況がある場合は、児童相談所の職務権限により児童相談所一時保護所や施設などへ子どもを一時保護する。保護者に対しては来所が困難な場合は、家庭訪問により虐待状況を確認し、子どもの養育や生活の困り感を共有し、虐待にならない養育について保護者と考え、取り組みを支援していく。

　この過程で保育所や学校、市区町村の子ども家庭相談担当課や母子保健担当課、経済的に困窮状況があれば福祉事務所など関係者と要保護児童対策地域協議会を活用してネットワークによる在宅支援を展開する。援助のキーパーソンは当面は児童相談所が担うが、保護者の養育意識の改善、ネグレクトの改善の状況を見て、キーパーソンは市区町村の子ども家庭相談担当課など地域の機関へ移していくことになる。

　ネグレクトは、明らかに身体的精神的に影響が顕著なケースを除き発見及

び関与する者の主観により大きく左右されるため、児童相談所では虐待の中核機関として相談支援を実施するにあたり、児童相談所としての判断やその説明責任をきちんと果たさなければ支援の実効性は確保できない。在宅支援を展開する場合、援助活動チームとして関わる関係機関に対して現在の状況、今後の改善の見込み、悪化した状態における一時保護の判断など関係機関が安心してチームに加わり分担した役割が発揮できるよう環境を整える必要がある。

　この間にネグレクト状況の改善が見られず重篤化が見込まれる場合は、一時保護を実施した上で、子どもの成長支援にあたり保護者による養育が不適切な場合は、児童養護施設などに入所措置し、時間をかけて面会交流、外泊、養育環境の整備などにより親子関係を修復し再統合をはかる。

　しかし、ネグレクトケースの場合、精神疾患を抱えていたり、保護者自身の未成熟さ、就労の不安定さなど生活自体の改善が見られず、近隣に支援者がいない状況や地域の社会資源とつながれないなど地域の中でも孤立した状況が継続されている場合が多く、また、子どもが同居していないことで動機付けも深まらない。面会も初めは前向きであるが時間の経過ともに施設に足が遠のき、ますます子どもの家庭復帰が遠のくのが実情である。

2　支援の実態

　児童相談所のこれまでの虐待ケースへの相談支援の基本的な考え方は、児童虐待防止法以前から取り組まれてきた問題解決アプローチを基本としてきたが、虐待ケース特にネグレクトケースは保護者の問題解決に向けた動機付けを深めることが難しく、援助活動チームを構成する学校や地域の中から在宅の限界性、虐待状況の悪化、子どもの安全や将来を考えると早期に児童養護施設などに入所を実施すべき意見が強まる傾向がある。

　児童相談所では明らかに養育環境が悪化していく場合は、虐待リスクを回避するため児童養護施設などへ子どもを入所させ、まず子どもの安全・安心を確保し、その上で保護者の養育力の改善支援を行う考え方を取ってきた。

しかし、保護者自身が子ども時代からネグレクトを含む虐待を受けて成長した経過や自己肯定感の低さ、安易な形での他者への依存など根本的な保護者としての養育力の習得が困難な状況にある場合が多く、虐待リスクの解消は見込めない。

　また、これまでの支援は在宅ケースにおいては地域の関係機関などによるネットワークを作っても見守りが主な支援であり、養育力の改善は難しい。親族との関係の断裂、在宅資源の不足や資源と自らつながれないなど残念ながら保護者及び子どもを含む家族を中心に据えた支援が提供されていない。本来であれば生活地域である市区町村の中で子ども家庭相談を行うソーシャルワーカーが確保され、公的資源やインフォーマルな資源を組み合わせてオーダーメイドの支援を提供するネットワーク支援が必要であるはずである。

　児童養護施設などに入所した場合でも、子どもの成長支援ははかられるが動機付けの低い保護者への具体的な支援は継続性が確保できず、親子関係の再構築や家庭復帰に向けた支援が置き去りにされてきた。これまでの支援はある意味では単発の支援に留まっており、問題解決アプローチに馴染まないネグレクトケースは再発防止や虐待リスクの解消には至らないと言える。施設に入所している子どもは保護者といっしょに生活したい思いを持ちながらも、実現が難しい現実を黙って受け入れているのが現状である。

　在宅での支援では虐待リスクがゼロにはならない状況、親子を切り離し子どもが施設に入所すれば虐待リスクはゼロにはなるが施設入所により親子関係が断裂、長期化することによる再統合の難しさなどの現実を前に児童相談所ではジレンマを常に抱えてきた。このため、児童相談所では問題解決アプローチに代わる支援方法として、子どもの安全・安心を確保しながら養育リスクをコントロールする支援方法を模索してきた。

3　ネグレクトを潜在化させず顕在化させる仕組み

（1）市区町村における子ども家庭相談

　市区町村における子どもの相談は、国の「家庭児童相談室設置運営要綱」に基づき1964年から任意設置ではあったが都市部を中心に設置され、2004年度には992カ所が設置された。

　家庭児童相談室では児童相談所と役割分担がされており、ネグレクトケースでは重篤化に至る以前から相談につながり、福祉事務所の各種支援を織り交ぜなから子どもの成長期に合わせて保護者に寄り添い継続的に相談支援を実施してきた。児童相談所では重篤化に合わせてケースを引き継いだり、通告ケースの必要な調査を依頼したり、児童福祉司が助言を行うなど緊密な連携が確保されており、家庭児童相談室を設置していない市区町村の関係とは一線を画していた。

　2005年4月からは市区町村の子ども家庭相談が義務化されたが、虐待の通告受付及び安全確認、必要な相談支援が求められたことで、専門性が確保されていない市区町村の混乱状況が見られただけなく、これまで家庭児童相談室として児童相談所と良好な連携ができていた市区町村であっても、激増する通告対応に業務が割かれ、これまで継続してきた保護者への寄り添う相談支援に手がまわらない状況や支援の専門性の蓄積が失われてきている。また、児童相談所においても軽微な通告が増える中で、市区町村への膨らむ期待から、相互の意思疎通がうまくいかず、安定した連携関係が難しくなっている。

（2）市区町村調査から明らかになったこと

　日本における子ども虐待ケースに関する区分対応システム開発研究会[*1]では、2005年度から市区町村における子ども家庭相談が義務化されたこと、虐待通告の受付対応機関になったことで、この10年を振り返り、専門性が

確保されていない中で虐待の安全確認を行う役割と子ども家庭相談を行う役割の狭間で市区町村の現場の混乱状況があることを整理、再確認し、本来担わなければならない役割を明らかにするため、2015年にアンケート調査を実施しており、次のことが明らかになった。

① 支援の焦点

子ども家庭相談、虐待通告の受付対応の義務化から10年間の取り組みを通じて、市区町村においても支援の焦点として、子どもの安全についての意識が定着化しつつある。

② 支援ニーズの重視

市区町村から見た児童相談所が担う役割への期待は強く、現状よりもさらに協働したサービス提供を進めるべきである。また、虐待リスクを中心に置く市区町村と虐待リスクと同時にニーズも捉える市区町村に2極化が見られ、サービス提供の焦点をどう置くかにより具体的対応が分かれた。

③ 市区町村と児童相談所の役割分担の考え方

市区町村が児童相談所に対して持つ、「協働」の期待が明らかになった。単に虐待への対応を虐待リスクだけで考えるのではなく、市区町村と児童相談所、その自治体間の強みをどう見ていくかという点も合わせて、協働のあり方が検討される必要性が示唆された。

④ まとめ

「支援の焦点」「支援ニーズの重視」「市区町村と児童相談所の役割分担の考え方」の3点は、現実的に対応すべき課題であり、子どもの安全への懸念や虐待リスクだけでは対応方針などが関係機関と共有しづらい現状がある。「子どもの安全への懸念」という軸を外さず、ケースへの理解、子どもや家庭に加え、子どもや家庭を取り巻くエコシステムにおいて保育所や学校などの関係機関と文脈を共有し、対応の理解が得られることが重要なポイントである。「子どもの安全」の焦点を外さないことを前提としながらも、同時に「子どもや家庭のWell-being」を目標に置いて支援の文脈を構築していく必要がある。

(3) 3つの視点を考慮した取り組み

　ネグレクトは虐待種別の中でも発見されやすい虐待であり、生活地域である市区町村において、子ども家庭相談支援を的確に行い、家庭のニーズに応じた社会資源を投入、活用し、援助活動チームが支援の役割分担を行い、具体的に家庭に関与することで、家庭の持つストレングスを引き出しエンパワメントしていくことが有効であることが改めて言える。児童相談所はその後方支援として市区町村の子ども家庭相談機関及び援助活動チームへの的確なスーパーバイズを実施することでネグレクトの重篤化防止につながる。

　今後の市区町村と児童相談所の役割分担を考えるにあたり、児童の安全、虐待のリスク、家庭のニーズの3つの視点を考慮して、それぞれの市区町村の特徴に合わせて市区町村と管轄する児童相談所が整理していくことが望ましい。

4　横須賀市児童相談所の取り組みからいえること

　2006年4月に中核市として初めて金沢市と共に児童相談所を設置した横須賀市児童相談所に副所長として神奈川県から2年間の期限で派遣されていた筆者は、当時ネグレクトケースが多い横須賀市の取り組みとして、母子保健センターがかなりのケースをフォローアップしていることから、子育て支援課と母子保健センター、市児童相談所がコアな機関連携を行い、保育所などそれを取り巻く市内の関係機関のネットワーク体制の確保、母子保健センター単位のケースの進行管理を提唱してきた。

　また、ネグレクトケースの特徴として、幼児期に安定した状況が小学校入学後3年生以降に再度顕在化し、放置されると高学年、中学校入学の頃から非行化が顕著になる傾向が明らかになったことから、安定期にある低リスクの幼児期のケース状況を小学校へどのように引き継ぎ、小学校として関与していくか、引き継ぎの重要性を市内の関係機関が理解し要保護児童対策地域協議会として実施していくかを要請した。このことは小学校から中学校への

図2-8-1　横須賀市における関係機関連携

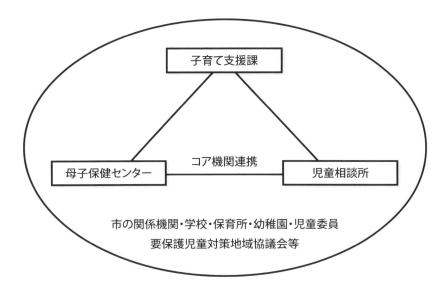

出典：土橋俊彦(2011)「子ども虐待相談における市町村の専門性に関する研究」東洋大学大学院福祉社会デザイン研究科社会福祉学専攻博士前期課程修士論文

図2-8-2　所属の変化とリスクの関連

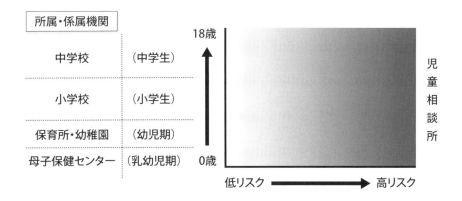

出典：土橋俊彦(2011)「子ども虐待相談における市町村の専門性に関する研究」東洋大学大学院福祉社会デザイン研究科社会福祉学専攻博士前期課程修士論文

引き継ぎにも言えることであり、ネグレクトはリスクがゼロにならない虐待であることに対する対応策である。この時は今と違い虐待相談件数も激増状態ではなく、教育委員会との調整が課題であった。

5　市区町村の連携による在宅支援の可能性

(1) 市区町村の意識変化への期待

　日本における子ども虐待ケースに関する区分対応システム開発研究会の市区町村へのアンケート調査や横須賀市児童相談所の取り組みでも明らかになったように、ネグレクトは虐待リスクがゼロにはならない。低リスク状態における支援が重要である。子どもの安全、虐待のリスク、家族のニーズの3つの視点の中で、家族のニーズアセスメントを的確に行い、具体的な支援につなげていくことで、養育力の改善が期待できない保護者であっても、低リスクで安定維持しながら親子をエンパワメントしていく子ども家庭ソーシャルワークが改めて重要であることがわかる。児童相談所は管轄が広域で、重篤なケースを支援する場合が多く、家族に寄り添う支援も難しい。生活地域で密着したソーシャルワークを実施する専門性を有するソーシャルワーカーの確保と市区町村における社会資源を充実させることが求められている。折しも子どもの貧困が叫ばれ、政府の「子どもの貧困対策に関する大綱」が発表されており、ネグレクトケースの支援環境整備は子どもの貧困対策と合わせて市区町村の成熟度が試されていると言える。

(2) 具体的な専門性の習得

　ネグレクト家庭の特徴として、生活改善への動機付けが低いことから、子どもを中心に据えた支援を保護者も参加して在宅支援ネットワークを形成する仕組みに転換することが必要である。またサポートする仕組みを保護者が体験を通じて実感していくことが重要であり、支援機関に頼ることで安心感や自己肯定感を体験する過程を通じて支援機関とつながり、自身の取り組み

につながる支援に展開していく必要がある。あくまで支援プログラムの実施に当たっては、中核を成すソーシャルワーカーが寄り添いながらいっしょに支援を作っていくパートナー関係の醸成が不可欠である。

また、市区町村が中心となる子ども家庭相談業務としてのネグレクトへの対応について、専門性の向上支援や的確なケースの状況判断に当たっては児童相談所の支援が欠かせない。2005年4月の市区町村の子ども家庭相談の義務化の時も市区町村の後方支援が求められていたが、これまで効果が上がっていないのが実情である。

児童相談所には要保護児童対策地域協議会への支援だけでなく、市区町村の通告受理から調査、相談支援、児童相談所との役割分担など全般にわたる後方支援が求められている。児童相談所の職員数からは厳しい状況があるが、専任の児童福祉司の配置やスーパーバイズ、ケースロードを共有しながらの専門性習得、向上していく支援も不可欠である。

6　在宅志向の支援と市区町村との連携事例

在宅支援のネットワーク化につなげる支援により施設入所をせずに家庭支援及び親子関係の再構築をはかる支援事例について、虐待対応の有効な支援方法の一つであるサインズ・オブ・セーフティ・アプローチ[*2]を組織的に導入して、家族の強みに注目し話し合いにより家族とのパートナー関係を形成し、子どもの安全を作る支援に取り組んでいる児童相談所の事例を紹介したい。併せてこの児童相談所では管内の市町と初期対応からいっしょに取り組むことで、市町の強みを引きだしながら関与する職員の専門性の向上支援、リスクが低下した後のリファー、後方支援への転換など、市区町村が安心して対応できるよう連携、支援方法に取り組んでいる（ケースの支援にあたっては、サインズ・オブ・セーフティ・アプローチを取り入れている。また、事例については、展開をわかりやすくするため複数の事例を加工した内容で作成されており、個別の事例には言及していない）。

CASE1　離婚を契機にうつ状態に陥った母と、その子どもの支援

■──家族構成

　実母26歳、本児8歳の母子家族。実父とは離婚して、現在実父とは音信不通の状況。本児は小学校3年生男児。不登校気味。実母はうつ病。母方祖父は同じ市内に住んでいる。大工で自身の公務店を営んでおり、社員を何人か雇っている。祖父は気が強く厳格な性格である。母方祖母は穏やかな性格で実母とは仲が良かったが、数年前に亡くなっている。実母は祖父から厳しく育てられた。そんな祖父に反抗してか、実母は高校を中退し、アルバイトで知り合った男性との間に本児を妊娠、母方祖父母の反対を押し切って本児を産んだ。その後、実父とは結婚したが、本児が小学校入学時に離婚。実母は工場で働きながら本児を育てていた。反対を押し切って結婚したこともあり、実家とのかかわりは薄く、支援も受けていない。

■──成育歴

　本児は早産のため低出生体重児で、保健師の家庭訪問を受けていた。初めての子育てと、低出生体重児で病気がちだったこともあって、実母は、保健師に何かあると電話で相談するなど、実母と保健師は良好な関係であった。その後は大きな病気をすることもなく、4歳で幼稚園に入園し、順調に小学校に入学した。しかし、小学校に入学した頃に実父母は離婚した。実母はうつ病を発症し、実母の調子が悪くなると、本児に買い物をさせたり自分の不安を解消するために側にいるように言うなど、本児に依存的になっていった。このため本児は学校に登校しなくなり、週の内2～3日程度しか登校しない状況になっていた。

■──ネグレクトの状況

　母子が生活するアパートは、部屋が片づけられずにいつもゴミがたまっている状況であった。洗濯物も溜り、学校に着ていく服は洗濯できていないことも多く、においが残っていて、友達からも嫌がられていた。また、子ども自身、朝起きられずに不登校になることも多かったが、実母が登校を促すこともなかった。

図2−8−3　ケース1のジェノグラム

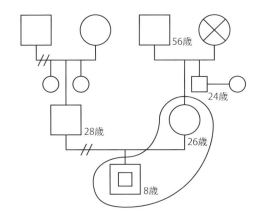

実父：配送業。実父が小学校の時に父方祖父母は離婚。母子家庭で育つ。
実母：工場で働く。離婚してうつ病発症。精神保健福祉手帳2級所持。
本児：低出生体重児。その後の発育に大きな問題はない。
父方祖母：生保の外交員で子ども達を育てた。
母方祖父：大工で工務店経営。祖父自身苦労して育っていて、子ども達には厳格であった。
母方祖母：厳格な祖父のと子どもの間で緩衝的な役割を担っていた。50歳の時にガンで死亡。
母方叔父：既婚。実母とは仲が良い。会社員。
実母の友達：小・中学校の友人。既婚していて子どもはいない。

■──事例との出会い

　市の子ども相談課から当所へ通告。「本児が学校を休みがちで、においがする。給食の時間になるとものすごい勢いで給食を食べる姿を見て異常と感じていた。しかし、この2週間は学校を休んでいて、一昨日までは本児から休むと電話があったが連絡もなくなった。家庭訪問するが反応がなく、人の気配を感じられない」と学校から相談が市の子ども相談課に入り、市の子ども相談課が家庭訪問したが、反応がなかった。このため、市の子ども相談課から、今後の対応方法を含めて相談があり、当所は通告を受けて同行訪問することになった。

■──当所が行った支援内容や工夫

　当所は、まず市の子ども相談課と同行で家庭訪問を行った。市の子ども相談課の職員は、以前母子保健の担当者としてこの家族に関わっていた職員でもあった。訪問に対してしばらく応答はなかったが、市の子ども相談課の職員が以前、本児が乳児のときに低体重で家庭訪問したことを伝えるとしばらくして母は鍵を開けてくれた。母子は食事も2日間食べていないと訴えてフラフラの状態であった。部屋にあげてもらい、母が見せた冷蔵庫は空の状態であった。このため、緊急の介入が必要との判断から、子どもは当所が児童相談所に一時保護し、抑うつ状態の激しい実母は、精神科の病院に任意入院した。

　一時保護して間もなく、子どもから「心配の家」「安心の家」「希望の家」という3つの家（スリーハウス）[*3]と呼ばれるスキルにより子どもが感じている現状について聴き取った。心配の家は、「不登校なのは自分が学校へ行きたくないのではなく、母の不安感からそばにいて欲しいと言われ学校にいけない」と書かれた。また、「実母はこれまで本児に対して怒鳴ったり、叩いたりするようなことはなく、体調の良い時は本児を連れて買い物に行き、美味しい料理を作ってくれるのが、本児にとっては楽しいことであった。今後は実母と暮らしたいが、実母が実父と離婚する前の元気な状態に戻ってほしい」と願っていることもわかった。

　その後、実母の状態が安定し、退院の見通しが立ってきた段階で、入院する病院に実母、母方祖父母、実母の友人、叔父、実母の担当医師、学校の教師、市の子ども相談課に集まってもらいマッピング[*4]を実施した。

　実母に目標を話してもらったところ、「なるべく早く子どもを引き取り、安定した生活を送り本児の小学校の卒業式は2人とも元気で笑って迎えたい、その後は中学校の制服を着た本人と一緒に中学校の校門で写真を撮るのが目標」という話が出された。参加している一同がその目標に向かって支援することが確認された。実母にこれまでの子育てで頑張ってきたこと、できたことから聴き始めたところ、実母の友人からは「実父と離婚してからも、一生懸命子どもを育て、仕事が忙しくても学校の行事は出ていた」ことが挙げられた。叔父からは「実父と離婚してから、実母の状態が悪くなり、離婚する前まではきれいな家の状態であったが、離婚後家が片づけられなくなっ

た」との話があった。

　当所では、すでに起きた子どもの危害と今後心配な子どもの未来の危険なことをマッピングにまとめ、実母と共有した。子どもから聴き取った事実や学校での状況も実母に伝えた。その上でこれまで、実母の状態が悪くても登校できた例外*5などを丁寧に聴いていった。その後、数日かけて家族や親族自身の手で安全プラン*6を作成した。

　その安全プランは、ネグレクトの引き金となる実母の体調に対して、実母がストレスを感じて眠れなくなったり、食事を作るのが苦痛に感じたときは、友人にメールをする、友人は、家庭訪問するか、すぐに対応できない場合は、市の子ども相談課に電話をして子ども相談課が家庭訪問をすることとした。食事を作る支援だけで済む場合は、養育支援事業でヘルパーを１週間派遣して食事の援助をする。食事だけでなく実母の入院などの治療が必要な場合は、子どもの生活の場の相談も含めて当所に連絡をするなどにより構成されていた。

　また、本児が心配を感じたときは、学校の先生に連絡して、学校の先生から子ども相談課に連絡が行き子ども相談課が状態を確認することとした。土日は本児から母方祖父宅に電話して、祖父が家庭訪問して状況を確認のうえ、本児を預かることになった。

　実際に本児に安全プランの練習として、学校に電話をしてもらい、子ども相談課の職員が家庭訪問した。その後、本児は一時保護解除となり、実母は現在は精神保健福祉手帳の交付を受け、家事援助を週に２回と、住宅扶助を受け、定期的に精神科の受診を継続しながら、以前の仕事に復帰して、家庭で本児と生活している。

■───この事例から学んだこと

　私たち支援者は実母の精神状態の回復ということだけに注目しがちだが、実母の精神状態が悪い時でもネグレクトにならない方法を、実母の友人関係と公的機関のネットワークをつなぎ合わせて安全プランを作ったことが特筆される。そして、子どもの気持ちを中心に置きながら、子どもが安全に過ごすための安全づくりを当事者である家族の潜在的な力を活用してできたことである。

CASE2　子どもが店でツケで買い物することから発覚

■——家族構成

　家族は実父、実母、本児、妹2人の5人家族。実父母は無職、実父は仕事中の怪我で働けず生活保護を受給。本児は小学校6年の男児、妹は小学校3年と3歳。実父は中学校を卒業後に高校の定時制に進んだが退学して、左官となった。しかし、仕事中高所から落ち腰を打ち歩けなくなったことで生活保護受給となった。実母は東北地方の出身で、地元で中学校を卒業してすぐに工場で働いていたが、20歳のときに出会い系サイトで知り合った実父の誘いで上京し、実父と結婚することになった。実父は実母に対して暴力的なところがあり、実母はやや知的能力に課題があり実父の言いなりになっていた。

■——成育歴

　本児は正常出産で出生時体重も3200グラムあり、健康だった。言葉の遅れが少しあり、発達に課題はあったが小学校は普通級に通っていた。

■——ネグレクトの状況

　本家庭は生活保護家庭であるが、月の途中で生活費がなくなり、子どもたちの食べるものがなくなることが常態化していた。また、家が汚く雨戸は常に閉められ、子どもも学校を休みがちであった。3歳の妹も不衛生な状態におかれ、細やかな世話はなされていなかった。

■——事例との出会い

　生活保護費がいつも月途中になくなり、子どもがスーパーで、ツケで買い物をしたり、近所の人に物をねだることがあった。スーパーの店主がツケで買い物をする子どもがいると市の子ども相談課に通告。当初は市の子ども相談課が対応していたが、実父母はツケで買い物をさせていることを認めなかった。当所と市の子ども相談課間の毎月のケースの進行管理の中で、「親が虐待を認めないで、対応に困っている」との市の子ども相談課から報告を受け、当所が市の子ども相談課と共に関わるようになった。当所が家庭訪問

図2−8−4　ケース2のジェノグラム

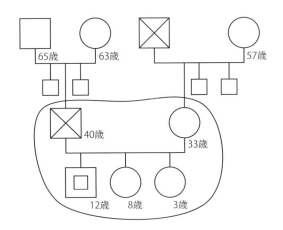

実父：中学校を卒業して定時制高校に進学するが、中退。左官屋だったが高所から落ちて無職。身体障害者手帳所持。のちに心臓疾患で死亡。
実母：知的な遅れがある。中学校卒業して地元の工場で働く。その後実父と出会い系サイトで知り合い上京。
本児：やや言葉の遅れがある。
長女：やや言葉の遅れがある。
次女：現時点では発育に問題はない。
父方祖父：漁師。
父方祖母：実父の漁を手伝うことはある。
母方祖父：東北地方の農家。出稼ぎ中に事故で死亡。
母方祖母：昼はスーパー、夜はスナックで働いて子ども達を育てる。
母方叔父：母方祖母と同居していて、それぞれ地元で働いている。

して状況を確認したところ、実母は子どもにツケで買い物をさせていることを認めた。

■——当該機関が行った支援内容や工夫

マッピングをして、心配なこと、できていること、できたらよいことを整理した。また本児にもスリーハウスを行い、本児の気持ちを確認した。本児はお店にツケで買い物をするみじめさを訴えた。スリーハウスを実父母に見せたところ、改めて子どもの思いを受け止めたようであった。毎月の生活保護費の管理について、社会福祉協議会の日常生活自立支援事業を提案し、日

常の金銭管理を生活支援員にお願いすることになった。また、いつも雨戸が閉まっている状態だったこの家に、養育支援事業でヘルパーを派遣し、掃除の仕方や料理の仕方などを半年間体験することで、家の環境は改善していった。

しかし、生活状況の改善がすすむ中で実父が突然心臓疾患で死亡してしまうショッキングな出来事が起きた。実父が亡くなってしばらくすると、長男、長女の不登校と実母に対する反抗や時に暴言や暴力が現われはじめた。その後、実母に対する暴力は激しくなり、実母は子どもたちの言いなりになる以外に術がなくなっていった。在宅で支援をしたが、生活の立て直しのためのタイムアウトが必要との判断から、子どもたちを児童相談所に一時保護した。実母はこれまで実父が暴力で子どもたちを抑えてきたが、実父が亡くなり、言うことをきかなくなったと訴えた。このため、一時保護中に改めて、実父からの暴力について子どもたちから聴き取りを行い、その影響を確認した。そして、本児と実母との面接を重ねるなかで、実母は本児達を守れなかったことを謝罪した。当所としては、母子ともに一緒の生活を希望していること、しかしながら、実母自身が子どもの躾け方に不安を抱いていて、生活場面で多くの支援が必要なため、母子生活支援施設での生活を提案した。実母は今後の生活について母子生活支援施設に入所することを子どもたちに相談した。その後、ワーズ＆ピクチャーズ[*7]を母子で作り、これからの生活を共有した。そして一時保護の解除後は、母子生活支援施設で生活をすることになった。

■——関係機関との連携や役割分担

母子の関係性は少しずつ良くなり子どもたちの暴力はなくなっていった。しかし、実母の子どもたちへのかかわり方に課題は多く、実母が怒鳴ることで一触即発の場面も散見された。長男については、学校で友人とトラブルとなることが多かった。実母との面接の中で、実母自身が適切な養育を受けて育っていなかったことがわかった。母方祖父は、実母が5歳のときに出稼ぎ先の工事現場の事故で亡くなり、母方祖母が働くことで家族を養っていた。母方祖母は、日中はスーパーで、夜間はスナックで働いていたため、いつも実母と弟2人の子どもたちだけで生活しているような状況が繰り返されてき

たとのことであった。

　実母との相談が進む中で学校、母子生活支援施設、当所は連携して、子どもの特性や実母の養育課題に関して共通の理解を深めるとともに、実母と子どもたちへの対応について、「怒鳴らない子育て[*8]」をベースに支援していった。子どもの問題行動がどのような場面で起きるのか、そのときの実母のコミュニケーションに注目し、悪循環なパターンに陥らないように、実母に対応方法を習得できるよう支援していった。学校においても、問題行動に対する対応を共有し、学校で実践してうまくいったことは家庭にも還元することで、学校で身に付けた良い対応は家でも実現されるようになっていった。

■――現状

　実母の養育の変化は、緩やかなものだった。しかし、子育てがうまくいかなくなったときは、周囲に訴えるようになり、学校、母子生活支援施設、当所が連携して対応している。子どもの生活も徐々に安定し、時に不穏な時はあったものの、その頻度はずいぶんと減っていった。母子生活支援施設にいる間は、生活費の管理に目が届くが、退所した時実母が上手にできるかは、今後の課題である。母子生活支援施設にいる間にさまざまな体験をしてほしいと思う。

■――この事例から学んだこと

　ネグレクトのケースでは、親自身が自分の親から適切に育てられていないことが多く、子どもの置かれたネグレクトの状況について、何が問題なのかをわかっていない場合がある。このため、「いま、ここでの」実際の子育てを通して、体験を共有していくことの大切さを感じた。一緒に体験する支援は、母子生活支援施設の利用など、市の社会資源を使うことが有効であると感じた。

　ネグレクトの改善は、保護者の生活態度の変化はもちろんだが、子どもが生活を送るうえで、子どもたち自身がこれまでの自分達の生活を「普通とは違う」という感覚や知識を身に付けていくことで改善していくことも感じた。このため、保育所や幼稚園、学校といった子どもたちが日中活動する生活場面で、子どものネグレクトが改善できるよう、子ども自身に健康な生活

の感覚や生活知識を与えることが大切であると感じた。

　また、子ども自身が現実の生活に直面することで、子どもの自尊感情が低下するような場面では、日中活動の場面を活用し自信をつけられるような意識的なアプローチが必要であると感じた。

　市では、主任児童委員がボランティアで子どもの居場所づくりを積極的に進めようとしている。内容は、公民館で勉強やご飯の提供を定期的に行うものである。そのような地域の子育て支援も、ネグレクトの解決にはとても重要な社会資源となる。今後はそのような主任児童委員や児童委員などによる支援メニューの質と量の確保も重要であると考えている。

7　児童相談所が市区町村といっしょに取り組む効果

①赤ちゃん訪問などで子育ての不安を解消するための支援をすでに家族と共同で取り組んでいるといった財産を活かすことができる。それに反して児童相談所が単独で訪問すると、緊張から始まる中で関係性を築いていかなければならない。
②市区町村のサービスに導くことができる。市区町村のサービスは障害サービスや生活保護など多岐にわたり、これらのサービスにうまくつなぐことができる。
③住民に身近なので、困った時にすぐに対応できる点がケースの安心感にもつながる。実際に、安全プランの中で一時的に市区町村の子ども相談担当課や主任児童委員、民生児童委員に、SOSに対応してもらっていることは多い。
④職員の中にその市区町村の出身者や市区町村を愛している職員がいて、文化を守ろうとする意識から児童相談所も啓発される。
⑤息の長い支援を継続して行える。学校、保育所、さまざまなサービスを通じて息長く支援することで、支援がまたうまくいかなくなった時に迅速な対応ができて、安全プランの見直しができる。ネグレクトには、息の長い支援と関わる時期を見逃さないことが重要であると考えている。

⑥特定妊婦など早い時点から支援が開始でき、その支援の中でのアセスメントに児童相談所もいっしょに参加することで、早期の予防ができる。
⑦市区町村の職員と連携がはかれ、1+1が3にも4にもなる。

　上記の点をメリットして挙げるが、ネグレクトはリスクがゼロにならない虐待であり息の長い支援が求められるため、児童相談所の支援だけでは効果が上がらず、市区町村や地域での主体的な取り組みが重要になる。事例ではあるべき連携方法を実践例として紹介した。

注
＊1　大学の研究者や児童相談所、市の子ども家庭相談職員が中心となり、北米の児童虐待におけるDifferential Response（区分対応システム）を参考に日本の現状にあった日本版区分対応システムの開発・構築をめざしている。
＊2　サインズ・オブ・セーフティ・アプローチ（SoSA）：子ども虐待のソーシャルワーク。子どもの安全という目標に向かって、家族と協働していく。子どもに起こりうる未来の危険をすばやく家族とアセスメントし、安全のゴールを共有する。家族は安全のゴールに至るための安全プランを、安全を守るインフォーマルなネットワークのメンバー（親族・友人・知人など）と協力し、立案する。常に子どもが中心におかれ、さまざまな技法を使ってプランニングに参画する。ソーシャルワーカーは家族が安全プランを作るプロセスの中で家族に問いかけ、質問し、家族の力を引き出すことで安全作りを協働する。
＊3　スリーハウス：絵や文章を書き込める3つの家を書いてもらい、それぞれに心配な事を書くお家の絵、良いことを書くお家の絵、夢を書くお家の家と名前を付け、心配な家には嫌な気持ちになること、どうして良いかわからない気持ちになることを書いてもらう。良いことを書くお家には楽しかったこと、嬉しかったことポジティブなことは何でも書いてもらう。希望の家には、子どもが望んでいる未来を書いてもらう。そしてこれらを子どもに許可をとって保護者に見てもらう。
＊4　マッピング：三つのカラムを使い、家族などと情報共有と情報整理をする過程のこと。三つのカラムは、私たちが心配していること、うまくいっていること、起きる必要があることからなる。
＊5　例外：子どもに危害が及ばなかった時や守る方に動けた時のこと。
＊6　安全プラン：子ども第一のもので、子どもに危害が起きないように、家族自身の手で作り上げるもの。時間がたっても劣化せずに家族が「子どもたちが安全に過ごしていられること」を証明することもプランには盛り込む。
＊7　ワーズ＆ピクチャーズ：4コマから6コマの棒人間での絵本。安全プランを子どもと共有する場で活用する。保護者が文章をまとめ、子どもに絵を描いてもらう。子どもに対して何が起きていて、今こうなっていて、これからこうすることを説明するタイプと、

同じことが起きないように、これからはこうなっていくということを説明するタイプが
　　ある。
＊8　　怒鳴らない子育て：暴力や暴言を使わずに子どもを育てる技術を親に伝えることで、
　　親子関係を改善し、子どもに怒鳴ったり叩いたりする回数を減らすことを目指すもの。

参考文献

安部計彦、有村大士（2007）「児童相談所と市町村との協力・連携の実態調査」『全児相』83、全国児童相談所長会
安部計彦（2011）「ネグレクトに対する市町村の予防的取り組み」『西南学院大学人間科学論集』7（1）、87-107
安部計彦（2012）「子どもネグレクトにおける重症度に関する研究」『西南学院大学人間科学論集』8（1）、47-58
畠山由佳子他（2015）「日本における児童虐待ケースに対する区分対応システムの開発的研究」『平成25年度・26年度学術研究助成金（基盤研究C）助成研究成果報告書』
畠山由佳子（2015）『子ども虐待在宅ケースの家族支援』明石書店
菱川愛（2013）「サインズ・オブ・セーフティ・アプローチ1−4」『ソーシャルワーク研究』39（1）〜（4）、相川書房
星香澄、髙橋かすみ（2015）「子どもの安全に向けたセーフティプランづくり」『2015年度神奈川県総合療育相談センター・神奈川県中央児童相談所紀要』
神奈川県児童相談所（2009）「県市町村パートナーシップ強化事業」
厚生省事務次官通知（1964）「家庭児童相談室の設置運営について」
厚生労働省雇用均等・児童家庭局（2007）「市町村児童家庭相談援助指針」
厚生労働省雇用均等・児童家庭局（2014）「児童相談所運営指針」
厚生労働省雇用均等・児童家庭局（2014）「子ども虐待対応の手引き」
厚生労働省（2016）「新たな子ども家庭福祉のあり方に関する専門委員会報告（提言）」『社会保障審議会児童部会報告書』
鈴木浩之（2012）「子どもと家族の潜在的な力に注目し、安全安心のために協働する支援」『市町村・児童相談所職員の合同勉強会資料』
土橋俊彦（2007）「中核市児童相談所立ち上げと取り組み」『子ども虐待の予防と対応の全て（追録第8号）』、4865-4879、第一法規出版
土橋俊彦（2011）「子ども虐待相談における市町村の専門性に関する研究」東洋大学大学院福祉社会デザイン研究科社会福祉学専攻博士前期課程修士論文
ターネル、アンドリュー／エドワード、スティーブ著、白木浩二、井上薫、井上直美監訳（2004）『安全のサインを求めて』金剛出版
八木安理子（2009）「特集子ども虐待の現状と支援　家庭児童相談室（市町村）」『発達』30（117）、48-56
山縣文治（2005）「地域における子どもと家庭に関する相談支援体制のあり方に関する研究」『平成16年度厚生科学研究』子ども家庭総合研究事業
山野則子（2009）『子ども虐待を防ぐ市町村ネットワークとソーシャルワーク』明石書店

第9章

保健師による支援

山田和子（和歌山県立医科大学）／山本裕美子（元大阪府保健所）

　保健師が働く部門には、高齢者、子ども、あるいは福祉、介護・国民保険部門などがあるが、最も多く働いている部門は市区町村の保健部門（一般的に保健センターといわれる）、都道府県・政令市・中核市の保健所である。同じ保健師でも働いている部門により多少業務の内容は異なるが、本章では、虐待への支援を行っていることが多い保健部門の活動を中心に述べる。

　保健師は、医学、公衆衛生学、看護学をベースにした教育を受けていることより、健康を守ること、予防を行うこと、医療と協働することを本領とし、すべての人々を対象に活動を実施している。[*1]

1　保健師が支援するネグレクト

　ネグレクトは、親の抱える問題も大きく、支援は難しく、かつ支援が長期にわたる場合が多い。特に保健機関が支援する事例は、妊娠中や乳児期に事例を把握することが多い。把握した時点では子どもの年齢が小さく、ネグレクトと判断できず、ネグレクトの疑いあるいはハイリスクの状態の時から支援を開始することが多い。さらに、厚生労働省における死亡事例検証報告にみられるように、0日0ヵ月児の死亡が多く、妊娠中や低年齢の事例は死亡の可能性があることを常に念頭において置く必要がある。[*2]

　ネグレクトの事例は多様であるが、保健師が支援するネグレクトには、親に精神疾患がある場合、知的障がいがある場合、親が10代の場合、子どもに障がいがある場合、多子の場合などがある。また、ネグレクトの程度も、生命が危惧される状態からハイリスクな状態まであり、特に保健機関の役割

として子ども虐待が発生しそうな状況に早期に気づき、それを予防することにある。

2 ネグレクトの発見・把握

　自らの保健機関の活動で発見・把握する場合と関係機関からの連絡・紹介で把握する場合がある。

　自らの発見・把握する機会としては、妊娠中から乳児期、幼児期にかけて各種の事業がある。妊娠中には両親学級、妊娠届時の面接、妊婦健康診査、出生後には低出生体重児訪問、新生児訪問、乳児家庭全戸訪問、乳児健康診査、1歳6ヵ月児健康診査、3歳児健康診査あるいは離乳食講習会、育児教室などの各種事業である。特徴として全員を対象としていることがある。例えば、乳児健康診査であれば住民登録されている該当年齢全員を対象に実施していることより、健診に来ない家庭も把握できる。

　健診などで支援が必要な対象者を発見・把握した場合には、保健師による家庭訪問などによる支援が行われる。近年、妊娠届時に保健師による面接を対象者全員に実施し、妊娠中のリスクや妊娠中、出産後の不安や心配事を把握し、必要な者には妊娠中から支援することが多くなってきた。

　関係機関からの連絡・紹介で把握する場合は、産科、小児科、精神科などの医療機関、保育所、子育て支援センター、家庭児童相談室などの福祉機関等からが多い。特に保健機関は医療機関からの連絡・紹介が多く、さらに保健機関から連絡・連携する場合も多い。医療機関との連携を必要とする事例には重症なことが多いので、養育者、親の了解を得て入院中病院に出向き面会するなど、早期から養育者、親、子どもとの関係を作るようにしている。

3　保健師の支援の基本

（1）養育者、親とパートナーシップを築く

　子ども虐待への支援において、子どもへの支援だけでなく、子どもを育てている養育者、親を支援することが重要である。養育者、親は育ってきた中で、支援を求めたことがない者、支援を受けたことがない者も多いので、養育者、親をよく知ることが必要である。養育者、親の成育歴（これまでどのように育ってきたのか）、家族歴（家族の中でどのように育ってきたのか、家族との関係など）、生活歴（どのような生活を送ってきたのか）を把握することにより、養育者、親を理解することにつながる。理解することにより、養育者、親への共感性ができ、保健師の支援が養育者、親のニーズを汲んだものとなり、養育者、親にとって受け入れやすい支援となる。

　また、養育者、親の成育歴、家族歴など養育者、親が育ってきたプロセスを把握することで、今後の育児等を予測できる。さらに、成育歴、家族歴などと共に、養育者、親が現在困っていることに焦点を合わせた支援を行う。支援の計画、実施にあたっては、できるだけ養育者、親と話し合いながら支援を決定していくと、養育者、親も受け入れやすい支援となる。

（2）健康問題をアセスメントし、支援する

　養育者、親、子どもは健康問題を抱えていることが多い。養育者、親の身体的健康状態、精神的健康状態、障がい、育児状態、あるいは子どもの健康状態、発育発達状況をアセスメントし、アセスメントに応じた支援を行う。

　養育者、親の精神的な健康問題として、出産する前から統合失調症、うつ病などになっている場合があるが、精神的疾患は産後に発病したり、増悪したりすることがある。さらに、養育者、親にとって健康問題とともに育児がどの程度負担になっているかに着目する必要がある。

　子どもの健康問題としては、体重・身長などの発育、愛着の状況、知的発

達、情緒発達、疾病、障がいなどに着目してアセスメントしている。特に、乳幼児期には健康問題の判断のためには体重・身長などの発育を把握することが欠かせない。

（3）家庭訪問し、その家の育児、生活に合わせて支援する

　生活の場である家庭を訪問し、実際の生活、育児の状況を把握し、養育者、親にとって具体的な役立つ支援を行う。特に育児の内容は月齢に伴い変化していくので、子どもの成長に合わせての支援が必要となる。例えば食事については母乳から離乳食、普通食へと、また最初は寝ていた子どもがハイハイ、独り立ちなど成長していくので、その変化にあわせた支援をする。支援においては、子どもへのかかわり方（ミルクの作り方、泣いたときの対応など）や言葉かけなど、保健師が養育者、親に育児モデルとして示し、養育者、親が育児を体験できるようにする。

　また、養育者、親の育児負担を軽減する方向で支援する。例えば毎日の育児は大変なので、できるだけ保育所など通所できるようにする。そうすれば、親の育児の負担が軽くなるし、子どもにとっても毎日の保育が確保される。一方、養育者、親については育児だけでなく、生活の基本となる食事、睡眠、家計などの日常生活について着目し、安定した生活が送れるように支援する。

（4）虐待の程度を予測しながら支援する

　乳幼児期は虐待により生命の危機にさらされる場合がある。特に月齢が小さければ小さいほど、生命への危機は大きいために、支援も集中して行う必要がある。特に3歳まで十分に注意することが必要である。まず出産直後には養育者・親の健康状態、育児能力、サポートの程度などを基に、在宅で育てられるか判断する必要がある。簡単に判断できる場合もあるが、これまで育児をしたことがない養育者・親については過去の育児歴がわからないため、養育者、支援者も判断がつきにくい場合がある。判断がつきにくい場合には、虐待の程度をアセスメントしながら退院直後あるいは年齢の小さい場合には頻回な支援が必要となる。

（5）各種のサービスを活用して支援を行う

　ネグレクトは多様な問題を抱えていることにより、保健機関において実施している健診や教室だけでなく、保育、福祉などの機関のサービスを活用しながら支援をすすめる。サービスとしては保育所への入所や自立支援医療、障害者手帳、年金など多様なものがある。対象者によって利用できるサービスは異なるが、サービスを受けることを遠慮する者、サービスの利用方法がわからない者など、サービスの利用に至らないことも多い。そこでサービスが利用できるように説明したり、手続に同行したり、見学に同行するなど、確実にサービスの利用につながるような支援をしている。

　一方、育児は土曜日、日曜日、あるいは昼間だけでなく夜間など支援を要する。公的機関だけでは十分対応ができないことも多く、ボランティア（近所の育児経験者など）などとのつながりも活用し、支援につないでいる。

4　事例でみる支援の実際

CASE　幻聴・幻覚にふりまわされ、不安が強く育児ができない

■——家族構成と成育歴

　家族構成は、母（養育者）と父と本児の3人家族である。母は35歳、父は37歳で、結婚2年後に第一子である本児を出産した。

　母は大学卒業後会社に勤務をしていたが、25歳のころ仕事でストレスが高まり、被害妄想、幻聴が出現した。「統合失調症」と診断され、入院となった。入院期間は3ヵ月間で、退院後は治療を中断することはなかった。発病後は、仕事をやめて家の手伝いをするようになった。

　結婚には、双方の家族の反対もあったが、「二人で話し合い、結婚を決めた」と聞いた。また、母親は「慢性の精神病で治療していたため、結婚については随分悩んだ」と複雑な心境を語った。

■──ネグレクトの状況

　母親は、幻聴（良い子と悪い子の声）が聞こえ、幻聴に振り回されると、しんどくなり、子どもが泣くとどうしてよいかわからなくなり、不安が強くなった。不安が強くなった時には、「子どもにあたり、子どもを無視してしまう」と話をした。良い子の声の時は励ましてくれるので良かったが、悪い子の声の時に「ミルクは飲まさないでいいよ」など混乱する声が聞こえ、どうしたらいいのかわからなくなる。その時には母親は「誰かに教えてほしい」と電話をかけるようになった。特に昼間一人でいると、子育てが不安になり悪循環になっていた。

　また、子どもが小さい時ほど母親の睡眠不足によるダメージは大きい。乳児期早期は頻回な授乳のため夜間の睡眠は短くなり、薬を服用しないといけないが、起きることができないからと服用をやめると調子が悪化した。そんな中で、「眠れないのでしんどい」と母親から相談があった。夜間に数回起きてミルクを飲ませることは困難だったので、父親と話しあい、母親を応援してもらうことにした。夜間のミルクを父親が飲ませてくれるようになってからは、睡眠がまとめてとれ、症状の悪化を予防することができた。

　夜間に眠れるようになると、幻聴が聞こえても、幻聴に振り回されることも少なくなった。また、離乳食はまとめて作って冷凍したり、市販の瓶詰めの離乳食を利用したりするなどの工夫を伝えることで、課題の多い離乳食の時期を乗り越えることができた。

　子育ての一番の課題は、子どもの要求にあった食事や遊びがタイミングよくできるかどうかであった。母親がしんどくて子どもの相手ができない時は、保健師が紹介した近所の生活支援センターに連れて行き、センター職員に遊んでもらったりした。

■──事例との出会い

　産婦人科のある総合病院から、「幻聴があり、不眠を訴える母親が退院するので、地域での育児支援をお願いしたい」と電話があった。早々に母親に会いに病院に行き、母親は子育ての不安と喜びの両方で気持ちは高揚していたが、不安も高く、幻聴があって困っているなど、初回の面接だったがいろいろ話をしてくれた。産後1ヵ月間は実家に帰る予定だが、祖母は祖父の介

護で育児への応援はあまりできないので、できるだけ早く自宅に戻る予定との話だった。

■――機関が行った支援内容や工夫

当時の支援の中心は保健所保健師で、支援の期間は出産後から転居することになった3歳までの3年間であった。

①医療機関からの紹介後すぐに支援を開始

病院から紹介の電話を受け、早速入院中の母親に面会に行った。母親に「退院後の子育ての応援者はいるのか」「退院後はどこへ退院するのか」など聞きながら子育ての支援体制について一緒に考えていくことを伝えた。産後は里帰りの予定であったが、祖母は介護があり、長期間の里帰りは無理であることがわかった。そこで、退院時には祖母とも会い、実家から帰ったら必ず電話してもらうことを約束した。

産後の通院は難しいので、退院時精神科受診も済ませ、薬を1ヵ月分処方してもらった。

②自宅に帰ってからの頻回な支援

退院後は母親の薬物治療が開始され、寝ていることが多かった。朝が起きづらく、また夜間のミルクを飲ますことがつらい様子であった。母親は父親に病気について話をしていたので、父親にも育児の協力を依頼した。夜の11時過ぎのミルクは父親が担当し、母親が起きやすいように4時間後のタイマーをかけ、次のミルクは母親が担当できるようにするなど工夫した。

保健所の母子保健を担当している保健師によるチームでの訪問支援を行った。生後28日で自宅に戻った母子に対して、週2回以上の頻回訪問で支援した。約束した訪問まで待てない場合には毎日訪問することもあった。また、母親の調子が悪い時には朝、夕と1日2回の支援が必要な時もあった。生後3ヵ月を過ぎる頃には、ミルクの間隔が空くようになり、母親が一人で夜間のミルクも飲ませることができるようになっていった。

③子どもの月齢に応じた支援

生後2ヵ月を過ぎる頃にはミルクの飲みも良く、よく寝る子であった。寝返りができるようになると、口に物を入れるなど、事故予防が必要となった。母親と家庭内の状況を一つ一つ確認をしながら、灰皿は床に置かないな

ど、気を付けるように伝えた。

　日頃の食事作りはできていたので、離乳食はあまり心配なく進められていたが、母親の負担を少しでも軽減するためにベビーフードも適宜利用しながら、上手に食べさせることができた。また、食物の硬さや食材の種類の増やし方、出汁は沢山作って製氷皿に入れて保存するなど簡単にできる方法を教えると次回はできるようになっていった。

　　④パニックになった時の支援

　母親は「育児は予定通りにいかないことが多い」と理解できていたがパニックになることもあった。母親の不安が高い時は、昼間は保健所に、父親の帰宅が遅い夕方には民生・児童委員に電話で相談をすることで解消できた。

　支援体制としては、保健所では保健師が複数で担当し、民生・児童委員や近所の育児応援者とともに電話相談に対応し、訪問は保健所保健師が行った。子どもが小さい時には電話相談の回数は多かったが、成長とともに電話相談だけで終わることも多くなっていった。子どもの泣き声が強く、母親の不安が強く状況の判断がつかない場合には、母親と子どもの様子を実際に見に行くこともあった。

　生後9ヵ月からは、当時保健所で実施していたマザーズグループに参加してもらい、子どもは子ども、母親は母親のグループに分かれ、子どもの成長・発達、情緒などの観察の場面とし、母親にはグループミーティングで支援していった。特に母親が心配していることについて「それでいいよ」とか、「いつでも相談してきてね」と繰り返し話をするともに、相談できる体制をつくっていった。子どもを保育所に入所させることは、母親の育児負担を軽減するためには有効であるが、家族が入所を希望しなかったため、転居までの3年間をチームを組んで支援した。

■──関係機関との連携や役割分担

　在宅での支援機関は、保健所を中心に、民生・児童委員、近所の育児応援者、病院、市町村保健センター、生活支援センターであった。各機関の役割として

　①保健所：昼間の支援、マザーズグループによる支援、関係機関との連絡・調整。

②民生・児童委員：土・日曜日で父親が不在時に母親の電話相談対応。
③近所の育児応援者：不安や心配な時に電話相談対応、子どもの状況を見守る。
④病院：夜間などの不安な時の電話相談対応、母親の治療や子どもの健診。
⑤市町村保健センター：生後18ヵ月以降は育児教室、保健師による育児相談。
⑥生活支援センター：時に昼間はセンターで過ごし、子どもと母への対応。母親の相談に対応。

■──現状

　ネグレクトにおける育児の支援は、親が行っている状況を観察し、観察からアセスメントした育児の状況に合わせて支援者が実際にやってみて、モデルを示す、また、養育者が困っている時にタイムリーに支援することが要求される。幻聴にふりまわされて大変な時もあったが、細やかに育児支援を行ったこと、また適切に支援することで母親の症状も落ち着き、育児がうまくいくようになった。生後3ヵ月までは、不安も強く、寝る時間もなくて大変だったが、父親の協力、関係機関からのサポートもあって乗り切ることができた。

　幻聴には振り回されることが多かったが、自分からSOSが出せるなかで地域の生活支援センターが子育ての役割を果たした。

■──この事例から学んだこと

①母親の支援計画策定に、父親が参加することで、保健師と父親が協力して支援することができる。
②父親が母親の病状を理解することで、病状に応じた育児ができる。
③医療機関との連携により、退院前に母親・家族と面会ができ、退院後の在宅での支援者がいることがわかり安心につながる。
④昼間・夜間の支援体制を整備することで大変な時期を乗り越えることができる。保健所が中心となって、病院、保健センター、民生・児童委員、子育て応援者等も含めて連携・調整することで両親に安心を提供できる。

⑤母親の育児力をアセスメントすることで、予測して育児の支援ができる。
⑥母親が困った時の対応として、最初は丁寧に、細やかに対応することにより安心し、その後の支援がうまくいく。
⑦マザーズグループへの参加により母親の孤立を防ぎ、親子の愛着関係をみて具体的な助言ができる。
⑧精神障害福祉手帳の取得により、生活支援センターのサービスが利用できる。

注
*1　小林美智子（2015）「公衆衛生看護における母子保健の最前線」『日本公衆衛生看護学会誌』4（2）、148-158頁
*2　社会保障審議会児童部会児童虐待等要保護事例の検証に関する専門委員会（2016）『子ども虐待による死亡事例等の検証結果等について（第12次報告）』1-269頁

第10章

学校における支援

松澤秀樹（スクールソーシャルワーカー）

1 学校ではどのようにネグレクトにかかわっているか

(1) チームとしての学校

　2014年から「チーム学校」という考え方が提唱されている。教員とは異なる専門性や経験を持つスタッフを学校に配置し、教育の専門家である教職員と連携協働していく。学校組織全体を一つのチームとしてとらえ、社会の変化の中で学校が向き合うべきさまざまな課題を解決する力を高めようという考え方である。

　子どもへの虐待、ネグレクトもまた多くの課題の一つであり、課題の中でも優先して取り組むべきものである。従来の「自己完結型の学校」の場合、クラス担任や養護教諭が苛まれる子どもに心を痛めつつ対応し、管理職がスーパーバイズをしながら支援するしかない状況であった。そして家庭内での暴力暴言等についても、「しつけ」ということで見過ごされることも多くあった。しかし2000年の児童虐待防止法の施行以降、児童相談所への通報件数は急増している。学校においても児童相談所等と連携し予防的な対応、通報通告、適切な見守りといった福祉的な機能が期待されるようになっている。

　外部の専門スタッフとしては1995年からスクールカウンセラー（以下SC）の学校配置が進んでおり、2008年に「スクールソーシャルワーカー活用事業」が実施され、全国141地域にスクールソーシャルワーカー（以下SS

図 2 − 10 − 1 「チームとしての学校」像（イメージ図）

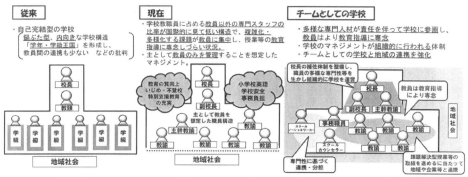

出典：文部科学省「チームとしての学校の在り方と今後の改善方法について」より転載。

W）が配置されてから9年になり、全国的にSSWの配置が進んでいる。しかし現状ではSCやSSWはあくまで学校の外部の専門スタッフであり、福祉的な支援も含めた学校のマネジメントは教職員だけで行われている。

こうした学校環境の中で「チームとしての学校」は新しい支援体制の提案であり、教職員だけでは対応が難しい家庭や環境へのアプローチ、虐待の対応や、困っている子どもへの直接支援を行うためにも必要なシステムである。

（2）学校現場での子ども虐待へのかかわり

地域の小学校、中学校は虐待ケースへの介入の入口である。児童虐待防止法の施行から、学校現場でも虐待等への初動の対応は進んでいる。居所不明の児童生徒についても関係機関と協力して安否確認が行われるようになっている。また学校での配置が進んでいるSSW等を活用し、行政機関、児童相談所や生活保護のケースワーカー等と連携して必要な介入が行われる。例えば、学校では定期的な医師による検診が行われているため、「医療ネグレクト」が疑われるケースの発見にもつながっている。こうした場合は、まず養護教諭から子ども支援のアプローチを行われることになる。

一般に医療が必要な状態が見つかれば保護者に通院や入院を勧めることになるが、保護者が応じない場合もある。学校から連絡をしても「忙しいので、病院に行く時間がない」「次の給料が入ってから行く」といった返答

で、なかなか応じてもらえず学校側が困っているケースも多い。

　しかしこうした家庭の実際の状況として、生活に困窮している、借金の関係で医療費が捻出できない、親がうつ状態にあり家から出ることにも困難がある、親自身に軽度の知的障害等があり適切な対応ができない、といった事態も考えられる。ケースへの対応は個別性が強いため、SSW等がアセスメントを実施した上でアウトリーチを行う、生活保護制度や福祉サービスの利用を案内する、保健師や弁護士といった専門職の相談につなぐといった支援を検討し、ネグレクト状態の改善を図る必要がある。

（3）子どものネグレクトとスクールソーシャルワーク

　SSWは学校現場や教育委員会に配置される福祉の専門職であり、貧困や虐待といった子どもの家庭環境による課題、不登校の問題などに対処する。また教育の視点で運営されている学校現場に、子どもの権利擁護を中心に置いた福祉の視点を持ちこみ、子どもの最善の利益を教職員と共に考える。

　　具体的には次のような業務を行っている。
① 問題を抱える児童生徒が置かれた環境への働きかけ
② 関係機関等とのネットワークの構築・連携・調整
③ 学校内における体制の構築、支援
④ 保護者等に対する支援・相談・情報提供
⑤ 児童生徒への直接支援、カウンセリング
⑥ 教職員等への研修活動、地域への啓発活動

　SSWは福祉専門職であり、社会福祉士か精神保健福祉士の資格を有するソーシャルワーカーであることが多く、虐待ケースに対する積極的なかかわりを期待されている。子どもの権利擁護はソーシャルワーク業務の主たる目的であり、教員やSCといった他の専門職以上に虐待等の問題解消に向けて力量を発揮する必要がある。

　親権者が子どもの養育の義務を果たしていないネグレクトについては、子どもの権利擁護の観点から、学校や公的な機関がその家庭環境に対し適切なかかわりを持たなければならない。

（4）学校に登校させないという権利侵害

　学校教育法22条第1項（小学校）39条第1項（中学校）は保護者が子どもを就学させることを義務付けている。また学校教育法施行令20条では「出席させないことについて正当な理由が無い場合」就学義務違反に当たる。

　学校の教職員が児童生徒に対し不適切な対応をしている（暴言など）、教室でいじめが起きている、といった状態で学校に登校しない場合は正当な理由といえるだろう。これを「子どもの学習権」の観点から見ると、子どもの学ぶ場をどのように保障していくかについては、考えるべき問題である。

　不登校が続くケースでは、「担任の先生の態度が高圧的で子どもが嫌がっている」「クラスでいじめにあっている」と父母が学校や教育委員会に訴える例も多い。当然、その内容が事実である場合も多いが、事実関係を確認できない場合もある。ケースによっては、担任やSSWが家庭を訪問しても生徒に会うことができず、家に行くこと自体を親から拒否される。仮に保護者の意向によって子どもの学ぶ権利が阻害されているとすれば、子どもの利益のために学習権を回復させることは教育行政が担う役割である。しかしこのことを明確に立証することは困難な面があり、対応が難しい問題である。

　不登校の問題については、子ども達が安心して学ぶことができる「場」を確保していくことが重要で、仮にその場所が家庭であれば家庭の中で教育を受けることも選択肢である。またほとんどの市町村で学校外の学びの場として適応指導教室を利用することができる。学校内でも保健室や適応指導クラスなどの活用もできるようになっている。学ぶ主体である子どもに対してこうした学ぶ「場」の選択肢を示し、主体的に学び生活をする場所を選んでもらうことが重要である。

2 事例でみる支援の実際

CASE ネットワークを活用した「チーム学校」の取り組み

■──家族構成と成育歴

A美：母親（30代）
- 父親から身体的虐待を受け小6から中学校卒業まで児童養護施設で生活する。高校は中退し飲食店に勤務。
- 20歳前に長女を出産、事実婚のまま次女を出産した直後、夫とは別れる。その後再婚し長男を出産、数年前に離婚。
- 離婚後すぐは生活保護を受給していたが、2年前に介護職として就職。

B子：長女（中学生）
- 妹や弟の世話をよくしているが、泣き出すと止まらないことがある。学力は低い。中1の時は仲の良い友達がいたため3学期の転校は嫌がっていた。

C子：次女（小学生）
- 元気な子ではあるが、以前は衝動的な行動をすることがあり、学校を飛び出して教職員が地域を探したことが数回あった。服の汚れや体臭のことで仲間外れにされたことがある。

D男：長男（5歳）
- こだわりの強さがあり、年齢相応の感情のコントロールができない。同年齢の子どもに比べ体は小さくやせている。

■──ネグレクトの状況

○年3月にX市に転入してきたY家の子ども達について「虐待を受けているのではないか」という相談が、近隣の住民から市役所の子育て支援センターに入っている。その具体的内容は以下の通りである。
- アパートのベランダで男の子がときどき叫んでいる。以前はきょうだい

で一緒にいる姿を見かけることがあったが、やや服装がだらしなく汚れていた。
- 夏場は公園で水を飲んでいる姿が見られたが、食事がきちんと取れているのか心配である。

■──事例との出会いと経過

　Y家のD男がコンビニエンスストアでパンを盗んだ。店の前ですぐにパンを食べていたため店主が注意したが、よほど空腹な様子であったため、店内に入れ牛乳も与えてそのまま食べさせた。店主がD男に連絡先を聞くと、母親の携帯番号を知っていたため連絡をする。しかし留守番電話になっていたとのこと。民生委員でもある店主が、X市子育て支援センターの家庭相談員に相談をする。

■──当該機関が行った支援内容や工夫

　中学校の教頭に子育て支援センターより問い合わせがある。中学生の長女B子について、夏休み以降欠席が多くなっており、校内で行われている月例の教育相談委員会の会議でも「気になる生徒」として名前が挙がっていると報告した。
　小学校に次女C子が在籍しているため、中学校配置のSSWが小学校に赴きC子の生活状況などについて確認するが、B子と同様に欠席が増えていることがわかった。そこで教頭間で連絡を取り合い、子育て支援センターの家庭相談員にも来校してもらって中学校で合同ケース会議を開く。
　ケース会議の中で、学校だけでは対応できない面もあるため、要保護児童対策地域協議会で実務者の会議の開催をお願いすることとなる。

■──関係機関との連携や役割分担

《要保護児童対策地域協議会》
　学校で行われたケース会議を受けて、子育て支援課の課長が関係機関を招集。X市役所の会議室にて各機関の実務担当者が集まる要保護児童対策地域協議会の個別ケース検討会議が開かれる。
　子育て支援センターの家庭相談員からY家に関するこれまでの経過の説明

のあと、各機関から以下のような報告があった。

- まず主任児童委員からは、Y家の近くに住む町内会長がベランダでD男が叫んでいるのを見ており、民生委員からも心配な子どもがいるという報告があったことが告げられた。自身も何度か公園で見かけたが、いつもきょうだい3人だけで遊んでいることが気になっていたという。
- 子育て支援センターの保健師によると、以前住んでいたY市に問い合わせたが、子育て支援センターの対応ケースとしての記録は残っていなかったという。5歳の幼児がいる家庭なので訪問もできるが、家庭からセンターに相談があったほうが介入しやすいということだった。
- 小学校の教頭は、3月初旬に転校してきたため家庭の状況ついては気にしており、C子は元気な児童だが、友人とのトラブルが多く、特定の子どもと仲良くなろうとするが、友達に対する言葉遣いがきつくけんかになると述べた。また、1学期の間は遅刻していたが休むことはなかったものの、2学期に入ってからは欠席が増えていること、お腹を空かせて登校することもあり、給食を食べる量が多くおかわりを繰り返すこと、朝食は十分に摂れていないこともあるようだとの見方を示した。
- 中学校の養護教諭は、B子の様子を報告。5月の連休前までは登校していたが、その後休みが多くなっているとのこと。保健室には時々顔を出していていたが口数は多くなかった。他市からの転入生で友人も上手くできなかったようで、2学期は始業式の日に登校しただけである、という。
- 中学校の担任は、B子は中学1年のときも不登校傾向であったとの申し送りを受けている。電話連絡もつかなくなったため、何度か家庭に訪問しているが、アパートのインターフォンを押しても返答がない。近所に住むクラスメイトに手紙とクラスで配っているプリントをポストに入れてきてもらっている。手紙は読んでいるようである。

SSWからは、家庭の状況が明確でないので、再度家庭訪問をして生活状況や子どもたちの様子を確認したい旨が伝えられる。ネグレクトの事例とも考えられること、学校長に相談した上で児童相談所にも連絡して、家庭訪問

の状況についても報告するとのこと。また、訪問後の報告と支援の方針や各機関での役割の確認のため、個別のケース会議を開催したいことが伝えられた。来週までには会議を行いたいが、緊急性が感じられる場合はすぐに対応して報告するとのこと。

　《家庭への訪問》
　Ａ美（母親）と面識がある小学校の養護教諭と保健師とＳＳＷが訪問。Ｙ家の住居は古いアパートで、空き缶やペットボトルを入れたビニール袋で外の通路を塞がれつつあった。玄関の前にはおもちゃや子どもの履物が散乱している。コンビニエンスストアの袋を持ったＡ美とＤ男が帰宅してきたため、養護教諭から保健師とＳＳＷを紹介してもらい、学校からの依頼があり家庭訪問に来たことを告げる。キッチンの食卓のテーブルで母親に話を聞く。洗い場には洗っていないままの食器が積まれ、テーブルの表面は食事の汚れで少しべたつき、食べ残しのお菓子の屑が残っている。Ｂ子とＣ子は在宅、少し話ができたが奥の子ども部屋に入ってしまう。健康面での問題ない様子。来客のせいかＤ男がＡ美にまとわりつき落ち着かない。養護教諭がＤ男をアパートの外に連れ出し、遊び相手をしながら様子を観察する。会話の内容が幼く、虫歯がひどい状態になっているが、歯科の治療は受けていない。
　保健師とＳＳＷでＡ美の話を聞く。医療や健康面については保健師が、福祉や生活面についてはＳＳＷが受け持つことを事前に打ち合わせしている。
　Ａ美からの聞き取りは以下の通りである。
　８月まで老人のデイサービスセンターで介護の仕事をしていたが、貧血がひどくなり退職した。仕事を再開したいがやる気が起きない。今は病院には行っていない。食欲がまったくないため食事を作る気がしない。最近は１日に１食だけのときもある。ただ、今日のように天気の良い日は、少し気分も晴れてくるので家から外に出ることもできる。できるだけ人には会いたくないので、誰かが訪ねてきても出ない。
　家の中で子どもが騒ぐのでいらいらして当たってしまう。外に追い出した時は公園に行って遊んでいるようだ。
　Ｄ男は落ち着かないところがあり、以前通っていた保育園からは専門機関

に相談した方がよいのではないかと言われたことがある。

　経済的にとても苦しい。両親に頼りたい気持ちもあるが、いろいろあって何年も会っていない。離婚した夫とは連絡は取れないしもうかかわりたくない。どうしたらいいのかわからない。

　《ケース会議》
　子育て支援課の保健師からは、母親のＡ美にも支援が必要、Ａ美は仕事をしていた頃から不眠等の症状が出て、生活のリズムがおかしくなっている、在職中はクリニックに通院し安定剤の処方を受けていた、と報告される。
　つづいて、子育て支援課係長からは、Ａ美については医療機関につなげていきたいとの目標が示される。看護師の資格を持つ家庭相談員が同行し、総合病院の心療内科を受診することになっており、子どもたちの保護や支援については児童相談所に相談しているとのことだった。
　一方、SSWからは担任とともにＢ子の面談をしたことが報告された。学校に行きたい気持ちはあるが勉強がわからないとＢ子は訴え、かけ算の九九は正確に覚えていないという。会話の受け答えや表情からは幼い印象を受ける。Ｂ子に対し担任が学校外の適応指導教室への通級と、好きな科目である美術の授業は参加することを提案。本人も乗り気であった。Ａ美の了承を得て適応指導教室への体験を試みる。
　また、Ｙ家は経済的に困窮している状態であると共に医療のニーズも高いため、Ａ美と話し合い生活保護を申請することとなる。SSWが市役所の保護課の窓口に同行し、申請書類の記入などのも支援している。
　Ｂ子の担任からは、週に２回午後は中学校に行くことを約束していること、学校でも美術以外の科目は個別学習を行い学力の補充を行う計画となっていることが報告された。
　Ｃ子の担任は、今回のことを機会に、Ｃ子の気持ちをじっくり聞くことができた、母親のことが大好きだが、今はさみしい思いをしているようだと報告。来月小学校では宿泊の体験学習があるのでいっしょに取り組んでいきたいと述べた。
　主任児童委員からは、Ｙ家の地域は自身の担当地区なので、これからは地域の行事への参加を呼び掛けるなどしてかかわりを続けること、また民生委

員であるコンビニエンスストアの店主にも見守りをお願いしていることが報告された。

■──現状

A美は総合病院を受診、うつ病で入院の必要があると診断される。栄養状態も悪かったため点滴の治療が行われた。うつ病については本人にも病識はあるため、医師がA美を説得して1週間の入院となる。

児童相談所の担当職員が、子どもたちに母親が入院の必要があること、1週間で退院するので家に帰れることを説明する。子どもたちの了承を得たうえで一時保護が決定。A美の退院までを児童相談所で過ごす。

児童相談所では子どもたちそれぞれの行動観察、心理検査が行われる。B子には知的な課題、C子とD男には発達の課題が見られることがわかる。A美の退院前に、小学校、中学校、児童相談所と子育て支援センターで会議を持ち協働して支援を継続することとなる。

A美の希望を受けてSSWが実家の両親に連絡をし、病院に見舞いに来てもらう。病気の回復まで、実家からの生活費の支援を打診するも、両親も年金に頼った生活ということで断られる。しかし孫のことも気になるので交流は続けることとなる。

その後、A美の病状は通院と服薬を続けることで安定し、職場への復帰ができるようになる。退院後は学校や地域の協力を受けながら、家族4人での落ち着いた生活を取り戻している。

■──この事例から学んだこと

ネグレクトなどの虐待防止の取り組みにおいても、子育てをしている世帯の貧困は注視しなくてはならないテーマである。また義務教育を受ける年齢の子ども達に対する、教育の支援や生活の支援を考えた場合、小学校や中学校の役割は、社会的な支援の柱となる。

子ども達への福祉的な支援を考えた場合は、問題が顕在化した後の対応以上に丁寧な初期対応や予防的な対応が重要である。虐待や不登校のリスクが感じられるケースについて、予防的な観点からは次の3点に注目し積極的な支援やかかわりを持つことは有効な手立てである。

①家庭の生活環境の変化
- 両親の離婚や別居、転職や離職、親の再婚と新しい家族との共生。
- 学年や学期が変わるタイミングではない時期の急な転校や転入、校区外からの通学等。

②母親（父親）のメンタルヘルス
- 精神疾患やうつ傾向、病気等によるパワレス、被害的な意識や言動。
- 学校に対する過度な要求や他罰、攻撃的な意識や言動。

③生徒児童の低学力
- 親は特別支援教育を希望していないが、過度の学力不振等あり（学習障害、知的障害や発達障害の可能性が認められる）。

　今回の事例においてもこの３点の内容がそれぞれ当てはまる。複合的な課題を抱えた世帯を教育の専門職だけで支えていくことは不可能で、SSWやSCといった校内資源の活用、また校内のネットワークを活用した「チーム学校」としての取り組みが期待される。

　また児童相談所、警察、保健師、家庭相談員、民生委員といった校外の社会資源や、子ども達のことを真剣に考えていただける人達と学校がつながることも重要である。そして、子ども支援のチームとして機能することが虐待の予防や早期発見につながってくる。

　2013年に出された「子どもの貧困対策の推進に関する法律」の第２条では子どもの貧困の対策について次のように述べられている。

　「子どもの貧困対策は、子ども等に対する教育の支援、生活の支援、就労の支援、経済的支援の施策を子どもの将来がその生まれた環境によって左右されることのない社会を実現することを旨として講ずることにより、推進されなければならない」

　2008年のリーマンショック以降、生活保護家庭の子どもや就学援助を必要とする子どもの数が急増し、社会的に取り組まなければならないテーマとして認識されるようになってきた。2000年の「児童虐待の防止等に関する法律」の施行からは、子ども虐待の問題も児童相談所への通報や相談の急増という形で顕在化してきた。そして学校現場においては、子どもの貧困の問題や社会環境の大きな変化が、進路実現の困難、低学力、不登校といった形

で、教育の保障に影響与えていることが認識されてきた。「チーム学校」という考え方の提唱も、こうした認識から生まれていると考えていいだろう。

　子どもの権利擁護を考える場合、子どもたちが安心・安全な環境で育ち学ぶこと、さまざまな虐待行為から守られることは最優先の課題である。しかし子ども達を取り巻く社会環境は、必ずしも適切とはいえない状況であり、現在は法的な手段も講じながら、子どもの生命や生活、健康を守らなければならない事態になっている。

　またネグレクトなどの子ども虐待の加害者側である大人も、子どもの時に虐待を受けている例も多い。子どもを放置し無視する、食事を十分に与えない、病院に連れて行かない、こうした負の経験を受けてきた人に寄り添うこと、虐待を受けた子どものケアと共に大人へのケアも大切である。こうした場合、それぞれのケアについては別々の専門機関や専門職が担当する必要がある。2016年には「障害者差別解消法」が施行されており、公的機関では合理的配慮の提供が義務となっている。学校現場でも障害の有無にかかわらず、福祉的なニーズの多様化が進んでいる。これまでの一般的な教育や一律の生徒への指導では対応できない課題について、それぞれの子どもの特性に応じた計画的な個別支援や福祉的なケアが求められている。

文　献

福岡教育委員会（2008）『スクールソーシャルワーカーの活用について Q&A』
門田光司、鈴木庸裕編（2010）『ハンドブック学校ソーシャルワーク演習』ミネルヴァ書房
マクリーン、シヴォーン／ハンソン、ロブ著、木全和巳訳（2016）『パワーとエンパワーメント』クリエイツかもがわ
日本学校ソーシャルワーク学会編（2008）『スクールソーシャルワーカー養成テキスト』中央法規出版
小田謙三、杉本敏夫、久田則夫編（1999）『エンパワメント　実践の理論と技法』中央法規出版
大江ひろみ、山辺朗子、石塚かおる編（2013）『子どものニーズを見つめる児童養護施設のあゆみ』ミネルヴァ書房
大西　良編（2012）『精神保健福祉士のためのスクールソーシャルワーク入門』へるす出版
齋藤卓也（2016）『いじめから、わが子を守る具体策』アントレックス

第11章

児童養護施設における支援

坂田正輝(児童養護施設シオン園)

1 児童養護施設とは

　児童養護施設は、「保護者のいない児童、虐待されている児童、その他、環境上養護を必要とする児童を入所させて、これを養護し、あわせてその自立を支援すること」(児童福祉法第41条)を目的とした児童福祉施設の一つである。

　児童養護施設は、建物の構造と設置場所、居住人数等により、大舎制、中舎制、小舎制、グループホーム、地域小規模グループホーム等に分類される。大舎制は、戦後の日本の児童養護施設のスタンダードな形であり、20名以上が集団で生活している。小舎制は、12名以下の子ども達が一軒家で、固定された職員と共に、家庭的営みを体感しながら生活を送る。中舎制は大舎制と小舎制の中間的存在である。グループホームは少人数(6～8名)を基本とし、小舎制よりさらに家庭的な雰囲気の下、子ども達が暮らすことができるようになっている。

　現在、日本の児童養護施設は大舎制が多くの割合を占めているが子どもの最善の利益のため、平成41年度までには、全国の児童養護施設は、厚生労働省が描いている「社会的養護の課題と将来像」の計画(家庭的養護推進計画)の下、45名以下の小規模施設となる予定である。同時に、社会的養護が必要となった子ども達には、里親委託が推進されることになっている。

2　シオン園の概要

　筆者の勤務するシオン園は、ルーテル教会アメリカ人宣教師モード・パウラス女史によって、1948年に設立された。ホームと呼ばれる建物が4つあり、「ヨセフ」男子ホーム14名が職員5名と共に暮らし、「マリア」女子ホーム13名が職員5名と共に暮らす中舎制のシステムである。残り2ホームは、「ルツ」女子ホーム8名、「イサク」男子ホーム8名にそれぞれ職員が3名で暮らす小規模グループである。年齢は縦割りで構成され、きょうだいなど可能な限り一緒に暮らすことができるようになっている。ホーム（家）であることの意識付け（帰属意識）、養育者の一貫性を重視するため、基本的には、一度ホームが決まると、子ども、担当職員ケアワーカー（以下、CW）のホーム移動はしないようにしている。子ども達は、それぞれのホームから幼稚園、小・中・高校に通い、家庭的な雰囲気を養育者である職員と共に疑似体験しながら生活を送っている。昨今は、家庭環境に恵まれない場合、積極的に20歳までの措置延長が推奨されており、シオン園でも就労しながら、自立に向けて準備している子どもがいる。

3　入所者の特徴

　2000年の社会福祉基礎構造改革以降、社会福祉制度が契約という形に移行した中、児童養護施設等においては、児童相談所が保護者に同意を得て、児童養護施設等に措置を行う（児童福祉法第27条第1項第3号）。
　措置ケースは、(1) 関係機関が関与して、児童相談所と保護者が協議し施設入所に同意するケースと (2) 関係機関の関与を保護者が拒否し、家庭環境が改善されずに児童相談所が職権で強制一時保護を行い、その後、保護者に施設入所の同意を得るケースに大きく分かれる。後者のケースにおいて支

援が難しいのは当然であるが、前者のケースにおいても、保護者としては、児童相談所等へ自ら相談していた、保護者として子どもを養育していたという意識を持っているため、入所に至った原因を子どもにすることが多く、養育に課題があった、養育環境を整えなければならないという理解につながらないことがあるという難しさを抱えている。

　シオン園に入所している子ども達の約8割が虐待を受けて入所に至っており（全国平均60％）、厚生労働省の発表等では、身体的虐待、心理的虐待、ネグレクト、性的虐待の被害の割合が示されているが、子ども達はそれらの虐待を重複して受けていることが多い。また、新規入所の子ども達の約7割が中学生以上となっている。そのため、衣食住を基盤とした単純養護のみの支援では子ども達を自立に導くには困難であり、施設内に配置された臨床心理士、外部機関の児童精神科医等と共に心のケアや発達支援を行うことが必要である。しかし、入所年齢が高くなるほど、虐待を受けた心の傷や取り残された発達課題等を補うことは難しく、十分に支援できていない現状があるのも事実である。

4　ネグレクトの意味

　ネグレクト状況下で育った子どもの課題はさまざまであり、特に、愛着に起因する対人関係の不得手さ、自己肯定感の低さ、将来への展望のなさ（意欲の低さ）などが目立つように感じる。シオン園では、まずは、一定したCWが子どもへ安心・安全を提供し、衣食住を保障した上で、CWとの関係性を基盤として、被虐待に伴う個別の心理的ケア、発達支援、将来を見据えた社会スキル等の獲得を行う。これらと同時に、家庭支援専門相談員（以下、FSW）を中心に、児童相談所や地域の子育て支援課と共に、家族関係の再構築支援が行われるのだが、保護者に関しては、何世代にも渡って今の問題を繰り返しているため、支援の糸口さえ見出せないほどの根深さを抱えている。

　そこで、シオン園における子ども、保護者支援の入り口は、「なぜ施設に

入所することになったのか」「子どもを含めた家族がどのような家族の営みを送ってきたのか」を限られた情報を基に想像することから始まる。そのために子ども自身、保護者自身、関係機関から情報収集を行うのであるが、これらの過程が、子どもの理解、保護者を理解し、受容することにつながっていく。ネグレクトは現象面であり、支援者側の固定概念に縛られることなく、子ども理解、保護者理解につなげることが児童養護施設の支援において重要だと考える。そして、家族をシステムとして捉え、どのような影響を受け、ネグレクトにつながったのかについて検討することが重要であると考える。

5　ネグレクトに至る家族の特徴

　2000（平成12）年度（筆者がシオン園に入職した年）から2015（平成27）年度までにシオン園に入所したケースは81世帯あり、世帯別にみると母子世帯の割合が一番多く47ケース、次いで両親世帯16ケース、父子世帯11ケース、祖父母世帯7ケース、親族等1ケースとなっている。その中でネグレクトが主訴として入所に至ったケースは27世帯（入所の3分の1）あり、母子世帯17ケース、両親世帯6ケース、父子世帯4ケースという内訳になる。親族世帯および祖父母世帯からはネグレクトケースが発生しておらず、児童相談所からの情報から考えると、祖父母世帯においては、子どもの成長につれ、祖父母の体力、体調面から子どものしつけに苦慮し、自ら市町村の子育て支援課に相談され入所につながっていることが窺える。しかし、祖父母が養育しているということは、両親が何らかの理由で養育を放棄している状態であり、もともとはネグレクトケースであった可能性も考えられる。

　ネグレクトケースを、①入所時の保護者の年齢区分、②就業形態、③第1子出産時の母親の年齢、④子どもの数、⑤保護者の障がいの有無、⑥地域との交流の有無、⑦親族との交流の有無、⑧入所前の関係機関の関与の有無という視点から、両親世帯、母子世帯、父子世帯に分類すると以下のような表になる。

両親世帯（6ケース）

表2−11−1　入所時の保護者の年齢区分

20〜25歳	26〜30歳	31〜35歳	36〜40歳	41〜45歳	46〜50歳
2	1	0	0	2	1

表2−11−2　就業形態と家族形態

【初婚】

父 \ 母	非正規雇用	無職
正規雇用	2	0
無職	0	1

【再婚（ステップファミリー）】

父 \ 母	性風俗	無職
正規雇用	0	1
性風俗	2	0

表2−11−3　第1子出産時の母親の年齢

15〜20歳	21〜25歳	26〜30歳
2	2	2

表2−11−4　子どもの数

1人	2人	3人	4人	5人	6人	7人	8人
3	1	0	1	0	0	1	0

表2−11−5　三障がいの有無

	障がいあり	障がい疑い	障がいなし
父	0	0	0
母	1	5	0

表2−11−6　地域との交流の有無

交流あり	交流なし
1	5

表2−11−7　親族との交流の有無

交流あり	交流なし
2	4

表2−11−8　入所前の関係機関の関与の有無

関与あり	関与なし
6	0

母子世帯（17ケース）

表2−11−9　入所時の保護者の年齢区分

20〜25歳	26〜30歳	31〜35歳	36〜40歳	41〜45歳	46〜50歳
3	3	2	4	3	2

表2−11−10　就業形態　※重複あり

非正規雇用（パート）	正規雇用	夜間飲食業	性風俗	生活保護
9	1	5	1	2

第11章　児童養護施設における支援

表2－11－11　第1子出産時の母親の年齢

15～20歳	21～25歳	26～30歳
6	7	4

表2－11－12　子どもの数

1人	2人	3人	4人	5人	6人	7人	8人
3	6	3	0	1	1	0	3

表2－11－13　三障がいの有無（母）

障がいあり	障がい疑い	障がいなし
5	5	7

表2－11－14　地域との交流の有無

交流あり	交流なし
1	16

表2－11－15　親族との交流の有無

交流あり	交流なし
10	7

表2－11－16　入所前の関係機関の関与の有無

関与あり	関与なし
16	1

父子世帯（4ケース）

表2－11－17　入所時の保護年齢の区分

20～25歳	26～30歳	31～35歳	36～40歳	41～45歳	46～50歳
0	1	2	0	1	0

表2－11－18　就業形態

非正規雇用（パート）	正規雇用	夜間飲食業	性風俗	自営業
0	1	1	1	1

表2－11－19　第1子出産時の母親の年齢

15～20歳	21～25歳	26～30歳
1	1	0

＊2名は不明

表2－11－20　子どもの数

1人	2人	3人	4人	5人	6人	7人	8人
2	1	0	1	0	0	0	0

表2－11－21　障がいあり

障がいあり	障がい疑い	障がいなし
0	0	0

表2－11－22　地域との交流の有無

交流あり	交流なし
0	4

表2－11－23　親族との交流の有無

交流あり	交流なし
2	2

表2－11－24　関係機関の関与の有無

関与あり	関与なし
3	1

ネグレクトケース全般をみると非正規雇用や夜間飲食業、性風俗といった就業に従事していることが多いことがわかる。非正規雇用のため、収入が少なく貧困に陥りやすいこと、収入を得るために仕事を掛け持ちすることで在宅不在時間が増えてしまうことが結果としてネグレクトにつながっていると考えられる。日本の6人に1人の子ども（16.3％）が貧困状態に置かれていると言われているが、シオン園におけるネグレクトケースにも「貧困」という共通点があるように思われる。また、厚生労働省の調査結果（人口動態統計）によると2000年当時の第1子出産平均年齢が28歳であるのに対し、シオン園に入所している子どもの母親の第1子出産時の年齢が低いことがわかる。第1子出産が早いことより十分な出産環境が整わないことで子育てに十分な力を注げなかったり、貧困、職業経験の未熟さ等により夜間飲食業や性風俗で働かざるをえず、夜間、子どもだけで過ごす事態になっていることが、ネグレクトにつながっていると考えられる。さらに、地域との交流がない世帯も多く、地域から孤立していることで周囲に助けを求められない状況にあること、同時に家庭がネグレクト状態にあることが周囲から気づかれにくいことがネグレクトを助長させていると推測される。

　父子世帯については、母親についての情報が不足しており、不確かだが、両親世帯、母子世帯においては、三障がいのいずれかを抱えている母親が多いことがわかる。子どもの子育てを母親が任せられることが多い中、知的障がいや発達障がい、精神疾患を抱えることがネグレクトのリスクを高める要因の一つとなっていることが窺える。また、すべてがそうとは言えないが、子どもの数の多い母子世帯では、母親が母親としてではなく、女性として生きていたり、父子世帯においては、内縁者との出会いが、子ども中心に考えるべきところを、内縁者中心、自己中心に生活が成り立っていたりすることが多く、その結果、ネグレクト状況を生み出しているように感じられる。

6 事例でみる支援の実際

CASE　長期間地域で支えられて、入所へ

■──家族構成

母親：A子　派遣職員
本児：B男　小学校高学年
妹　：C子　小学校低学年

■──生活歴

【母親】

　地元の高校を卒業した後、他県で事務員として就労。職場関係の年上の男性と知り合い20歳で結婚。2児を授かるが、DVが原因で25歳の時に離婚。祖母を頼りに地元に帰ってくる。祖母と同居しながら就職して生活を始めるが、すぐに職場で男性と出会い、内縁関係となる。2児への養育が行き届かなくなると共に内縁男性から2児に暴力が起こる。2児は施設に保護。28歳の時に内縁関係が破たん。30歳の時にB男の父親と結婚し、B男を出産。C子が出生後、借金問題で離婚。同時期に祖母が家を出る。

【本児】

　A子は不在が多く、祖母に育てられる。C子の出生後間もなく両親が離婚し、同居していた祖母も家を出ていく。A子は、昼は子ども達を保育所に預け、仕事を転々としつつ、夜は飲食業で働き子ども達を養育していた。保育所によると、朝食はまったく食べてこず、風呂にも入っていなかったとの事で、保育所が食事面や衛生面をサポートしていた。A子には、保育所や行政から指導・改善が促されるが、その場だけで悪化する一方であった。

　B男が年長になると、夜間、子ども達だけで留守番し、A子の帰りを待つ日々が多くなり、時には子ども達を夜に連れまわすこともあった。小学生になると衛生面に加えて、登校渋りが目立つようになり、小学校の先生が頻繁

に自宅に迎えに行っていた。小学校3年生時には、子ども達だけでほとんど夜を過ごすようになり、食事はA子が用意したパンやコンビニ弁当が1日1食分だけ用意されていたが、食事のない日もあったため、地域の児童委員が訪問し、食事の面をサポートしていた。しかし、B男は次第に現状を理解し、訪問を拒絶し始め、A子のことを尋ねても口をつぐむようになった。この頃から万引き、学校での暴言などの行為も見られるようになり、火傷の痕が見つかったことから職権による一時保護となった。

■——事例との出会い

一時保護期間が2ヵ月近くになった頃、A子の同意が取れたため、すぐに措置したいという連絡が児童相談所から入り、施設内での検討後、受け入れた。入所1ヵ月後、今後の支援に関して児童相談所でA子と面談に至った。A子は開口一番、「子どもをとられた」「人さらい」「騙された」「返せ」と大きな声で児童相談所の批判を繰り返した。事前に家族が生活していた地域に出向き、保育所や学校、児童委員から、家族の状況について話を聞き、心構えをしていたつもりであったが、A子の様子に衝撃を受けた。

■——ネグレクトの状況

<住環境>
- 1トントラックに積みきれないほどのごみ（足の踏み場がない）
- 家の中にカビが点在
- 汲み取り式のトイレが満杯
- キッチンの水道が使えない

<子ども達の現状>
- 朝食を食べてこない（まともな食事が摂られていない）
- 汚れた服を着用
- お風呂に入っておらず、髪がベタベタ、においがする
- シラミが髪にいるが治療されない
- 夜間に子ども達だけで生活している
- 数か所の火傷の痕
- コンビニで万引き

- 不登校

■——支援の経過と工夫
①アドミッションケア（入所時の支援）
　B男らを受け入れる前に児童相談所から渡される児童票（児童相談所が措置する際に必要な情報が記載されている書類）を職員全員で読み、家族の情報を共有した。同時に、家族を理解していくためにどのような情報が必要なのかを見つけ、児童相談所に情報提供を依頼し、情報整理を行った。その上で、施設として生活するホームや担当職員を決定し、子ども達の今後予想される課題について、事前に準備できることや工夫することを考えた。また、子ども達の不安を軽減し、少しでも施設に安心してくることができるように児童相談所で面会をした。

　子ども達にとって施設に入所した日は鮮明に記憶に残る。B男らを歓迎し、入所に少しでも良い印象と良い記憶が残るように、B男らの好きないちごと寿司を準備した。B男らは、遠慮がちであったが、喜んで食事を食べていた。また、子ども達は入所について誤った認識を持っていることが多いため、なぜ、施設で生活することになったと思っているのかを確認した。B男は「自分が学校に行ってなかったり、万引きをしたから」と述べた。このような理解は、自分が悪かったから施設に来たんだ。自分がちゃんとしていればよかったんだ」という認識につながり、B男の成長を歪める恐れがあるため、「大人が家族全員のことを考えて施設で生活した方が良いことを決めたんだよ。決してB男のせいじゃないよ」と再度入所理由を説明した。これは1回だけではなく、生活を担当するケア・ワーカー（以下、CW）が、日常生活の中で子どもの思いを受け止めながら、子どもが施設で暮らしている理由を自分の言葉で語ることができるようになるまで、何度もその修正を繰り返した。

　家族に対する理解を深めるため、地域を訪問した際、A子自身もネグレクト家庭で育ち、村八分状態だったこと、A子が地域の人から借金をして踏み倒していたことを知った。このような情報から家族の歩みを想像し、なぜネグレクトにつながったのかを考えた。そして、さまざまな情報を基にB男を中心にした自立支援計画を作成し、長期目標を「B男が施設から自立す

ること」「B男がCWと共にA子と新たな関係性を構築していくこと」とした。しかし、A子は「私は虐待をしていない。子どもを盗られた。同意は騙された。引き取りをしたい」と主張し、B男は「家に帰りたい。A子と暮らしたい」と主張した。関係者で協議し、A子、B男の主張はあるが、B男には落ち着いた安心・安全な生活環境を提供することが大切であると判断し、B男の思いをしっかりと受け止めつつ、B男が施設で子どもらしい生活ができるように目指した。A子には、家族関係の再構築というよりも、B男がA子に振り回されないように、当時FSWであった筆者がA子の施設側の窓口として対応し、児童相談所と連携しながら支援を開始した。

②インケア（入所中の支援）

シオン園での生活が始まり、B男は15名の男子ホームで過ごすことになると、他の子ども達とスムーズに学校に登校するようになった。一方、どの子どもにもみられることだが、入所後1ヵ月頃にB男の施設での不適応行動が目立つようになった。自分より下の子ども達に暴言やちょっかい（暴力）を出すことが多くなった。CWがその仲裁に入るたびに「だってあいつが悪い」と主張を繰り返し、年下の子ども達に本気で怒り、自己コントロールを失い、CWにも暴言を吐きながら反抗するようになった。学校においても同様の行動が友達や先生に見られ始め、周囲との軋轢を生みだしていった。これは、B男がCWとの日々の安定したかかわりの中で、自分自身で知らない内に抑圧してきた感情を表出し、大人を試していく時期であった。日常を支援するCWにとって、毎日トラブルの対応に追われることとなり、最初の正念場を迎えた。このような状況を乗り切るために、施設内に配置されている専門職（臨床心理士、FSW、里親支援専門相談員）とケースカンファレンスを実施したり、外部のスーパーバイザーからスーパーバイズしてもらったり、児童相談所等の関係機関と連携したりした。また、B男は臨床心理士と心理療法を行いながら心の整理を行いつつ、対人関係の苦手さはソーシャルスキルトレーニングを行い、生活を基盤とした治療的療育を継続していった。

A子とB男の交流は、施設内面会から外出という具合に段階を踏むことにした。2度目の外出後、A子は「先生たちは、私のことをバカにしてい

る」「監視しているみたいな目つきで見ている」「児童相談所に子どもを無理やり盗られた気持ちがわかりますか」と話した。Ａ子の怒りの感情は、「子ども達を入所させてしまった自分に対して、関係者からダメな母親であるというレッテルを貼られたこと＝親としての誇りの喪失」や「施設へ子ども達に会いに来ること自体の敷居の高さ＝いつ自分のことを責められるのかわからない恐怖」ではないかと感じた。Ｂ男がＡ子に振り回されないようにというアドミッションケアの支援の考え方から、目の前のＡ子の対応に追われるだけになり、Ａ子の気持ちを想像することができていなかったこと、Ａ子にはもっと受容や共感が必要であったことを痛感した。そこで、当たり前のことではあるが、来園時には積極的に笑顔で挨拶を行い、気持ちよく応接室に通すようにし、緑茶ではなく、Ａ子の好きなコーヒーを準備するようにした。Ａ子に積極的にＢ男らへの思いを聞くようにしたり、学校行事、施設の行事に招待したりした結果、徐々にだが、Ａ子の対応に変化が見られるようになった。

　Ｂ男は中学校に入学すると、剣道部に入部し、練習と試合で忙しい毎日を送るようになった。そのため、練習が休みの日は友達と遊びに行く等、自分のために時間を使い始め、月２回のＡ子との交流を断ることが多くなった。そして、今までＡ子になんでも相談していたＢ男だったが、剣道部の顧問やＣＷに相談を持ちかけるようになった。すると、自立し始めたＢ男に対して、Ａ子の葛藤が始まった。Ａ子は来園したり、電話してきたりしては、「小学校の頃は、外出や外泊を喜んでいたのに、今は、お盆や正月も帰らないという。私は親としてそれを楽しみに生きているのに、生きる希望がなくなった。死ねばいいんでしょう」「先生が親やもん、私は必要ない」と話した。時間をかけ、ゆっくりとＡ子の思いを受け止め、Ｂ男の施設や学校での成長している姿を伝えるようにした。当時、Ａ子は、職場での借金、転職、逃げるような引っ越し等の問題を抱えており、Ａ子自身が問題に直面すると子どもを引き合いに出す傾向があることがわかり、Ａ子自身の抱えている問題の根深さにも気づいた。

　Ａ子が大きく変わった節目の一つとしてのＢ男の高校進学があり、「Ｂ男に将来に対して自立できる大人になってもらいたい」という言葉が聞かれた。それに伴い、外出や外泊時だけでなく、何もない時でも世間話に来園す

るようになった。そして、これまで語られることがなかった自分自身の生い立ちや困っていることを話し、施設がA子にとっても安心できる場所の一つとなった。

B男は高校3年生になり、剣道を継続して取り組んでいたことを評価され就職が内定した。施設退所時にスーツを来てお別れのセレモニーでB男が挨拶する姿を見て、A子は「私ではここまで育てることはできなかったです。先生方に感謝しています。感謝してもしきれないです」「あの頃（入所当時）が懐かしいですね」と話した。

■――変わった点と変わりにくい点

①変わった点
- B男が目標を持ち、施設生活を送ることができた
- A子が相談できるようになった（人を信じることができるようになった）

②変わりにくい点
- 家族が一緒に生活を送ること
- A子の成育歴上の課題（自己肯定感の低さ、嘘等）
- A子の浪費癖と借金
- A子とB男の対人関係トラブル

■――この事例から学んだこと

この事例を通し、A子が育った家庭環境を含めて、ネグレクトに至る家族の歩みを理解することが、子どもの支援を施設で行っていく上で大切であると学んだ。幼少期から大人になるまで、適切に社会や大人にケアされなかった生活環境がA子のネグレクトを生み出しており、A子自身も加害者でありながら被害者であった。ネグレクト状況下で生活した子ども達の愛着や発達課題のケア（トラウマケア等も含む）は、非常に時間がかかり、その支援は困難で根気が必要であるが、日常生活を担当するCWが丁寧な支援を提供し続けることが、子どもの成長回復につながっていく。A子のような育ちを繰り返さないためにも、施設に来た子ども達への丁寧なケアが必要であることをB男の育ちと共に感じさせられた。そして、ネグレクトに至る親自

身の生きづらさを想像、受容し、その人が持っているレジリエンスを引き出しつつ、親を子どもが望む親像までいかに導くかが、ネグレクト状況下におかれていた子どもの成長を促す（自立に導く）大切な要因であると考える。

第12章

情緒障害児短期治療施設における支援

山口和浩（大村椿の森学園）

1　情緒障害児短期治療施設とは

　児童福祉に関わる専門職を除くと「情緒障害児短期治療施設」という名称は福祉関係者の中でも馴染みがない者も多く、児童福祉の中では通称「情短」と呼ばれている。
　情緒障害児短期治療施設（以下、情短）とは1961年の児童福祉法一部改正の際に、加わった児童福祉施設の一つであり、現在は全国に43施設（平成28年3月現在）存在している。
　児童養護施設は、親等からの虐待を受けて共に生活をしていくことが困難、生活能力や経済的困窮などから十分に養育することが困難といった事情等から、親等と離れて生活する児童が暮らしており、衣食住を提供し、地域の学校に通わせるという教育の保証を親に代わって支援していく代替養育の施設である。一方、情短は、児童養護施設と同様に生活の場を保証し、加えて心理治療的なアプローチを行う施設である。
　情短は児童福祉法第43条の5で「軽度の情緒障害を有する児童を、短期間、入所させ、又は保護者の下から通わせて、その情緒障害を治し、あわせて退所した者についても相談その他の援助を行うことを目的とする施設とする」と規定されている。
　もともと、情短は低年齢化する非行問題、小学生の不登校の増加に伴う対応が大きな役割であり、当初は「おおむね12歳未満」を対象とされていた。しかし、その後は中学生以上の不登校や家庭内暴力の増加、子ども虐待

の顕在化などの背景から、思春期の児童や被虐待児童に対する支援の受け皿としての役割も担うようになり、1997年の児童福祉法一部改正の際には対象年齢の制限は撤廃されている。特に近年では、被虐待児童の受入れは非常に多く、平成28年4月の「社会的養護の課題と将来像」（厚生労働省）によると、被虐待児童の割合が、児童養護施設59.5％、児童自立支援施設58.5％に対して、情短71.2％となっており、情短における被虐待児童は際立っており、被虐待児童のケアは情短の大きな役割として求められている。また、全国情緒障害児短期治療施設協議会の調査によれば、平成25年度中に入所した児童のうち、68.5％が被虐待児童であった。虐待の内訳（重複回答）をみると、身体的虐待59.1％、ネグレクト45.7％、心理的虐待33.3％、性的虐待9.8％の順であった。なお、情短は平成28年の児童福祉法の改正に伴い、平成29年4月から「児童心理治療施設」と名称が変わることとなる。

2　大村椿の森学園の概要

　大村椿の森学園は長崎県の県央部に位置する大村市の小高い山の上にある。平成15年に、精神科医療の中でも児童精神科にも力を入れている医療法人が母体となり開設された。精神科医療との協働を図りながら治療にあたることを想定され、病院と施設は隣接している。建物は鉄筋コンクリート3階建で、1階には心理検査室、医務室、事務室、食堂といった治療部門や管理部門としての機能を備え、2階、3階が入所児童の居室スペースとなっている。居室スペースは2階、3階ともに男女の間仕切りがあり、4つユニットに区分けをされている。居室は個室22室、4人部屋4室、2人部屋1室となっているが、入所をしている児童の多くは集団での適応に課題を抱えているため、4人部屋の利用をできるのは、入所後に一定の治療が進んだケースである場合が多くなっている。

　また、情短の一つの特徴として、多くの施設は施設内あるいは施設に隣接する地域の小中学校の分教室等を有しており、大村椿の森学園でも同様に地元の小中学校の特別支援学級として設置されている。

当園は1人の児童に対して、児童指導員・保育士、心理セラピスト、医師の3人を担当職員として配置する。児童指導員・保育士は生活全般を中心に支援し、身の回りのケア、日常生活や学校教育における課題への援助等を担う。心理セラピストは当直も含めた日常的な生活援助に加え、心理面接や心理検査を通しながら行動面や心理面に対する見立てを行いながら、治療方針を定める役割も担う児童の治療における中心的存在である。医師は定期的な診察・面接、必要な場合には薬物療法、入院治療を担っている。こうした、担当職員の配置からもわかるよう、児童養護施設等と大きく異なるのは、心理セラピストや医師といった「治療」を行う専門職員が配置されている面である。専門的な心理療法を用いた心理治療を行うことはもちろんだが、多くの子どもたちが乳幼児期から受ける親からの日常的なケア等の生活体験が十分に与えられておらず、その結果として情緒的な発達に何らかの課題を抱えている。したがって、虐待が繰り返されるような過酷な生活環境ではない、安全で安心した環境の下で日常的なケア、遊び、周囲の人の交流が行われること自体が、入所する子どもたちの情緒的な発達につながる治療的な意味合いを持つ。そして、それは専門職だけでなく、調理員や事務員などであってもその役割を担うことがある。どんな時でも安定的に食事を提供してくれること、それぞれが体験的に身につけた生活力や知恵を何気ない会話の中でしていくことさえも、これまで自分たちを脅かし信頼がおけなかった「おとな」という存在に対しての認知を変えていく有用な機会となる。

　心理、生活、学校教育といった領域を一体となって支援してくことから情短では、施設での治療をしばしば「総合環境療法」という言葉を用いる。

　現在、大村椿の森学園には約30名が入所、約10名が通所している。入所部門において、男女はほぼ半数である。年齢構成は全国の情短で入所児童の約8割が小中学生となっているのに対して、中卒以上の児童の入所数が5割以上と高年齢層の児童が多いことが特徴である。背景には、情緒的な混乱から児童の問題行動が顕在化してくる中学生後半での入所となっているケース、精神科医療機関が隣接していることから「軽度の情緒障害」ではなく、他の施設でも対応困難と思われるような重篤なケースが多いことが示唆される。身体的虐待、心理的虐待、ネグレクト、性的虐待のいずれかの被虐待体験は72％で、そのうちネグレクトは22％の児童に認められる。平成25年度の

全国情緒障害児短期治療施設協議会の入所児童における調査ではネグレクトが45%であることから当園のネグレクトケースはやや少ない状況である。しかし、ネグレクトケースの内50%は児童養護施設を中心とした児童福祉施設の入所経験を有していた。親の養育の放棄、怠慢といったネグレクトであっても、保護された児童に情緒的な問題が顕在化していない場合等は、元来から児童の生活に対するケアを重点的に行ってきた児童養護施設で支援されている児童も多い可能性がある。

　もともと、子どもは大人の援助がなくては生きていくことさえできない。それは、幼い年齢であればより一層である。しかし、衣食住が脅かされたり、十分な養育が提供されないような、ネグレクトの影響は、心身の健全な発育や成長における課題、基本的な信頼・安全の獲得における課題、愛着形成の課題等が挙げられる。以下は、ネグレクトの環境下で育ち、複数の課題を抱える児童を当園で援助した事例を紹介する。

3　事例でみる支援の実際

CASE　母親の養育能力・生活能力不足によるネグレクトと暴力

■——家族構成

　家族構成は母親、本児（女児）、妹、弟、母方祖父の5人で同居している。実父は飲酒による母親への暴力行為等が絶えず行われることに耐えかね、本児が10歳の時に協議離婚しており、離婚後は一切の交流はない。実父からの暴力の中心は母親に対してであるが、本児らに対しても時折暴力が認められていた。

■——ネグレクトの状況

　当ケースは離婚後に、母方の実家近くに転居している。転居後は家族4人での生活となり、経済的困窮もあり、食事が十分に提供されないこともあっ

た。ごみの分別、部屋の内外を問わず整理整頓ができない等の衛生面での問題から、隣人トラブルもたびたび発生していた。学校登校は何とかできるものの、提出物の不備、忘れ物も多く、併せて本児らの服装や身なりが整えられるようなことはなく、本児らから異臭がでることもあった。こうした養育環境上の不備だけではなく、母親は本児らに対して怒りをぶつけることや、学校に対して苦情を繰り返すなどの行為もあった。その後、家主より退去命令があり、母方祖父宅での同居生活となる。借家退去の際には、部屋の中は衣類やごみが散乱しており不衛生な環境であった。

　また、母親自身は知的能力が低く、理解力、母性にも乏しく、怒り以外の感情表出はほとんどない人であった。母親と本児は短時間の会話であっても、すぐに言い争いに発展してしまうことが多く、母親と本児のかかわりは叩く、大声で怒鳴る等の対応が中心となっていた。施設での援助を行う中で、後に判明したことではあるが、同居後には母方祖父から常習的に性行為を求められる性的虐待も存在していた。

■──支援までの経緯

　小学校高学年から教室を頻繁に飛び出す、空き教室に隠れる、時には屋上で自殺をほのめかすような言動が出現し、学校内においてもリストカット等の自傷行為も頻回にするようになる。また、家庭内においても養育機能不全の状態は継続しており、昼夜を問わず母子の言い争い、言い争いからの家出行為も繰り返されるようなり、当園入所となる。

■──入所当初の様子

　入所当初から落ち着きなく施設内を歩き回る、昼夜を問わず頻繁な無断外出等の行動が繰り返される。職員に対しては反抗的な面があったが、本児の好きな職員に対してはべったりと甘える様子があったかと思えば、暴力的に関わったりと極端な感情表出であった。また、職員が他の児童の対応をしていたり、本児からの要求を待たせるようなことがあると、壁叩き、器物破損等の行為が繰り返される。特に本児からの要求に対して、即時的な対応ができない場合には、感情コントロールをできずに器物破損、無断外出、自傷行為等の激しい行動化が出現していた。周囲の大人への信頼感は乏しく、安定

的なかかわりは困難な状況であった。

　食事場面では食べこぼしが多く、同時に口周りに食べ物が付着していても気にすることもない。日常生活の食事場面では食事量は少なかったが、入所直後に行われた入所児童全員での食べ放題のバイキング店での外食会では、皿いっぱいに好きな食べ物を盛り、ひたすらに食べ続けていた。盛っては食べ、盛っては食べを繰り返し、すでに満腹だろうと思われる状況であっても自己制御することもできずにひたすらに食べ続けていた。これは食事を満足に与えられずに、食べられるときに食べておかないと、次にいつ食べ物にありつけるかわからないという、ネグレクト環境で育った子どもに見られる特徴でもある。

　基本的な生活習慣では、洗顔、歯磨き、入浴、着衣の着替えなどが身に付いていない状況であった。そのため、着衣の汚れ、髪の毛のべたつきなどは特に顕著であり、不衛生で無頓着であった。一方、排便に関しては自立をしていた。

■──施設での支援

　生活場面においては、入浴、洗面、歯磨き等の身だしなみや基本的な生活習慣に対して、職員の声かけによる促しを行うことで、日課の定着を図ることから支援を開始した。いずれの場面においても、本児自身が自主的に行うことはほとんどないため、職員からの声かけが不足すると、すぐに乱れる状態は継続していた。洗面や歯磨き等は声かけでなく職員が一緒になり行いつつ、入浴時には洗髪の方法、身体の洗い方などについても支援を行った。

　また、学校場面においても、授業中にイライラしながらの教室の飛び出し、自傷行為と発展することがあるなど終日の登校は難しい状況であった。そこで、施設と学校との間で協議を重ね、学校としては登校の安定と学習に対する拒否感の緩和、施設としては登校に向けた生活リズムの確立、身だしなみの実施を連動的に取り組むこととした。具体的には、登校は朝会も含めた午前中のみの学習に取り組むこと、登校前に洗顔、歯磨き、髪の毛をとかして結ぶ、制服に着替えるという基本的なことを職員と一緒に行っていった。こうした取り組みを継続することで、身だしなみの定着を図り、同時に登校継続できていること自体を学校教員にも褒められるという体験を積み重

ね、何気ない毎日の取り組みの中でも自己肯定感が高まるような工夫を行っていった。

心理面接では、通常週1回50分の面接を基本としているが、本児の場合には、行動化が激しいことから、週2回30分の言語面接での構造として開始した。当初は生活場面における行動化の背景、対人関係に焦点をあてる面接を展開していたが、結果として行動化の増強につながっていると判断し、面接頻度はそのままで言語面接からプレイセラピーへと変更して実施していった。

さらに、本児の取り組み成果を自らも視覚的に評価できるよう、担当職員との間で「①朝の歯磨き、②朝の洗顔、③髪の毛を整える、④入浴、⑤寝る前にパジャマに着替える、⑥寝る前に歯磨きをする、⑦今日の一言」の取り決め、ポイント制を導入して取り組みへの強化を図った。

取り決めを行う際には、「①行うべき内容を具体的な項目にしていくこと、②評価は即時的に行うこと（できた時点で職員とのかかわりの時間が保障される、あるいはできていなくても職員と一緒に行え、もしくは補助されることで職員と関わる時間が保障される）、③ポイントは1週間単位として取り組みをリセットしやすい状況を作ること」を意図して設定した。また、身だしなみ等を本児自身が確認しやすいように、望ましい状態を写真に撮り、すぐに確認できるよう部屋に掲示する工夫も行った。

しかし、異食、暴力行為、自傷行為等といった激しい行動化は繰り返されるために、必要に応じて一時的な入院治療も行っていった。入院治療中においても、生活習慣の積み重ねを継続的に実施できるように、病棟看護師とも連携し、本児の課題として取り組んでいる身だしなみへのアプローチは入院中においてもケアプランの一つとして位置付けてもらうことにした。併せて、入院中においても担当心理士は週2回30分の心理面接、担当指導員の面会は週1回以上を継続して行うことで、見捨てられることに対する不安を取り除き、退院後の施設での生活にスムーズに戻ることができるようなイメージ作りを行いつつ、職員との信頼関係の構築を図った。

このような取り組みを継続する中で、生活場面においては本児にとって日課が理解しやすく、毎日同じことを繰り返していくことで、生活リズムは安定し、十分とは言えないまでも身なりを一定の状態で保つことはできるよう

になっていった。

　また、感情コントロールの課題は残しつつも、生活場面の取り組みで職員とのかかわりの時間が保障され、かつ複数の場面で褒められること、認められることにつながり、母親のような暴力や罵声ではない職員とのかかわりを続けることで、大人への信頼感の回復が図られ、生活の場としての安心感、職員との基本的な信頼関係が構築され、愛着形成にもつながっていった。

■──家族への支援

　入所後は月1回の面会、外出等を継続的に行うことで、本児へのかかわりが希薄にならないように配慮していくことを確認していたものの、電話料金滞納による電話の不通、面会の約束時に来園しない（後にわかったことであるが交通費を捻出できなかった）こともたびたびあり、家族交流においても経済的困窮は大きな課題として抱えていた。もともと収入が少ないだけでなく、計画的に支出すること自体も難しい状況であり、母親自身の生活能力の乏しさも顕著であったために、母親からの経済的な相談にも適宜対応をしていった。こうした、母親自身が抱える課題はあるものの、本児に対して一定の愛情は見受けられ、本児のかかわりの難しさやこれまでの母親の頑張りを労いつつ、不適切なかかわりは具体的な対応策を示した上で、面会、外出を繰り返していくと本児に対するかかわりは次第に安定してきた。また、運動会や保護者会等の学校行事への積極的な参加を促し、本児の成長と変化を実感してもらいつつ、併せて母親自身が地域とつながりやすくなるためにも、保護者としての学校との付き合い方、他の保護者との付き合い方等についても具体的な対応を支援していった。

　また、母親は本児が入所中に再婚、出産を経験。再婚後は、母方祖父宅を出て生活をしており、養父も含めた面会、外出も重ねていった。同時に入所前にあったネグレクトの状態においては具体的な改善策を示しつつ、家庭訪問を行うことで改善を確認し、短期間からの外泊へとつなげていった。短期外泊を定期的に行っていく中で、飲酒した養父から身体を触れること、過去に母方祖父から性行為を強要された等の性的虐待の事実も発覚し、児童相談所も含めての指導を行いつつ、一時的に外泊を中止するに至った経緯もある。養父が本児の身体を触ることに関して、母親はその行為自体を不適切と

考えることもなく、違和感さえもない状況であったため、食事や部屋の衛生等の養育面だけでなく、不適切なかかわりとされる状態を黙認するようなこともネグレクトと判断されることを説明すると、その後は本児を守るような言動も見られるようになり、養父からの接触もなくなった。

　家族関係の改善、本児の安定もあり、地域の福祉サービスも活用しながらの生活をしていく準備を整え、自宅復帰とする方針を設定した。母親は知的能力、生活能力、養育能力ともに低いために、自宅での養育において「望ましい行い」「望ましくない行い」を具体的かつ明確に伝えていった。また、本児にとっては感情コントロールの上で、薬物治療は継続的に行う必要であることから、薬物治療の必要性の説明、母親ができる服薬管理、本児自身の自己管理を段階的に設定し、外泊等でも繰り返し訓練を行いつつ、同時に退所後に薬物治療の中断による状態悪化に発展しないような母親への指導だけでなく、地元自治体や福祉サービス事業所からの見守りや必要に応じて速やかで具体的な支援が行えるよう、退所前には地域要保護児童対策協議会の開催を通して連携と調整の充実を図った。

■——支援の成果と課題

　当ケースは、母親からのネグレクトによる基本的な生活習慣の欠如、周囲の人に対する安全感の欠如、脆弱な愛着関係が認められ、知的能力も境界域という児童であった。また、母親の養育能力、生活困窮等の背景も大きな課題でもあった。

　施設での治療においては、入所当初から基本的な生活習慣の確立に向けた取り組みをしていったが、無断外出、自傷行為等の激しい行動化が頻回に起こり、施設単独での支援では難しく、医療機関の支援も大きな役割を果たした。その中で、医療機関との情報共有を重ね、本児の課題に対して入院治療中も一貫して取り組むことで、施設治療の中断につながらず、治療と養育の連続性を確保できたことは当ケースの支援では有効であった。

　施設内で激しい行動化が繰り返される場合、職員はその対応に追われ、行動化に対する対処療法的なかかわりが中心になってしまう面はあったものの、何よりも職員が根気強く向き合いながらケアをしていくことで、生活習慣だけでなく対人関係スキルの向上、周囲との基本的な信頼関係の構築につ

ながっていった。生活習慣の確立は一定の成果はあるものの、自発的な取り組みにまでは至ることができず、周囲からの声かけや援助は継続的に必要な状況までの回復に留まったことは、当園の治療的アプローチに課題があるともいえる。

　一方で家族支援においては、施設と母親の居住地区が遠距離になるため、母親に対してのきめ細やかな支援や支援後の変化を十分に観察することは難しく、また生活困窮の課題に対しては支援が立ち行かない等の施設としてのアプローチには限界もあり、家庭復帰を目指す中では、より早い段階から自治体、児童相談所と連携した家族支援を展開することで、より充実した家族支援、より良い家庭復帰の道筋を整えることができた可能性がある。

　施設入所に至るまでの不適切な養育環境で過ごした時間が長い場合に、例えそれが不適切、不十分な養育環境であっても、その中で培われた習慣や価値観を変化させることは難しく、他の虐待でも指摘されるよう早期介入の必要性は改めて感じるところである。当園では本児に限らず、行動化が激しい児童の入所が多いため、職員は目の前で展開される派手な行為に目を奪われ、そうした行為への対処に終始するあまり、ネグレクトも含めた厳しい環境下で生きてきた成育歴を忘れがちになることもある。治療施設でもあることから、児童の行動の背景に対する理解、継続的な見立て、具体的な治療計画の再考を継続的に行う必要性も再認識した。

　また、他のネグレクトケースを見ていくと、排泄に課題を抱える児童、周囲の大人のかかわり自体を極端に拒否する児童も存在している。

　排泄の課題を抱える児童の中には、トイレットトレーニング等の生活場面での治療的アプローチと心理治療で改善してくこともあれば、内科的な治療が必要な児童もいる。成育歴や心理面だけに着目するのではなく、長期にわたるネグレクト環境の結果として、排泄の課題に対しての身体的な治療の必要性にも目を向け、その時々に求められる支援を提供することは必要である。

　周囲の大人のかかわりを拒否する児童は、職員からさまざまなアプローチを試みても反応が乏しく、関係性を構築することに苦慮する。安定した対人関係の構築という課題を除くと、衣食住の日常生活を営む上では何ら問題がない児童もいる。激しい行動化をする児童が多くなると、職員はそちらに注

力せざるを得なくなり、結果的に生活場面で一定の自立を認める児童に対する職員からの援助やアプローチが減少しがちになることも、時折見受けられることがあった。当園では行動化が激しい児童、生活習慣など見えやすい問題行動に対して生活面での治療的アプローチは取り組みやすいものの、かかわりへの拒否感が強い児童、行動化がない児童への治療的アプローチには課題を有している。

まとめ——早期介入、早期治療の重要性

　いずれのケースにおいても、ネグレクトを背景にもつ児童の家庭は、家族の知的能力の低さ、生活困窮の課題は多くのケースで見受けられ、家庭復帰を進めていく中では、入所児童の治療はもとより、関係機関における家族全体への現実的かつ具体的な指導と支援等のケースワークが重要なアプローチであり、施設治療だけは立ち行かなくなることは非常に多く、関係機関との連携は大きなテーマである。

　また、施設治療が開始されるまでの期間に時間を有するケースの場合には、情緒的混乱から展開される問題行動が顕著になり、行動化へのアプローチが治療の中心になりがちであり、結果として治療期間の長期化にもつながりやすく、児童福祉施設としての年齢的な制約も加わる。当園においては、ネグレクトに限らず、早期での介入や治療開始となったケースが治療効果は出やすく、家庭復帰、社会復帰とつながっている現状である。情短の施設特性をより有効に活用するためには、児童福祉関係者が児童の状態像、特性を十分に考慮し、必要に応じて早期の治療につなげることを期待する。また、未来を担う児童の成長にはより多くの大人、より多くの支援者が必要であり、関係機関の協力と連携を重ねながら、今後も取り組んでいきたい。

第13章

病院における支援

阿比留典子（済生会福岡総合病院）

1　病院だからこそできるかかわり

　病院で出会う子どものネグレクトというと、まず思い浮かぶのは、医療ネグレクトであろう。確かに、済生会福岡総合病院でも、予防接種や治療の拒否、けがが回復しても退院を渋り登校させないなど、医療ネグレクトに関わることがある。しかし、当院で最も多いのは、胎児期からネグレクトが心配になる事例である。当院は、社会福祉法人の医療機関であり、日頃より生活困窮者支援に従事しており、児童福祉法に定める助産施設[*1]の指定も受けている。このため、健診に来ない、母親のメンタル面の障害、若年、シングルマザー、望まない妊娠、きょうだい児への虐待歴や自己の被虐待歴などの妊婦の情報には、他の病院よりも敏感に対応している。

　核家族化がすすみ、子育てに不安のある妊産婦は地域で増えてきている。近年、政策的にも、保健師による出産前訪問指導、産科医と小児科医との連携による「出生前小児保健指導（プレネイタルビジット）[*2]」など、産前からかかわり始めて、早期から介入して子ども虐待を防止する体制が作られている。子ども虐待は、0歳児で最も多い。また、子ども虐待のうちネグレクトの占める割合も多い。2015年に福岡市が受けつけた子どもへの虐待相談件数は1214件、実際に対応したのが894件、うち4割弱がネグレクトであった。子ども虐待を防止するためには、胎児期や乳幼児期から早く出会って、家族支援にとりかかる必要がある。多くの妊婦が病院で出産することからも、病院が子育ての問題に早く気がつけば、支援のきっかけづくりに役に立

てるのではないだろうか。

　周産期の子育て支援で思うのは、親自身が子育ての問題に全く気付いていない場合のかかわりの難しさである。例えば、「特定妊婦」*3のなかでも、親自身の被虐待歴のために子育てに不安がある、ということがわかりあえると、支援関係は作りやすい。しかし、親自身が一人で問題を抱え、それが長く経過していると、他者からの介入を受け入れにくいことがある。精神、知的、発達面の障害が疑われたり、2次障害がおこっていたり、被虐待歴があったり、DV被害を受けている場合などである。親は、ただ子どもと「一緒にいたい」と強く望み、子育て支援を断る。そうして産後に、赤ちゃんの体重が増えていない、自宅の環境が整っていない、保健師が訪問しても親と会えないなど、ネグレクトが心配な状況になる。このような事例には、産前から時間をかけて、親と対話し、親を受けとめて信頼関係を築き、支援につなぐプロセスがとても大切だと考えている。

　一方、病院という場の特殊性が、ネグレクトの対応に影響する。虐待が明らかな場は別だが、ネグレクトを児童相談所へ通告するときには慎重に判断をする。なぜなら、病院にとって親は、子どものキーパーソンでもあるからである。子どもの治療のためにも、親の協力は不可欠である。また、ネグレクトが確定するまでは、治療の意思決定はまず親が行うことになる。このため、医師、看護師、医療ソーシャルワーカーは、ネグレクトが疑われる状況下では、親の考えをまず受け止め、親と話す関係づくりと、通告や支援のタイミングとを常にはかりつつ、子どもの安全を最優先として判断する難しさを抱えている。本章では、家族支援の視点から、また、社会福祉法人である当院の特質を踏まえて、医療ソーシャルワーカーとして親や家族とどのようにして出会い、関係を構築して、チーム医療として子育て支援に取り組んでいるかを、特定妊婦への支援事例から述べる。

2　済生会福岡総合病院の概要

　済生会福岡総合病院は、福岡市の中心に位置する380床の医療機関であ

る。地域医療支援病院、福岡県第3次救命救急センター、地域がん診療連携拠点病院、災害拠点病院などの指定を受けており、平成27年度の診療実績は、新入院数1万1566名、救急搬入件数4361台（入院率61%）、手術件数4434件、病床利用率96.2%、平均在院日数10.6日と、重症患者や専門治療を必要とする患者への「断らない医療」を、24時間365日提供している。

同時に当院は、福祉的な機能を有する医療機関でもある。社会福祉法人恩賜財団済生会として、地域の生活困窮者に対して健康保険の自己負担部分を減額または免除する「無料低額診療事業[*4]」を行う。また、毎年、「なでしこプラン[*5]」という地域福祉事業計画を立て、地域の生活困窮者を訪問する。医師、看護師、医療ソーシャルワーカーなどが、福岡県社会福祉士会の「巡回ふくおか」とともに市内の公園や路上を回って、ホームレスの人々への健康相談にでかける。秋には、行政、NPO、巡回ふくおかの協力のもと、ホームレスの人々に公園に集まってもらい、インフルエンザ予防接種と健康相談を行う。刑務所を出所した人々に対しても、自立支援のために更生保護施設[*6]での無料訪問健診を行う。他にも、DV被害者や性暴力被害者、外国人など、さまざまな社会的な問題を抱えて地域で暮らしている生活困窮者へ、健診や生活相談などを行う。

このように当院は、地方都市の中核病院として、救命、福祉のいずれにも対応するという役割を担っている。

3　ネグレクトに関連する診療科：産婦人科、小児科の特徴

当院で子どものネグレクトに出会うことが多いのは、産婦人科と小児科である。産婦人科では、助産施設の利用者や特定妊婦などのうち、ネグレクトが心配される事例に対して、小児科医師や院内スタッフ、行政と連携して、次のような支援体制をとっている。当院では小児救急やNICUはしていないため、重篤な傷病の医療処置をめぐって対応することはない。しかし、日常的な診療や健診のなかで、いわゆる広義のネグレクトに出会うことがある。

（1）周産期の子育て支援における産婦人科の特徴

　当院の産婦人科は、基本的に良性・悪性腫瘍などの外科的手術を主とするが、福祉的役割を担う病院として、複雑な社会的背景を抱える妊婦の出産も受け入れている。助産施設を利用する妊婦や特定妊婦は、全員、医療ソーシャルワーカーが来院時の初期から会って話を聴く。社会的なハイリスクを抱える妊婦を、産婦人科医師のみで対応するのは大変である。このため、産婦人科外来の助産師・看護師らが特定妊婦に該当すると気づくと、医療ソーシャルワーカーへ連絡するという流れになっている。医療ソーシャルワーカーは親へ、病院も行政と一緒になって子育てを支援することを伝え、行政と情報共有することの了解を得る。妊婦や家族へ「子育て支援のための相談票」を用いてインタビューを行ったあと、隔週で開催する周産期カンファレンス[*7]で、産婦人科医師、小児科医師、外来助産師・看護師、病棟助産師・看護師、医療ソーシャルワーカーが支援の方針について話し合う。問題があると思われる妊婦については、母子保健支援連絡票[*8]を用いて保健所へ情報提供し、産前からの養育支援訪問を依頼するとともに、産前カンファレンスの開催を働きかける。

（2）周産期の子育て支援における小児科の特徴

　小児科は、子育て支援の要として、出産前後の支援、診療、指導を行う。周産期カンファレンスで必要と判断された妊婦へは、妊娠35週以降に院内でのプレネイタルビジットを実施する。この場で小児科医師は、育児相談への対応はもとより、親へのケアを意識する。親の今の気持ちと、親自身の子どもの頃の心理的背景との両方をくみとったコミュニケーションを図る。望まない妊娠であっても、産むという決意に至った経過がある。また、親自身の育ちや社会関係が、親の育児能力に影響していることも多い。そういったデリケートな情報は、医療ソーシャルワーカーの面接や、産科外来の段階ではまだ出てきていないことも多い。院内でのプレネイタルビジットの場では、小児科も一緒になって育ちを見守るというメッセージが目の前で伝わり、親自身の障害や被虐待歴に関する情報が得られやすい。また、小児科医師によって、親自身が子育ての困難さをどの程度自覚しているのかをみるこ

とによって、望ましい支援の方向性がみえることがある。実際に産科病棟や新生児の様子を見学して、子どもへの愛着がめばえる者も多い。産後のかかわりとしては、病棟助産師と連携して、エジンバラ産後うつ病質問票(EPDS)を全件に実施し、得点の高い者については、本人の同意のもとに保健所への情報提供を行って退院後早期の家庭訪問を依頼する。生後1ヶ月健診では、順調に子育てがすすんでいるか親にたずね、不安な様子があれば、行政と連携して継続支援を行う。なお、特定妊婦も要保護児童支援地域協議会（以下、要支協）[*9]の対象となっていることから、必要な事例に対しては、小児科医師から行政へ個別ケース検討会議の開催の提案をすることもある。

4　事例でみる支援の実際

CASE　周産期からネグレクトが心配となった特定妊婦

　当院で出会うネグレクトへの支援として、特定妊婦への支援事例を紹介する。なお、この事例は、特定の患者に関するものではなく、特徴のみ抽出して本誌の掲載のために作成した架空のものであることを断っておく。

■——出会いの契機

　20代女性、3子目を妊娠、妊娠後期まで健診に行っていない。児の父親であるパートナーとは妊娠を機に別れたとのこと、妊娠したため住み込みの寮で働けなくなり、生活保護を申請した。当院へは、生活保護ケースワーカーを経由して、子育て支援課担当者より助産施設の利用について問い合わせがあり、医療ソーシャルワーカーが電話対応をした。

　子育て支援課担当者によると、今の職場の寮はできるだけ早く退去しなければならず、同じ地域で1Kのアパートを借りる方向ですすめているとのことであった。当初、女性は中絶を希望していたが、対応可能な病院がみつからず、相談をすすめるなかで産む決心をしたという経緯があった。当院での出産受け入れを検討する際に、初診時に医療ソーシャルワーカーが子育て支

援のための面接をすることを女性に伝えてもらった。翌日の健診の結果、妊娠32週と推定された。

■——成育歴・家族歴

女性は県外の母子家庭で育ち、実母、妹との3人暮らしであった。実父の記憶はなく、実母は病気がちで生活保護を受けていた。小・中学校では勉強はあまり好きでなく、友達もあまりいなかった。中学を卒業して地域の工場に働きに出たが長続きせず、アルバイトの仕事を転々としたあと、実家を出て友人男性宅を泊まり歩いて過ごした。実母や妹とは実家を出たころから疎遠であり、電話をすることもない。10代後半に未入籍で2人の子を設けたがいずれも望まない妊娠であり、パートナーの浪費やDV被害にあい、施設にあずけた。施設への面会は行っていない。なお、本人の同意のもと、実家地域の児童相談所あてに、きょうだい児の施設入所の経緯について問い合わせしたが、有効な情報は得られなかった。実家地域の子育て支援課からも、若年妊婦としてどのような対応がなされたかの情報はなかった。

■——ネグレクトと判断した状況

医療ソーシャルワーカーとの面接では、女性は協力的に答えた。健診時の医師らとのコミュニケーションにも大きな問題はなかった。しかし、女性が話しているときの様子や、問診のアンケートを書く様子から、軽度の知的障害がある印象を受けた。周産期カンファレンスでは、①妊娠後期まで健診に来ず、自己にて妊娠検査も試していないこと、②前の2子について、施設入所した経緯や、虐待やネグレクトがあったかどうかがわからないこと、③セルフネグレクトの印象があること、④軽度の知的障害がある印象、⑤子育てをしたことがないのではないか、⑥子育てを支援する身内や友人がいないこと、⑦子育てが負担になると男性へ関心が移り、育児放棄する可能性がある、などの意見がでた。カンファレンスの結果、緊急性は低いが児へのネグレクトが心配、との見解で合意し、院内のプレネイタルビジットを行ったあと、行政との産前カンファレンスを開催する方針とした。

次の健診のとき、住まいの用意についてきくと、来週アパートに入居す

る、そのあとで子ども布団や衣類を買いに行く、とのことであった。翌週、生活保護が決定する見通しで生活の場は確保されたが、照明や調理器具の用意など、日常生活に必要な日用品の手配はすすんでいなかった。

　35週を経過し、当院での出産受け入れが確定したため、小児科医師がプレネイタルビジットとして女性に会った。小児科医師との出会いで明らかになったことは、女性は子どもの頃に実母から育児放棄に近い状況にあり「おなかいっぱいご飯を食べたことがなかった」とのこと、実母のパートナーが家に出入りしていた。女性は、児を自宅で育てたいと望んでいるが、その理由は「そばに置いておきたい」との考えからであった。これまでの2子へは、沐浴の機会がほとんどなかったようであった。小児科医師は、出産後に助産師が教えるのでわからなければきちんと伝えるように説明し、実際に、病棟で新生児を見学してもらった。児をみて「かわいい」と言った表情からは、愛着がでてきている印象であった。経産婦であり、早い出産の可能性があることを伝え、子ども布団や衣類などの日用品の準備を早めにすすめるよう伝えた。また、自宅の環境が整うまで、施設へ預けるショートステイをしつつ、児を自宅に迎え入れる準備をしていく方法もあることを説明した。

■──関係機関との連携や役割分担

　プレネイタルビジットの内容について、母子保健支援連絡票を発行した保健所へ連絡した。保健師はアパートに入居した日から訪問を継続して、子育ての環境整備を支援した。入居当日に女性の荷物はカバン1つしかなく、生活保護の費用を現金でうけとったばかりであった。家賃や水光熱費が滞らないよう、預金口座をつくってはどうかと助言した。次回訪問すると、最低限必要な日用品はあったが、子ども布団や衣類の用意はまだであった。食事も食べたり食べなかったりで、菓子パンで済ませる日もあるとの話から、栄養面に気を配るよう指導した。保健師の話では、女性は自分から積極的に準備をすることはないが、指導すると素直に聞き、できることからすすめていた。胎児に対しては「おなかが動くとかわいいと思うときがある」と、愛着を持ち始めた様子であった。

　また、生活保護ケースワーカーへ前記の内容を連絡し、実母への扶養照会を通じて、実母の生活状況、協力の意思の確認のほか、女性に関する成育歴

などの情報収集をした。その結果、実母は精神障害のため自宅療養中、妹は実家をでたあと居所不明であった。小中学校のときの女性の学力は「中の下」で、素直なようでいて育てにくい子どもであったが、知的障害の判定について、学校や専門機関から説明をうけたことはなかった。実母は、自身も病弱であり、産後の里帰りの受け入れはできないが、落ち着けば会いたいと言っていた。生活保護ケースワーカーと女性の生活管理能力について話し合い、女性が金銭管理を一人でおこなえるかどうか目配りしてもらえることとなった。

　子育て支援課にも情報提供をしつつ、今後の子育て支援について意見交換をした。子育て支援課担当者は、女性が自宅で養育するよりも里親など社会的養護のほうがのぞましいのではないかと考え、女性に施設入所や里親を提案していたが、女性からの同意が得られていなかった。女性自身が望んでいないことをすすめることはできないため、まずは知的障害の有無について判定をうけ、保育園入所やヘルパーなど、支援をうけやすい環境を整えつつ、児の養育がうまくいっていないときは社会的養護につなげる方針とし、産前から児童相談所のかかわりが必要な事例と判断され、要支協開催の運びとなった。

■──要支協で協議した内容

　病院からは産婦人科医師、小児科医師、助産師、病棟看護師、医療ソーシャルワーカーが出席し、行政からは子育て支援課担当者、児童相談所担当者、保健所保健師、生活保護ケースワーカー、乳児院担当者が参加した。地域からは民生委員児童委員が参加したほか、障害認定前であったが知的障害者相談支援センター職員が参加した。協議会では、各々のかかわりの状況について情報提供があり、ネグレクトを予防しつつどのように子育て支援をするか意見交換がなされた。その結果、子どもを育てる環境の準備できないまま出産した際は、ショートステイ利用をすすめる方針となった。併せて施設への面会時に見守りや声かけの支援をし、自宅での子育てへ移行する際は、児の安全の確認のために週1回の保健師訪問と週3回の子育て支援員の訪問を開始し、それ以外の日に生活保護ケースワーカーや民生委員が週1回ずつ立ち寄ることとなった。女性の知的障害に関しては、子育て支援課が申請を

支援し、判定の当日もつきそうことになった。

　会議では、児の安全のために毎日だれかが訪問する必要があるのではないか、との意見もあったが、マンパワーに限界があり、また、女性自身が子育てに問題を感じていないなかでこれ以上支援ネットワークが拡がると訪問拒否となる懸念もあった。このため、ショートステイ時の母子の様子を乳児院に観察してもらい情報共有していくことと、1ヶ月健診の際に小児科医師が子どもの発育をチェックすることとなった。

■——現状

　女性は予定日より2週間早い38週目で出産、産後の母子の経過は良好であった。子ども布団などの用意がすんでいないことから、小児科医師はプレネイタルビジットで提案したショートステイの話をし、女性の同意にて2週間乳児院でのショートステイをした。入院中、沐浴に「こわい」と言ったり、母乳にミルクを足した量をうまく記録できなかったりしたが、助産師が繰り返し教えると、覚えようとしていた様子であった。ショートステイ先には毎日、母乳とミルクをあげに通うことができていた。ショートステイの退所日には、子育て支援課がお迎えにつきそった。子育て支援員、民生委員らの協力もあり、「ごはんをたいてみそ汁を食べる」生活がなんとかできるようになった。1ヶ月健診では発達に特に問題を認めず、今後も再来の機会を利用して育児指導を継続することとなった。また、産後3週目に知的障害の判定を受け、軽度知的障害の認定となった。手帳を利用して知的障害のヘルパーの相談をすすめ、生後3ヶ月で保育園に入所することができた。生活保護ケースワーカーが金銭管理に気をつけていたところ、管理は十分ではないものの質素な生活をしており、浪費などの問題はみられなかった。

■——この事例から学んだこと

　障害と被虐待歴などいくつかの要因が重なると、親自身はもとより支援者にも問題が見えにくくなってしまうことが多い。情報は必要だが、過去にさかのぼり、あるいは現在の細部に至るまでのすべての情報を集めることはできない。問題に目を向けるだけでなく、親の思い、いま望んでいることにも目を向け、共に未来を描いていくような支援の姿勢をもつほうが現実的であ

る。説得では親は変わらない。支援者として親の思いを聴き、親の希望や思いをうけとめたうえで、どのように家族支援ができるかを一緒になって考えることが大切なのではないだろうか。

　また、知的障害があるから地域で子育てはできない、ということではない。院内連携、地域連携を十分に意識して、地域での支援ネットワークを形成する必要がある。ネグレクトが心配な事例について、病院は、子どもの安全を優先に考え、少しでも心配があれば児童相談所と子育て支援課の両方に相談してよいと思う。行政に早期に相談し、協議を働きかけ、ネグレクトの予防に努めることが、病院の役割ではないだろうか。

注
* 1　助産施設：経済的理由で出産に困る妊婦を受け入れる医療施設（児童福祉法第36条）。
* 2　出生前小児保健指導（プレネイタルビジット：prenatal pediatric visit）：平成4年に厚生労働省が「出生前小児保健指導」として、妊娠期から母親が小児科医師と会って育児不安の解消をすると同時に、小児科医師も出生時に立ち会って新生児健診から育児相談、予防接種など、乳児期までの一貫した保健相談、医療を行うことができる仕組みを設けた。当院では、このプレネイタルビジットを、子育て支援が必要と判断した事例へ院内にて実施している。
* 3　特定妊婦：厚生労働省が養育支援訪問事業ガイドラインに定める、若年の妊婦、健診未受診、望まない妊娠や、育児ストレス、産後うつ状態、育児ノイローゼ等の問題のある者、生活環境などが不適切な養育状態にある家庭など、虐待のおそれのある者など。
* 4　無料低額診療事業：診療費に困る生活困窮者に対して診療費の一部または全額を免除する事業（社会福祉法第2条）。
* 5　なでしこプラン：済生会生活困窮者支援事業の略称。平成22年より開始し、無料低額診療事業の対象者以外の地域の生活困窮者に対して、巡回診療、健康診断などを行っている。
* 6　更生保護施設：刑務所を出所したあとの、社会復帰支援を目的に入所する施設。
* 7　周産期カンファレンス：産婦人科と小児科とが合同で医療的ハイリスクのある妊婦・児に関して治療方針を決定する院内会議であり、各々の医療機関で通常行われている。
* 8　母子保健支援連絡票：養育上支援を必要とする妊婦を早期に把握し支援していくために、医療機関から保健所へ連絡する帳票。
* 9　要保護児童支援地域協議会：「要保護児童対策地域協議会」の福岡市での呼称。

第14章

保育所における支援

岡本エミ子（杉の実保育園）

1　保育所とは

　保育所は児童福祉法のもとに成り立っている児童福祉施設である。0歳から就学前の保育に欠ける子どもたちの生活と教育の場であり、法律上では基本8時間保育だが、ほとんどの子どもはそれを上回り、長い子どもは11時間以上保育所で過ごしている。保育士は毎日、子どもの表情や感情の動き、身体の変化（傷、打撲の有無）を観察し、持ち物の有無や出席状況などを把握しているし、保護者とも毎日送り迎えの時に朝・夕2度顔を合わせるので、家庭の状況がみえやすい。もし、虐待が疑われるような兆しが見えたら、保育士は保護者に対して虐待につながらないよう予防的な言葉かけができる。また、保育所は幼稚園・小学校と連携しており、きょうだい児の情報交換をしやすく早目の対応ができる。社会的にも保育所に対して、虐待に対する発生予防、早期発見、早期対応、保護者への支援が求められており、積極的にその取り組みを行っている。

　保育所の虐待対応は児童福祉法、児童虐待防止法、保育所保育指針（厚生労働大臣告示）に則っており、その中で児童相談所・市町村の担当課等や地域の人々と連携をしながら、対応している。この章では、①保育所保育指針（解説書）より虐待対応の考え方、②医療機関と保育園連携マニュアル、③事例を通してネグレクト対応の実際について考えていく。

2　保育所保育指針による虐待対応の考え方

(1) 保育所の役割

保育所保育指針総則では、「保育所は児童福祉法第39条に基づき、保育に欠ける子どもの保育を行い、その健全な心身の発達を図ることを目的とする児童福祉施設であり、入所する子どもの最善の利益を考慮し、その福祉を積極的に増進することに最もふさわしい生活の場でなければならない」とし、さらに「……入所している保護者に対する支援及び地域の子育て家庭にたいする支援を行う役割を担うものである」としている。

そのため保育所は、子育ての知識、経験、技術を持ち、それを生かして子育て支援センター、地域交流事業として子育て中の保護者の相談、遊び場の提供等を行っている。

(2) 発生予防

また保育所保育指針第5章「健康および安全」の中の、子どもの健康状態ならびに発育および発達状態の把握の中で、虐待の予防・早期発見の対策を以下のように掲げている。

> 「虐待対策の必要性」として、「子どもの心身の状態等を観察し、不適切な養育の兆候が見らえるときには、市町村や関係機関と連携し……、また、虐待が疑われる場合には、速やかに市町村又は児童相談所に通告し、適切な対応を図ること。」

先にも述べたように保育現場は、子どもの心身の状態や家庭での生活、子育ての様子、保護者の状況などを知ることができる。そのため、保護者からの相談を受けたり、支援を行ったりすることにより、虐待発生の予防に努めていく。

(3) 早期発見

児童虐待防止法第5条1項には「保育所および保育所の職員は、子どもの

虐待を発見しやすい立場にあることを自覚し、児童虐待の早期発見に努めなければならない」との規定がある。そのため保育所では、日ごろから子どもの身体の状態、情緒面や行動、養育の状態等について、普段からきめ細かに観察している。また、保護者や家族の日常の生活や言動等の状態を見守ることを行っている。

この状態を示したのが（図2－14－1）である。

例えば、理由のはっきりしない欠席が続く時は（熱があると一応理由は言っているがそういうことが何度も続く、登園したときに傷の跡らしきものが残っている）必ず電話や家庭訪問をするなど保護者と連絡をとるようにする。

また疑問をもったら保育士等ひとりで判断せずに、すぐに園（所）長または、主任保育士に報告し、職員会議をとおして検討し、全職員が状況の共通確認をするとともに、記録（文書や写真）を残しておく。

さらに積極的に園医に相談し、医療機関の受診につなげていくことも必要である。

図2－14－1　観察の主な要点

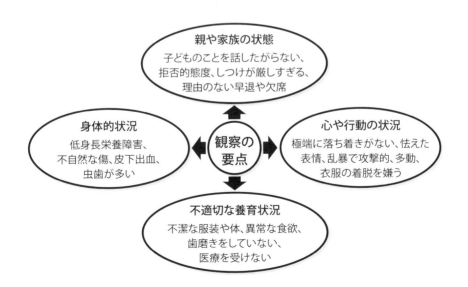

(4) 早期対応

虐待等が疑われる場合や気になるケースを発見した時の対応としては、保護者が何らかの困難を抱え、そのために養育が困難になる恐れがあると思われる場合もあり、常に予防的に精神面、生活面を援助していく必要がある。

また虐待が疑われる場合には、重度の虐待（緊急を要する場合）には児童相談所に通告し、軽度な虐待の場合には、市町村の福祉事務所等に通告する。例えば本節の事例（2）では、生活面の援助として、区役所担当者と相談し、ホームヘルパーを派遣した。

なお通告がおくれることで重大な結果を招くことがあるので、親からクレームがあることを危惧し、通告をためらわないことが大切である。

図2－14－2　虐待対応の流れ

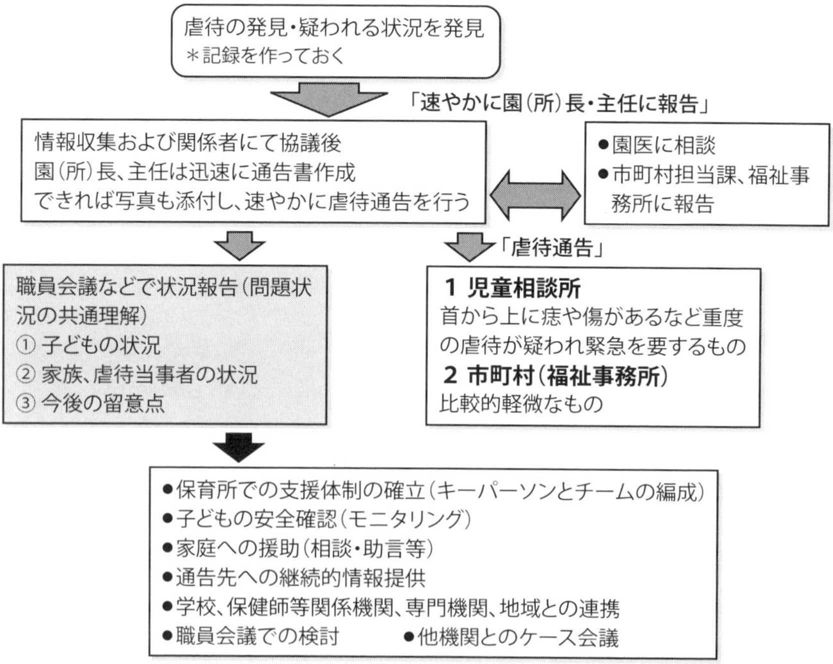

なお保護者から誰が通告をしたかを尋ねられた時には、児童相談所や市区町村の虐待対応職員は、通告は義務であり、「通告は法律上の義務なので誰が通告したかを教えることはできない」「虐待対応はすべて市町村や児童相談所の責任において行っている」と説明し、保育所と保護者との信頼関係が損なわれないよう配慮が必要である。

(5) 保護者への支援

保育所保育指針の第6章「保護者に対する支援」では、「1．保育所に入所している子どもの保護者に対する支援」として、保護者に不適切な養育等が疑われる場合等「虐待が疑われる場合には、速やかに市町村または児童相談所に通告し、適切な対応を図ること」としている。

保育所では毎日保護者と朝夕会えるので、①いつでも相談できる雰囲気をつくる、②相談・助言にあたっては、保護者の話を傾聴・受容する、③他機関に通告するまでもないと判断される時は、保育所としての見守りを行うが、いつもと違う不自然さを感じるときは、躊躇せずに通告を行う、④常に他の専門機関との連携をしておく、などを留意しながら対応している。

(6) 地域における子育て支援

保育所保育指針第6章「保護者に対する支援」の2「地域における子育て支援」として、「地域の要保護児童への対応など地域の子どもをめぐる諸課題に対し、要保護児童対策地域協議会など関係諸機関等と連絡、協力して取り組むように努めること」と定めている。

3　医療機関と保育園（幼稚園・学校）連携マニュアル

医療機関と保育園や幼稚園，学校との児童虐待防止医療連携ネットワーク委員会が各地でつくられ、園医・校医と連携して、疑い症例からでも相談できる体制を作り、子ども虐待の早期発見につなげていく取り組みがなされている。北九州市医師会では下記のようなマニュアル、連携ネットワークが作

られている（図2−14−3参照）。

◎マルトリートメント症例（疑い）相談書の連携マニュアル（保育園・幼稚園・学校用）

①原則として、まず園医・校医に相談する。相談した園医・校医が他医を紹介した場合は、その医師に相談する。

②相談書作成日付、医師に事前相談連絡日付を記載する。

子どもと保護者について最も気になること、その他気になる点すべてにチェックをつける。

図2−14−3　保育園・幼稚園・学校における児童虐待防止連携ネットワークの概観

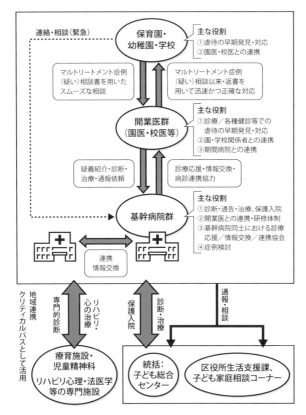

出典：北九州市医師会（2010）『医療機関と保育園・幼稚園・学校との連携マニュアル』をもとに作成

③相談書は直接家族に渡さず郵送する。
　④医療機関を受診させるにあたって家族への話し方＜参考：家族への話し方　文例＞
「子どもの最も気になることについては、直接家族に話せないことが多いので、一番話しやすい症状について話し、受診を促す」という説明書が付いて相談書が作られており、「①最も気になること、②子どもの様子で気になる点、③保護者の様子で気になる点、④家族環境で気になる点、⑤より具体的に書くことが可能なことや、その他に気になることがあれば書いてください」という内容になっている（②〜④は具体的な項目が書かれており、チェックをする形式である）。

4　事例でみる支援の実際

CASE 1　両親とも精神障害のある子どものサポート

■——家族構成

　父、母、兄（小学生）本児K子（未満児）の4人家族。

　入園面接には両親で来る。大きな体格の父親に小柄なK子が包み込まれるように抱かれていた。K子から出るにおいがひどく、お風呂にもあまり入っていないようである。においの原因は両親の吸うタバコと体臭が混ざっているようだった。両親とも子どもは可愛がっている様子である。

■——事例との出会い

　ネグレクトが常態化した子どもであった。しかし、緊急を要するものではなかったので、虐待通告は児童相談所ではなく、福祉事務所へ行った。そのうえで虐待担当者、保健師、医者、ケースワーカー等の連携を行ったケースである。

■──当該機関が行った支援内容や工夫
●生活面は保育園で全面的に支える

さっそく、以前通っていた保育園の園長と連絡を取る。母親は何度も自殺未遂を繰り返している。生活面でもかなりのケアーが必要であるという。また、保健師がよく家庭訪問をしているということを聞き、保健師とも連携をとる。

K子についての援助の仕方を職員全員で話し合う。両親ともに精神障害であることを考慮し、通常の母親に対する援助の仕方ではなく、生活面は保育園で全面的に支える必要があると職員間で確認。具体的には着替え用衣類の数が少ないので保育園でも用意しておく。洋服を貸しても、そのまま次の日に着てきたり、貸したものを返さなかったりする。洋服からにおいがするので、隣のロッカーの保護者から、「自分の子どもの洋服が臭う、どうにかして欲しい」と苦情が入る。そのため、ロッカーの洋服類を保育園で洗ったり、におい消しを買ってきたりする。何度かお風呂には入っているか尋ねたこともあるが、「お風呂には入っている」という返事だったので、においの強いときは保育園でお風呂に入れるようにした。ほかの母親だったら親指導が必要と思われることもややあったが、この保護者については「丸ごと引き受ける」という姿勢でのぞんだ。時には天然パーマであるK子の髪の毛がクルクルもつれ綿ぼこりのついていたこともあったが、髪の毛を洗うとすっきりし気持ちよさそうにしていた。

●家庭訪問

しばらく来ないことがあったので家庭訪問をすると、部屋の中はタバコのにおいが充満しており、白壁はタバコのヤニがこびりついて黄色くなっている。その中に洗濯物が干してあるので、洋服ににおいが付くのは当然と思われた。部屋の隅には麦茶の2リットル入りのペットボトルがずらっと並んでおり、お茶を沸かすこともないのだとわかる。夫婦の仲は良いようで、二人で自転車に相乗りしている姿などもよく見かけたし、保育園の送り迎えも二人でしていた。母親とはよくコミュニケーションをとるようにした。保育園の行事などについても、前もって細かく話をしておくと参加できた。

保育園に通園しだしたものの、出席率はすこぶる悪く、1週間来たら3週

間休むというような登園状況である。もっと詳しく言えば「1週間登園したら、熱を出し入院したので休みます」と連絡がある。それから1週間から10日位すると、「退院はしたがしばらく家で様子を見ます」と連絡あり。しばらく待っても来ないので保育園から電話をするとやっと来はじめる。これで大丈夫かなと思っていたら、また、入院をする。退院をしてもしばらく来ず、園から連絡すればやっと来る。

また、「お父さんが足の骨を折ったから、児童養護施設に入れました」「今日は雨が降るので休みます」という理由で休むこともあった。

「どうして、お父さんが骨折しただけで施設入所となるの？」「歩いても5分くらいのところにいるのにどうして来られないの？」と常識的に考えたら疑問に感じることばかりで、職員にとって理解できないことが多かった。それでも、これが現実だし、それを受け入れながら、どうしたらこの家庭のサポートができるかを考えていく必要があった。

●連携ケースカンファレンス実施

年度末の3月に、保健師に依頼して関係者が集まって個別ケース検討会議を開いた。参加したのは、小児科医、精神科医、臨床心理士、園長、保健師、生活保護ケースワーカー、区役所担当係である。まず、K子の入院については小児科医の説明では「K子自身には全く問題はないが、母親による脅迫入院である」とのこと。母親から、頻繁に電話がかかるので、入院させなければ自分の仕事ができないという。保育園としては「1週間位続けてきている間に、食事もしっかりとり体重も増えている。遊びも発展している。それなのに休むとまた、元の状態に戻っている。子どもの発達のためには保育園に毎日来ることが大切なので、皆で保育園に行くように勧めてほしい」と依頼する。

この会議で皆で確認したことは①医学的な問題がなければ入院はさせない。②保育園に必ず行くように言い、長時間保育を勧める。③緊急の場合は施設入所も考えるが、保育園にまず相談して決める。この3点であった。

●長期休暇の不安

一生懸命に保育園に連れてくるようになったが、5月の連休前になると不

安を示す。「自分たちだけでは子どもの面倒はみられない。どうにかして欲しい、施設に預かってほしい」と保健師に電話をしている。保健師からの連絡を受け両親と話し合う。「保育園が休みだと相談をする相手がいないので不安」という。今までそういう理由で入院や施設入所になったのだとわかったので、保育園の携帯電話の番号を教え、長期の休みのときのみ園長が持っておくことを話す（一般の保護者には携帯電話は保育園に置いてあり、保育時間以外は電話には出られないことを伝えてある）。そのことで両親、特に母親が安心したようである。連休中、2～3度電話がかかったがどうにか乗り越えていけた。正月休みも同じことが起きるのではないかと心配したが、電話番号を知っていて安心できたのか、特別問題が起こることはなかった。

●両親を交えてのケースカンファレンス

前回のケースカンファレンスから1年経過し、また精神科の医師が交代することもあったので、前回集まったメンバーに両親も加わって今後の話し合いをする。精神科の担当医の話では、この10年くらいの間で今が一番落ち着いている。保育園をはじめとした皆のサポートがうまくいっているからだと言う。このままのサポート体制で行くこととなる。

●両親に表彰状

K子の事例で一番大変だったのは保護者のサポートであった。両親が交代でうつになりなり調子が悪くなる。母親の調子が悪い時は父親が頑張っているが、父親もすぐに調子が悪くなる。どちらもちょっとしたことが気になるようである。それをわかったうえでの対応が必要となる。子どもを保育園に連れてくるという当たり前のことが、彼らにとっては努力のいることなのだ。「先生、頑張っているから何か褒美を頂戴ね」と言われ、なんの褒美がいいのだろうと考えた末、母親に尋ねることにした。「なんのご褒美がいいの？」。返ってきた答えは「表彰状が欲しい」だった。それではということで、年度の終わり3月に職員全員の前で用意していた表彰状を手渡した。本当によく頑張ってくれたと全員で喜んだ。

■──今後に向けて

この家族は子どもに対しては「かわいい」というように、愛情をもって育てている。しかし、保護者自身がいろいろな問題を抱えており、上手な育児ができないのである。そのためにこれだけの人々がこの家族に対してネットワークを組んでサポートを行っている。このサポートがあるからこそ、地域に住んで二人の子どもを育てることができるのだと、ネットワークの必要性を痛感している。この家族は残念ながら、その後両親が相次いで死亡してしまった。通夜に行ったが残された子どもがとても可愛そうであった。しかし、現在は里親の家族に囲まれて、幸せに過ごしていると聞いている。保育所の役割も多様化してきている。その役割に答えるために私たちは日々研修を受け勉強していかなければならない。

CASE 2　ネグレクトから身体的虐待も加わった家庭への支援

■──家族構成
　父子家庭、保育園年少M子、年長S男、小学生Y子の4人家族、そこに新しい母親が加わった。

■──ネグレクトとの出会い
　このケースはネグレクトのひどい家庭でありその対応をしていた。しかし、父親の異性関係も絡まり、だんだん身体的虐待が強まり、ついに児童相談所への通告、児童養護施設入所へとつながってしまった事例である。

■──当該機関が行った支援内容や工夫
　父子家庭で父親は病気がちであり生活のリズムが整わないようであった。そのためか保育園での忘れ物も多く、保育士が図2－14－4のような絵をかき、わかりやすいように援助した。衛生面については、お風呂に入っていないようで、皮膚が汚れていたり、洋服も何日も着替えていなかったりすることがあった。また、持ち物のリュックサックからゴキブリが出てくることもあった（Y子のランドセルからもゴキブリが出たという話を学校側から聴く）。父親にお風呂に毎日入るようにお願いをし、「毎日おふろに入れます」と返事はするのだが、なかなか実行できなかった。数日休んだあとなどは、衣類が

図2-14-4　イラストで持ち物を表示

臭く肌も汚れている。保育園でお風呂に入れ全身を洗う。シャンプーをしたいが嫌がりなかなかできない。子どもの好きなキティちゃんのついているシャンプーハットを用意すると、嫌がらずにシャンプーもできるようになり、子どものほうから「シャンプーをして」と言ってくる。

一方、食事については保育園や小学校に行く日は良いのだが、休みの日などにY子がスクールヘルパーの家に行って「おなかがすいた」と座り込んだり、S男もいつも可愛がってくれる地域の店に行き、「おなかすいた」と寝ころんだりする。店の主人に挨拶をした時にそういう話がでたので、またそんなことがあった時には保育園まで電話をしてくれるようにお願いする。

●福祉事務所に通告する

父子家庭であり、生活のための支援が必要と考え、掃除をしてくれるヘルパーさんの派遣ができないかと通告相談をする。担当者は父親がそれを希望すればすぐにでも入れられる。まず、自分が何度か訪問し、一緒に片づけながらそのことを話してみましょうと言ってくれた。実際、何度か訪問して一部屋ずつ片づけてくれた。お風呂場は割れたガラスなどがあって、とても使える状態ではなく、ごみもたくさんあり、ゴキブリがものすごく出たという報告であった。それでも、一人ではできない片づけを手伝ってくれる人がいることで、少しずつきれいになり、父親の口からも「やっと片づけようとする気持ちが出てきた」という言葉を聞き、少し安心した。このままヘルパーさんが入り、生活に落ち着きができればと福祉事務所の担当者とも話をしていた。

●新しい母親ができる

父親がホームヘルパーさんの家に入ることを承諾したということを聞い

ので、これで少しずつ改善していくと安心していた矢先、新しい母親が一緒に住んでいるらしいという情報が入った。「お母さんができて、家庭がうまくいくと良いね」と職員と話をしていた。数日後、迎えが遅いので父親に連絡すると「自分は行かれないので、母親を迎えに行かせます」という。Y子も一緒に迎えに来て「ママ、ママ」と呼び、嬉しそうにほかの子どもたちに紹介していた。きれいな母親だった。

●水筒を買うお金がない

保育園に水筒を持ってこないことが多く、他児の水筒を飲んだりすることがあったので（代わりに保育園ではペットボトルのお茶を用意する）、家庭でも水筒を用意するように頼んだところ、「水筒を買うお金がない」と言う。「この家庭にはかなりの金額の生活費が入るはずなのに、どうして水筒を買うお金がないのだろう？どういうことだろう？」。これがまずこの家庭に対する疑いのはじまりだった。そこでM子、S男の様子をよく観察するとともに、保育者やY子がよく行く児童館の指導員たちからも情報を集めた。

●お家に帰りたくない

児童館の指導員から「Y子と公園でたまたま会ったところ、『お母さんが怖いのでお家に帰りたくない』と言って帰らない。『じゃあ、私もそこまで用事があるから送ってあげる』と言って途中まで送った。それでも別れるときなかなか離れようとしなかった」という話をきく。また、S男にも耳に血がついていること等から、身体的虐待を疑い児童相談所への虐待通告の必要性を感じた。

●小学校と連携して児童相談所へ通告

すぐ、Y子の様子を聞くため小学校に相談にいった。身体的虐待が起こっているのではないかと疑っていると話す。小学校側もY子の様子から身体的虐待の兆しを感じていたようで、その件については一緒に協力して行うということで、両者から児童相談所に通告をすることとした。折り返し児童相談所の職員より電話があり「明日伺います」という返事がくる。

●児童相談所と連携して

児童相談所の虐待担当者から子どもの耳に血が付いていたことについて、「お父さんにこんな時は通告をしないといけないので、通告をしましたと言って欲しい。そうする方が自分たちも動きやすいと依頼される」。しかし、耳に血がついている（親は耳鼻科で外耳炎と言われたという）ということだけで通告をしたとは言い難い。「保護者との関係性を大切にしたいので通告の件は言わないでほしい」と保育園側の希望を伝える。

●一時保護

Y子にまた叩かれたあとがあるということで、児童相談所も一時保護を決めたようである。2日後が小学校の運動会であった。駆けっこ大好きで運動会を楽しみにしているY子の気持ちを考え、運動会後と最初は話をしていたが、緊急性があるということで、運動会前日小学校と保育園に児童相談所の職員がタクシーに分乗し、同時間での一時保護にとなった。

児童相談所より「一時保護をすることが決まりました。今から迎えに行きます」との連絡があったとき、ほかの園児に気づかれないように、この二人の子どもを引き渡すのはどうしたらよいかが問題であった。そのため、まずこの二人の子どもたちに「お父さんがお迎えにくるので帰る用意をして」と言って保育室から談話室に連れてきた。そこで2人一緒に昼食をすませ、昼食後に今からお父さんが迎えに来るのではないこと、お家に帰らないでお泊まり保育のように大きなお家に泊まりに行くこと、お姉ちゃんも一緒だから安心してよいことを話す。「お父さんは来ないの？」という質問に対して「お父さんは来ないこと、子どもたちだけで泊まりに行くこと、お風呂もあって、おいしいご飯もあるので安心していいよ。先生たちもいつか会いに行くからね」と話す。児童相談所の職員が2人で迎えに来る。前もって子どもたちには話をしていることを説明する。子どもたちは納得をしていたので、すぐに児童相談所の職員と一緒にタクシーに乗る。

ほかの園児たちは普段どおりに楽しそうに過ごしていた。

■──この事例から学んだこと

保育所では保護者の仕事や子育てを支えるための保育がなされている。

保育の仕事は子どもたちの成長する姿を毎日目にできるという喜びとともに、発達につまずきのある子どもや、子育てに悩みながらも頑張っている保護者を、どのように支援していったらよいかと毎日考えている。その中でも一番心配なのが、ときに遭遇する虐待されている子どもたちである。最近の脳研究で子どものころに虐待経験を持つ人のMRIで脳にできる傷を可視化したところ、その心理的ストレスのため、厳しい体罰では前頭前野に、暴言では聴覚野に、親のDVを見聞きでは視覚野が萎縮しており、子どものときの影響が大人になっても残っているということがわかった。

　ネグレクトはネグレクトだけに留まらず、すぐに身体的虐待や心理的虐待につながり、子どもたちの命にもかかわってくる。私たちは、虐待を通告することが大事なのではなく、通告をした後、その家庭の再統合に向かっての歩みに、どのような援助ができるかだと考える。しかし、これはとても難しい問題であり、気の長い努力といろいろな機関との連携が必要である。そういう目的をもってぜひ皆ですすんでいきたい。

参考文献
児童虐待と子育て支援を考える会（2001）『虐待対応事例集』
北九州市医師会（2010）『医療機関と保育園・幼稚園・学校との連携マニュアル』
北九州市子ども総合センター（2004）『児童虐待対応連携マニュアル』
厚生労働省雇用均等・児童家庭局保育課（2008）『保育所保育指針解説書』全国社会福祉協議会
友田明美（2016）「児童虐待の脳への影響」『保育通信』4月号
全国社会福祉協議会（2008）『新保育所保育指針を読む』

第15章

児童自立支援施設における支援

野村　誠（岩手県立杜陵学園）

1　非行と虐待

　本章では、筆者が勤めている児童自立支援施設において関わったネグレクトの事例について紹介する。「非行の影に虐待あり」と言われてきたように、児童自立支援施設に入所してくる児童の中で、何らかの虐待や不適切な養育を受けてきた児童の割合は決して低くない。
　厚生労働省が報告している「児童養護施設入所児童等調査結果（平成25年2月1日現在）」によると、児童自立支援施設に入所している児童のうち、約6割が虐待を受けた経験を有しており、その内の約5割がネグレクトを受けている（複数回答）と報告されている。また、発達障害を有している児童も多く、支援や指導に、より個別的な配慮が必要であると同時にこちらの意図したことがなかなか伝わらない等、対応に困難を感じるケースも少なくない。ベースとして発達のアンバランスさを持っていることと、虐待を受けたり不適切な養育環境で育ってきたことが複雑に絡み影響し合い悪循環に至っているケースもあり、そのような悪循環をいったん断ち切り、良い循環へ変えていくことを目的のひとつとして児童自立支援施設に措置されてくる児童もいる。
　以下、児童自立支援施設の現状やネグレクトとの関係について述べた後、ネグレクトを受けてきた児童への支援方法やその工夫、課題等について事例を通して紹介する。なお、事例については、筆者が児童自立支援施設等に勤務した経験をもとに、ネグレクトとその支援について大切な点が失われない

ようにしたうえで、プライバシーに配慮し個人が特定されないよう変更・修正を加えたり複数の事例を組み合わせる等して作成したものであることを断っておく。

2　児童自立支援施設とネグレクト

(1) 児童自立支援施設とは

　筆者が勤務している岩手県立杜陵学園は、全国に58施設を数える児童自立支援施設である。児童福祉施設のひとつであり、1997（平成9年）の児童福祉法改正で、「教護院」から「児童自立支援施設」へとその名称が改められ、施設の目的も「教護すること」から「自立を支援すること」と改正された。

　具体的には、児童福祉法第44条において「不良行為をなし、又はなすおそれのある児童及び家庭環境その他の環境上の理由により生活指導等を要する児童」を対象とするとし、彼らに「個々の児童の状況に応じて必要な指導を行い、その自立を支援し、あわせて退所した者について相談その他の援助を行うことを目的とする施設とする」と規定されている。

　児童自立支援施設の生活は、「枠のある生活」と表現されることが多い。例えば、施設の敷地内に学校もあり、外部への出入りを基本的に想定していない施設敷地内生活である「空間的な枠」。また、起床から消灯まで1日の日課時間が細かく決まっており、規則正しい生活を営むことができるように時程が決められている「時間的な枠」。このような枠のある生活を提供することで安定した生活を維持・確保し、児童の健全な成長へつなげていくことが児童自立支援施設の特徴のひとつである。

(2) 本学園で出会うネグレクト事例の特徴

　先述の通り本学園は児童自立支援施設であるため、入所決定にいたる理由として、触法行為やぐ犯行為、具体的には暴力や窃盗、金銭抜き取り、性非

行などが多く、他の児童福祉施設から措置変更されてくる児童もいる。

　しかし、そのような行動上の問題の背景として、虐待や不適切な養育を体験してきている児童が少なくない。その中でも、保護者が自身の経済的・精神的理由により子どもに目をかけられないケース、養育や子育ての知識やスキルが不十分で適切に養育できていないケース、さまざまな理由で子育てがうまくいかず、そのため子どもに関わることを拒否せざるを得ない状況になっているケースなど、背景にネグレクトが存在していることも多い。

　そのため、食事や入浴、衣服の着脱、居室の整理整頓等の基本的生活習慣や礼儀作法・マナーが身についていない場合があり、例えば食事時の箸や茶碗の持ち方、入浴時の髪や体の洗い方、服の畳み方、寒暖に応じた服装の選び方等といった生活の基本的な部分から支援・指導が必要なことも多い。また、自分と他人との境界があいまいであり、他人の物を勝手に盗ることに抵抗が低かったり、人との適切な距離感をつかめず、対人関係をうまくとることができないため周囲とトラブルを起こしやすかったり、本来の能力に比して学力の定着が極端に低く学校で不適応を起こす等して入園に至る児童も少なくない。

　いずれにせよ、児童が呈している非行等の問題行動や生活指導を要する状態の背景として、程度の差はあれネグレクト的な状態が認められる場合が多く見られている。

3　事例でみる支援の実際

CASE　暴力・暴言から家庭での養育が困難になった児童

■――家族構成

　母親（40歳）、本児（中学1年）、長女（小学3年）、次女（小学1年）の4人世帯。父親は、次女が生まれて間もなく離婚し、現在は音信不通。母親は、近所のスーパーでパート勤めをしているが、経済的には非常に厳しい状況である。

歩いて10分程度の距離には、親戚（伯父、伯母の2人世帯）が住んでおり、本児世帯とも交流がある。距離が近いということもあり、子育てのサポートをしてもらっているが、2人とも身体障害者手帳を所持しており、身体が弱く、定期的な通院を必要としている。経済的にも余裕がある状況ではなく、障害年金が主な収入源である。

■──成育歴

出生時は特に異常はなかったが、癇癪持ちでなかなか泣き止まなかったり、授乳を拒否したりと育てにくさを感じさせる子どもであった。身体的な成長には問題はなく、むしろ同年齢児よりも歩き始めるのが早かった。幼児期になると、非常に活発で動きが速かったため、スーパーや駐車場で勝手に遠くまで行ってしまうこともあり、常に目を離せなかった。動きを抑えると非常に嫌がり、母親の手や腕をかんでしまう等、手のかかる子どもであり、注意されることが多かった。

通っていた保育園でも非常に活発で、動き回ることが多い状態であった。児童同士のかかわりでは、言葉で自分の気持ちを伝えることが上手にできずに、相手を押したり叩いたりしてしまうことも多かった。注意されると大きな声で泣いたり、周りの物を投げつけたりとパニックのような状態になり、落ちつくまでに時間がかかっていた。そのため、他の児童の保護者から園や本児の保護者にクレームがくることもあり、ますます本児への注意や叱責が増えてしまっていた。一方で、保育士にべったりと甘えてなかなか離れられない様子も見られていた。

小学生になると忘れ物の多さが目立ち、筆記用具やノートを忘れたり、無くしたりすることが頻繁になった。家庭で用意すべき道具等についても、用意されず、学校から家庭へ連絡を入れるもなかなかつながらないことが多くなっていった。また、学校でクラスメイトとトラブルを起こすことも増え、家庭でもちょっとしたことから親と言い合いになり、壁や物にあたるような行動も見られるようになっていった。

■──ネグレクトの状況

母親が本児を妊娠したころから精神的に不安定な状態になっていたことや

本児が小さいころより手のかかる子であったこと等から、幼いころから母子関係が徐々に悪化していく。そのような関係に母親は疲弊、子育てへの意欲は下がり、妹達に比べて特に本児自身への関心やかかわりが低下・減少していく悪循環に陥っていった。

　本児が小学5年生の頃から本児と母親との関係が特に悪くなり、親戚宅で生活する時間が増えてくる。小学6年生の始めには、母親と言い合いをしたことをきっかけとして、家を飛び出し、ほぼ親戚宅で生活するようになる。

　親戚宅で生活して、最初の頃は登校していたが、勉強についていくことができなくなり、同級生とのトラブル（暴言、暴力、物を盗る等）も続くにつれ、徐々に登校しぶりが始まり、中学1年生の半ばころには不登校の状態となる。昼夜逆転となり、夜遅くまでテレビを見たりゲームをして過ごし、昼近くになってから起床するという生活になる。日中は伯父・伯母とも通院等で不在にすることが多いため、食べるものは、インスタント食品や近くのスーパーで買ったお弁当を不規則な時間に食べたり、好きなお菓子を好きな時間に食べたりしている。時々、伯母が本児のために料理を作るも、自分の好きなものしか食べず、野菜類や魚などはほとんど食べないような状況であった。

　伯父・伯母とも、当初は学校に行かないことや昼夜逆転の生活をなんとか修正しようと本児に注意や声がけを試みるも、本児から暴言や暴力が出てくるため、ほとんど注意できなくなり、本児の好きなように生活させざるを得なくなっていった。また、時間に関係なくお金や物をねだることが増え始め、希望がかなえられないと、そこでまた暴言や暴力、壁を壊すなどの行為が発生するため、ますます本児へのかかわりが希薄になっていった。

　母親もそのような本児に関わることができず、親戚宅へ訪問することはあるものの、本児の養育については放任に近い状態となっていた。

　幼少期からの母子関係の悪化や本児への関心の低下といったネグレクトにより、愛着関係の形成が不十分であることが推測された。また、ネグレクトにより母子間に十分なコミュニケーションが図れなかったことは、本児の言語力の発達に支障を生じさせ、自分の気持ちや感情を適切に認識して言語化することや欲求不満場面において言葉でその状況を解決することの弱さへとつながっていったと考えられる。

感情の言語化がうまくできないことは、ネガティブな感情をうまく取り扱うことができず、すぐに暴言・暴力に至るという衝動コントロールの問題としても現れていた。また、家だけでなく学校の同級生や自分より学年が下の児童に対しても暴力を振るったり嫌がらせのような行動をすることもあり、学校内でも他の児童から避けられ孤立気味になっていき、不登校の長期化に拍車をかけていた。

■──事例との出会い
　以上のような状態が約半年ほど継続した中で、伯父・伯母が養育の限界を訴え、さらに体調を崩していった。また、母親自身も本児を養育する意欲を持つことができず、本児自身も母親や伯父、伯母の指導に従わないことから、児童相談所へ施設利用についての相談となる。
　当初、児童相談所でも親戚宅や母親宅への家庭訪問、本児への面接等で、現状を打開しようと試みるも、固定化された状況を変えることは難しく、児童自立支援施設への措置決定となり、本学園へ入園となる。
　措置された当日も、母親は同行することができず、児童相談所職員と本児のみが来園する中での入園式となる。

■──本学園で行った支援内容や工夫
　入園当初は静かで自己主張することが少なかったが、入所後2週間ほど経過すると、担当職員に対して「部屋から出ていけ、空気が腐る」等と暴言を吐いたり、同じ寮の児童に対して「死ね」「クズ」等と挑発的な言動を繰り返すようになる。そのことを注意しても改まることはなく、かえって挑発的な言動を見せることが増えていった。
　また、気分の波が非常に大きく、モードが変わるように突然不機嫌になって日課への取り組みが不良になることも多く見られるようになった。
　特に大きな行事や初めて経験するイベント等が先に控えていると、その行事やイベントに対する不安やプレッシャーから不穏になり、「どうせできないし」「うまくできないに決まっている」等の言葉と投げやりな態度が見られ、そこから暴言・暴力行為へと発展してしまう場面も多く見られた。
　授業場面においては、教諭の指示や注意に反発して暴言を繰り返したり、

固まって声掛けにまったく反応しなくなることが増えていった。また、学習プリントで1問でも解けない問題があるとその場で取り組みをやめてしまったり、プリントをぐちゃぐちゃにしたりと、100点でなければ許せない「全か無か」といった考え方・行動が見られた。文字を書くのにも非常に時間をかけて丁寧に書くか、非常に乱雑な字で殴り書きのように書くかのどちらかといった両極端さも目立つようになっていった。また、作文作成は特に苦手であり、最初の一文字目を書き始めるために授業時間のすべてを必要としたり、自分で考えて書くことができずに、「最初の文字は？」「次は？」等とひとつひとつ聞いてきて、全て教えてもらわないと書こうとしない状態であり、それが叶わないと原稿用紙を破ったりゴミ箱に捨てるような行為も何度も出てくるようになった。

　作業活動やスポーツ活動の場面では、全体の流れについていかず他児に物を投げたり、挑発的な言動をすることがあり、そのことを注意されると不穏になり暴言が出てきて、さらに注意されると職員に対して叩く蹴るなどの暴力行為に及ぼうとして制止されるということが繰り返されるようになった。いったん暴力行為に至ってしまうと、目つきが非常に鋭くなり、まるで別人のような表情・態度に変化し、行動を落ち着かせるために40分近く時間が必要であった。

　そのため、通常の日課から一時的に離して、自分の情緒や行動を安定させ、振り返りを行うための個別日課（特別日課）を繰り返さざるを得なかったが、そのような個別日課も活用し繰り返す中で、徐々に自分が暴力に至ってしまうまでの経緯や背景となる理由、暴力が起こりそうな前兆に気づくことができるようになっていった。また、自分の特徴や考え方の癖も少しずつ理解し、「自分ってこんな風に考えてしまうんだよな」と距離をおいて捉えることができるようになっていった。

　生活場面を通して、規則正しく安定した日常生活を送ることの心地よさを経験し、そのような安定した生活の中で、職員との温かく安心できる関係を実感させること、作業活動を通して他者と協働することや仕事を達成することの喜びを体験させること、スポーツ活動を通してルールを守ることの快適さや、相手と支え合ったり力を合わせることの必要性を実感させること等を集団共通の日課の中で取り組んだ。その上で、生活の個別場面においては、

子どもが自分のことを理解し、行動コントロールができるようになるため、次に述べるようなことを意識して関わった。また、学校場面において実際に取り組んだ方法や内容等についても併せて記述していく。

■──生活の個別場面でのかかわり
● 愛着関係の再形成
　乳幼児期から本児に対して母親の関心が低下し、かかわりが減少していたことにより、愛着関係が十分に形成されてこなかったことが推測された。
　よって、まず施設で職員と共に過ごす生活が安心・安全であると実感できるようにかかわり、同時に本児の見せる反抗的な態度や挑発的な言動に対しても巻き込まれず一貫した対応をとり、本児の困っていることに丁寧に対応していくこと等を通して基本的な信頼感を築き、今までとは異なった愛着関係を形成することを目標とした。
　今まで育ってきた環境の中で関わってきた大人の対応と、違った対応をする大人に対して、こちらの怒りを引き出すようなさまざまな試し行動を示したり攻撃的な態度で反発する様子が当初見られたが、怒鳴ったり無視したりではない丁寧な対応を職員が一貫して続けることにより、徐々に安全感・安心感・信頼感が育まれていったと思われる。

● 自分の起こした問題行動を振り返り、言語化できること
　当初、暴力などの問題行動が発生すると、落ちつくまで40分程度時間がかかり、言葉が出てくるまでさらに10分〜20分程時間を必要としていた。その都度、他の児童から見られる場所や危険な物がある場所から遠ざけ、刺激の少なく比較的落ち着きやすい場所（自分の部屋）へ移動させ、攻撃的な行動を抑えつつ、適切な距離を保ちながら本児が落ち着き、振り返りができるようになるまで見守ることを繰り返した。
　しかし、もともと自分の気持ちを言語化することや出来事を話すことが不得手で苦手意識もあるため、振り返りを行おうとしても、沈黙したまま固まった状態であったり、すぐに「わからない」「知らない」という返答ばかりという状況が続いていた。
　そのため、自分の感情や相手の感情といった難しい内容の振り返りを最初

から求めるのではなく、まずは「何があったのか」「自分は何をしたか」「他の人は何をしたか」といった事実内容の振り返りを淡々と取り組んでいくことから始めた。実際に職員がその状況を把握している場合は、ある程度時系列にそってこちらが事実を記載し、その中のいくつかの部分を穴埋めするような形にして、振り返りに取り組みやすくする工夫も取り入れている。

その際、本児が固まったり、暴言に近い言葉を発したり、考えることを放棄するかのように「わからない」「知らない」との反応がすぐに出てきても、こちらが感情的に反応するのではなく、冷静に対応することを意識して振り返りを実施した。

学園に入園して比較的早い時期では、自分の行動を振り返ることを拒否して暴言を発したり、「知らねぇ」と繰り返したり、固まって沈黙を続ける等の状況であったが、10ヵ月近く根気強く振り返りを行った結果、問題発生時の状況を徐々に言語化できるようになり、非常に苦手としている振り返り作文も、自分で書くことができるようになった。

● 問題行動のきっかけと経過、発生してしまうパターンについて把握

学園に入所してから、同じような問題行動（主に暴力行為や器物破損）を繰り返す中で、問題行動が発生する経緯やパターンについて、大まかな共通点があることが浮かび上がってきた。

初めて経験するイベントや不慣れな場面、学園生活の中で節目となる行事等を控えた時、100％成功させなければならない、少しでも間違ってはいけないと考えてしまうため、それに対する不安やプレッシャーが大きくなる。その結果、落ちついて日常生活を過ごすことが難しくなり、職員や他の児童に対して不適切な態度や挑発的な言動が増えていき、注意される機会が増えていく。その注意に対して反発し、本児自身からさらに暴言や挑発的な態度が出され、次第にエスカレートしていき、暴力行為や物を壊す行為にまで至るというパターンの多いことが確認された。

本児とは上記のことを話し合い、以下のようにフローチャート（図2－15－1）を使用して理解し合い、暴力行為等に至る前のどの部分でストップをかけられるかについて、一緒に考え、取り組めるように支援した。併せて、「0か100か」の思考が自分の行動にどのような支障を与えているか、不安やプ

図2−15−1　児童と共有した問題行動発生に至る経緯

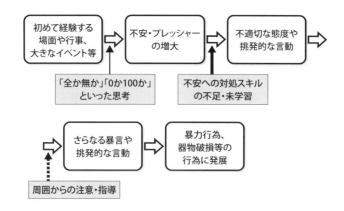

レッシャーを感じた時にどのような対処方法があるか等についても、実際の場面の振り返りを通して伝えていった。

● ネガティブな感情や思いの言語化と社会化された行動を身につける

　ネグレクトの影響により、言語・コミュニケーション力の発達が十分ではなく、自分の気持ちや感情を適切に認識して言語化することや欲求不満場面において適切な方法で解決する力が弱いことが推測されたため、上記3点の取り組みと併せて、不安や怒り等のネガティブな感情を言語化できるように手助けし、そのような感情を上手に取り扱うことで、暴言や暴力等ではない、より適切な方法で解消し、社会化された行動を身に付けることができるように支援をした。

　具体的には、その日の出来事を日記に記入させ、それに対してこちらがコメントを記入して返すことを続けていった。「今日は○○をした」「今日は○○だった」という出来事を書いただけの短い日記であったが、その時に感じたであろう感情や気持ちを表す言葉を書いてフィードバックすることを繰り返すうちに、少しではあるが、本児の記入する日記の中に出来事の記述だけでなく、自分の気持ちを表す言葉が見られるようになっていった。

また、面接場面では、表情とその感情を表す言葉がセットになった絵カードを目の前に置きながら、感情や気持ちについて質問した時に、本児がそのカードの中から自分の感情に近いものを選ぶことができるよう工夫した。絵カードがない状況では、自分の感情や気持ちについてうまく表現できずに「わからない」「しらない」「ふつう」等の回答しかできなかったが、絵カードを使用することで、本児の感情を共有すしやすくなり、徐々にカードがない場面でも自分の感情を表現できるようになっていった。

　そのように少しずつ自分の感情に目を向けられるようになっていくのと同時に、ネガティブな感情がわき起こった時に、暴力等ではない許容される行動がとれるような支援を行った。問題行動を起こしてしまいそうな時に、許容される行動の範囲内で、実際にどのような行動であれば自分が取り組みやすいか、本児と一緒に考え、実行に移した。具体的には、寮生活の時間であれば「その場を離れて居室等一人になれるところへ移動する」「居室に入って一人で集中できること（折り紙、ジグソーパズル）をする」「（自由時間であれば）好きなＣＤを聴く」、授業時間であれば「先生から声をかけられたら、別室でクールダウンする」「（自分から言える時は）『少し休憩してもいいですか？』と先生に伝える」「感情が高まった時は、深呼吸したり１～10まで数える」等、簡単に思われるようなものであるが、すぐに実行することは難しく、繰り返しの練習・面接と時間が必要であった。その前提として、他の職員にもその取り組みを理解してもらい、特に学校場面においては、対応にズレが生じないよう、担任教諭の見立てや取り組んでいる工夫等について教えてもらう等、普段からコミュニケーションを密にして情報共有を図った。

■――学校・授業場面
● 特定の授業において、学園職員がサポート役として参加

　授業の中では、苦手な科目の時や若い女性教諭が担当する科目の時に不穏になって暴言を発したり、固まって動かなくなってしまうことが多かった。また、言語力の低さや長期の不登校のため、学業の定着が不十分で、授業への集中も続かないことが多く、授業の進度についていけない部分もより明らかになってきた。学校と学園で話し合い、それらの科目の時には学園の職員が１人サポート役として授業場面に入ることとした。教諭が授業を進めてい

くのと併せて、本児が理解しにくいところやつまずきやすいところで、学園職員が指示を個別に伝えたり、解き方のヒントを伝える等して、本児が全体の授業についていけるような個別的なサポートを実施した。だが、本児のプライドにも配慮するため、本児を重点的にサポートするために入るものの、クラスの生徒には「全体のサポートをする役割」として授業場面に参加することとした。

　また、当初は主に学習支援の役割として授業場面に入っていたが、本児自身どうしても調子が優れない時や暴言を発してしまいそうな時に、サポート役の職員に自分の状態を話し、教室から離れて休みたいと伝えることも出てきた。今までは、そのような状態になっても適切な形で周囲に伝えることができず、暴言等不適切な形で表していたが、授業を教える教諭とは別に職員がその場にいることによって、不適切な行動が出る前に、自分でその場から離れることが、適切な仕方で用いてできるようになってきた。

　学園職員がサポート役として授業場面に入る前と入った後では、本児が暴言を発する頻度や不穏になる回数も減り始め、徐々にサポート役が必要な場面も減っていった。

● 1コマをリラックスできる時間とし、本児の負荷を軽減

　入園してしばらくの間、通常の時間割通りに1日の授業に参加することが難しい状況が続いていた。1日のどこかの授業で不穏になったり、注意に対して暴言を発したり物に当たる行為が見られたり、または固まって動かなくなる等の様子が見られ、教諭との関係の悪化や、学校への不適応感の増加が懸念される状況であった。

　不登校の期間が長く授業を受けていなかったこと、本児自身の知的面でのアンバランスがあり授業についていくのが難しかったこと、そのため周囲が感じる以上に疲労が蓄積されてしまうこと等、1日の授業を全て受けるための本児自身の準備ができていないと考えられる状態であった。

　そこで、学園と学校とで授業の形態について話し合い、1日のうちで1コマを通常の授業ではなく、本児自身が静かに休憩したり、エネルギーを蓄えるための時間として設定した。

　本児には事前にその必要性について説明し、本児が納得して始められるよ

うに時間をかけて話し合い、同意を得てからスタートしている。本児自身がその時間に取り組めそうなことについて、ある程度ピックアップし、どのような活動（または休憩の仕方）が望ましいか、始める前に担任教諭と担当職員で話し合い、この時間割がスムーズに導入できるように準備を行った。

また、同学年の児童に対しても、本児の授業中の様子などから、必要な支援であることを伝えて納得を得たうえで導入している。

1日を通して全ての授業に集中し続ける必要がなくなり、とりあえずその活動時間まで頑張ろうと本児なりのスモールステップとして機能したことや、若干不穏になってもその時間を切り替えの時間として利用することで、それまで見られていたような大きな崩れが徐々に減少していった。

■──関係機関との連携や役割分担

● 医療機関との連携

本児は入園した当初からすでに発達障害が疑われていたが、医療機関の受診まではつながっていなかった。入園してから保護者の了解のもと専門の医療機関を受診し、医師の診察を受けるとともに、心理士による各種心理検査を実施してもらうと、今まで考えられていた以上に、知的機能のアンバランスが大きく、年齢以上に取り組むことができる部分と小学校中学年レベル程度の力しかない部分があり、本人の生きにくさや学習面での個別支援の必要性がより明らかになった。また、医師からは薬も処方され、月1度の通院をしながら服薬の量を調整していった。

● 児童相談所との連携

保護者支援については児童相談所と連携して取り組んだ。

児童相談所と本児の状態について共有したうえで、本児が入園して1ヵ月後に母親との面会を設定した。面会が良好な雰囲気で実施できたことを確認したうえで、次のステップとして半日程度外出し、家族と一緒に過ごす時間を何度か設けた。そのような取り組みの中で、入園してから本児なりに頑張っていることや園内で取り組んだ行事等を伝え、少しずつではあるが本児が変化・成長していることを母親に理解してもらった。

また、入園して半年近く経過してから、母親自身も児童相談所で実施して

いるペアレント・トレーニングに参加するようになった。当初は参加に消極的であったが、学園内での本児の頑張りを聴き成長を実感するにともない、本児を養育するモチベーションが少しずつ取り戻され、ペアレント・トレーニングの参加につながっていった。

■——現状

入園当初の主訴行動である暴力は見られなくなり、暴言も減少したことから、入園して約1年後に自宅復帰となる。

入園前に見られていたような、暴力や暴言、物にあたるといった行動が現在は抑えられており、そのような時は得意の楽器を弾いたり、音楽を聴いたり、折り紙を作ったりと暴力以外の方法で自分の気持ちや行動を制御できるようになっている。また、暴言についても、まれに出てしまうことはあるが、以前のように何度も繰り返してヒートアップすることはなく、自分でストップをかけられるようになっている。

だが、新しいことや慣れない場面への抵抗は強いため、特に学校場面での行事等については事前に本児に内容や段取りを説明しておく必要は継続している。また、授業面で指示を聞き逃してしまったり、板書に他児より時間がかかったり等の様子は見られており、学習については引き続き個別に配慮してもらいながら取り組んでいる。

4　退園後の地域における支援体制構築の必要性

事例であげた児童は、入園前に適切な食事が与えられず栄養バランス、栄養摂取に偏りがあり（栄養学的ネグレクト）、昼夜逆転したゲームやテレビ中心の生活で睡眠時間も不規則で十分ではなく（身体的ネグレクト）、親戚宅に預けられたままの状態が長期間にわたっており（保護・監督ネグレクト）、十分な関心や適切なコミュニケーションがとられておらず（情緒的ネグレクト）、登校するために必要な準備や登校刺激が与えられていない（教育ネグレクト）状況であった。

生活支援と教育支援が一体となって提供できる児童自立支援施設の生活において、特に事例のようにネグレクトを受けてきた児童に対しては、栄養バランスのとれた食事を一緒に摂る中で、食べることの楽しさを感じられるよう配慮しながら偏食指導も実施し、夜は適切で十分な睡眠時間を確保し、日中の生活では洗濯物の畳み方、寒暖に応じた服装の選び方、居室の整理整頓の仕方等といった生活の基盤となるべき部分について、同じ生活空間の中で丁寧にかつ根気強く伝えていくことで、あたりまえの生活が心地よく快適であると実感できるよう支援することを心掛けてきた。そして児童の生活状況やその変化、生活場面での出来事を学校と共有することで、生活支援と教育支援がすれ違うことなく共通の目的をもって支援を実施することができたと思う。

　生活の場と教育の場が一体となって支援を提供できるという児童自立支援施設だが、それは退園し自宅へ戻った後、生活の場も教育の場も同時に変わってしまうということでもある。生活と教育の場の両方が同時に変わることは児童にとって負担が大きく、その児童を支える家庭にとっても十分な準備や支援が必要である。入園前と同じような状態に戻ることがないよう、アフターケアという形で支援を継続することはできるが、限られた中での支援にならざるを得ない。退園前にどの程度地域での支援体制を構築しておくことができるか、生活の場と教育の場が変わる退園時に、児童の負担が大きくならずにすむような円滑な移行をどの程度実施できるか、以前から課題として挙げられていることではあるが、今後も継続して取り組んでいく必要のある課題である。

　最後に筆者の経験が、同じように児童自立支援施設に勤務してまだ日が浅く、同じような経験をされている方々にとって少しでも参考になれば幸いである。

参考・引用文献
相澤仁、野田正人（2014）『施設における子どもの非行臨床』明石書店
イワニエク、ドロタ著、桐野由美子監訳（2003）『情緒的虐待／ネグレクトを受けた子ども‐発見・アセスメント・介入』明石書店
厚生労働省「児童養護施設入所児童等調査結果」（平成25年2月1日現在）http://www.

mhlw.go.jp/stf/houdou/0000071187.html
ヘルファ、M・E、ケンプ、ルース・S、クルーグマン、R・D編、社会福祉法人子どもの虐待防止センター監修、坂井聖二監訳（2003）『虐待された子ども——ザ・バダード・チャイルド』明石書店
三上邦彦編（2008）『子どもネグレクトアセスメント改訂版』子どもネグレクトアセスメント研究会
西澤　哲（1997）『子どものトラウマ』講談社現代新書
小栗正幸（2010）『発達障害児の思春期と二次障害予防のシナリオ』ぎょうせい
大河原美以（2004）『怒りをコントロールできない子の理解と援助』金子書房
社会的養護第三者評価等推進研究会監修、児童自立支援施設運営ハンドブック編集委員会編集（2014）『児童自立支援施設運営ハンドブック』　厚生委労働省雇用均等・児童家庭局家庭福祉課

第16章
母子生活支援施設における支援

大神　嘉（百道寮）

1　母子生活支援施設とは

　母子生活支援施設は、大正期に「母子寮」という呼び名でその源流を見ることができる。法律上に位置付けされたのは、1932（昭和7）年に施工された「救護法」であり、その後、1938（昭和13）年に施行された「母子保護法」により規定され、その数が増加していった。

　1997（平成9）年の児童福祉法改正で、施設の目的に利用者の生活支援が加わり、名称も母子寮から母子生活支援施設と変更された。近年では、ＤＶ被害者や虐待を受けた児童の入所が半数以上を占める。

　母子生活支援施設では、母子の暮らしを支える日常的な支援によって子どもの安全を守りながら、母と子それぞれに寄り添い、親子関係再構築支援を並行して実践していくことが可能であり、それが最大の強み、特徴である。また、入所支援により親子の状況や変化をつぶさにとらえられることができ、早い段階で状況に応じた支援を行えるという利点もある。

　他の社会的養護関係施設が主に都道県の所管する事業（児童相談所の措置）であるのに対し、母子生活支援施設は、市町村事業（福祉事務所の委託）となる。厳密にいうと都道府県と市福祉事務所、町村で福祉事務所を設置し所管している事業である。入所対象者は「児童福祉法第23条に規定する当該母子世帯で、福祉事務所に入所申請を行い受理された者」であり、該当する母子世帯の母親が福祉事務所に申し込みを行い、福祉事務所と対象者との「契約」により入所が決定される。そのため、入所に関しては福祉事務所のケー

スワーカーが中心となってかかわり、入所段階で児童相談所が関わっていることは少ない。

　入所理由の多くは、DVからの避難であり平成24年度全国母子生活支援施設実態調査報告書では、入所理由がDVによるものが55.5％、次に住宅事情によるものが18.3％、経済事情によるものが10.4％であり、入所理由の8割以上が「暴力」と「貧困」である。また、近年では未婚の母や若年母子の入所が増加傾向にあり、若い母親たちが、両親や親族からの支援を得られず、入所に至るケースも少なくない。

　このように、入所主訴は母親の抱える課題である場合が多く、支援においても入所時点では母親の抱える課題が中心的課題となりやすい。

　また、虐待リスクの高い母子への支援では、母親が虐待に及びそうになった時にいかに即座に対応できるかが重要である。母子生活支援施設では、日常的に母子の暮らしを支えており、職員が24時間体制で支援できるようさまざまな取り組みを行っている。虐待リスクのある母子の親子関係再構築支援においても、子どもの安全は徹底して守られる必要があり、虐待リスクのある母子にとって、その状況に応じて即座に危機介入できる体制がある事は大変重要である。

　地域での生活では、親の様子を細やかにモニタリングすることが難しい面もあるが、母子生活支援施設では日常生活の中に職員がおり、母子の変化もとらえやすい。母親の養育スキルが十分でなく、母子だけでの生活が難しいケースでも、母親のそばでモデルとなるかかわり方を見せるなど、生活場面を通して直接的な支援を提供することが可能である。

　母子生活支援施設の人員体制は、虐待対応に対して即時介入に十分な体制が確保されているわけではないが、虐待リスクへの支援は重要な支援の一つである。

　今後の課題としては、施設による取り組みの差が大きく、住む場所の提供にとどまる施設もまだまだ多い。これからは、すべての施設が、母親に対する支援・子どもに対する支援・虐待の防止・母子再統合の支援・アフターケア・地域支援等、利用者支援の充実が求められている。

2 施設で出会うネグレクトの特徴

　先に述べたように、未婚の母や若年母子の入所が増加傾向にあるが、その結果、経済力の低い母親や養育に関する知識に乏しい母親が増えている。したがって、貧困や養育力、生活力の低さなどが原因で「ネグレクト状態」に陥るケースが母子生活支援施設でのネグレクトの特徴としてあげられる。

　利用者の中には、自身が幼少期に虐待を受けていたり、発達障害や軽度の知的障害を持ちながら、適切な教育を受けることなく、今も生きづらさを感じながら生活している母親もいる。養育力の不足、生活力の低さには、こうした要因もある。以上のことを考えると、利用者の多くが「ネグレクト状態」になりうる可能性があるといえるのかもしれない。

　経済力の乏しさを示す顕著な例として、就労状況がある。正規雇用の利用者は全国的に少なく、実態調査では「正規の職員・従業員」が39.4％、派遣社員を含む「パート・アルバイト等」が52.1％と、多くの利用者は非正規雇用であり、月収も10万円を切る利用者も少なくない。母子生活支援施設の利用者は、自身の入所理由とは別に「ネグレクトに陥る原因」と言われている、①貧困、②薬物、③アルコールの乱用、④精神障害、⑤ひとり親（片親）という5つの要素を満たす状況が身近にあるということなのである。そこで、この5つの原因と利用者が抱える課題との関連性について考えてみたい。

　貧困については、先に述べたように、非正規雇用の利用者が多く、安定した就労と収入につながり難い状況であり、母親に能力ややる気さえあれば、解決する問題ではないため、就職できないというだけの問題ではなく、将来的にも深刻な課題である。逆を言えば、就労支援がうまく機能し、就労が軌道に乗れば、自立に向けた大きな一歩になることは間違いない。

　薬物については、覚せい剤などの違法薬物の問題は、多くはないが、簡単に違法薬物が手に入る状況を考えると、無関係な話ではない。また、医者から処方された薬でも過剰摂取や飲酒状態での服薬などの問題も多く、以前に

比べ服薬管理が必要な利用者は増えてきている。

アルコールの乱用については、母子生活支援施設は児童福祉施設ではあるが、施設を利用している母親は大半が成人しており、飲酒については問題がないわけであり、施設として制限することは難しい。しかしながらアルコールの問題を抱えている者は少なくなく、アルコールの乱用により、自身の寿命を縮めたり、子への虐待に発展したりと多くの問題を孕んでいる。

精神障害や精神病を発症している利用者は母親、子どもに限らず増加傾向にあると思われる。実際、筆者が入職した頃と比べても増えてきていることは実感している。理由として考えられるのは、やはり、DV問題が大きいと思われる。DV被害から、うつ病を発症した母親などは、セルフ・ネグレクト状態となり、外出できるようになるまで、半年以上かかったケースもある。

ひとり親については、母子生活支援施設の利用者全員がひとり親である。最近は、DVが原因で離婚するケースが増えてきているが、夫側から出される離婚の条件として、面会交流を求めるケースが増えてきている。裁判所も容認する傾向にあり、離婚が成立しても安心できず、面会交流の日が近づいてくると不安定になる母子も少なくない。

このように、「ネグレクト状態」に陥りやすい環境にあると思われるが、そのような中でも子どもにたくさんの愛情を注ぎ、一生懸命仕事をし、子どものために日々頑張っている母親も多く入所している施設でもある。

3　事例でみる支援の実際

CASE1　母親と職員との関係再構築

■──家族構成と成育歴

母親：20代、生活保護受給

長女：幼児。家庭保育

母親は幼少期に相次いで両親と死別し、乳児院、児童養護施設で成育した。中学校卒業後、昼は工場で住み込みで働きながら、夜間は定時制高校に

通い19歳で卒業する。高校卒業と同時に働いていた工場を退職し、以後居所、職業を転々とする。浮浪中に子の父と公園で知り合い、内夫が働いていた建設会社の寮で同居生活に入った。内夫は素性の知れない流れ者で、5年ほど前から建設会社で働いていた。

しばらくして、妊娠していることがわかり、福祉事務所に助産制度の利用申請をする。手続き完了前に8ヵ月で自力出産し、病院に入院する。出産費用も払えず生活にも困窮していたため、周囲は内夫に生活保護の受給を勧めたが、内夫は置き手紙を残し行方不明となった。

長女は出生後すぐに乳児院入所となり、母親が乳児院に通い育児指導を受ける。乳児院入所中の長女を引き取るにあたり、母親の能力（軽度の知的障害ではないかと思われたため、療育手帳の申請を勧めたが、かたくなに拒否し、手帳取得までは至らなかった）、住宅環境が不衛生であること、身寄りもなく社会的な支援も受けられていないことから、母子生活支援施設への入所となった。

■──ネグレクトの状況

母親には子育ての経験がないばかりか、実母が幼少期に死別しているため母親モデルもなく、理解力も乏しかった。そのため施設職員が積極的にかかわり、養育支援を行っていった。入所当時は前向きだったが、次第に用事や体調不良を理由に職員の居室訪問等を避けるようになり、長女が保育園に入園し、母親も就労を始めてからは職員に対して反抗的になり、生活も荒れていった。子どもが着ている衣服にも汚れが目立つようになり、保育園から施設へ養育面で心配との連絡が入るようになる。

居室の火気点検のため、居室訪問をすると居室の状況は床が見えないほどゴミ袋が散乱していた。台所は洗っていない食器が山積みで、残飯もそのまま放置されていた。タンスの引き出しには鍋や包丁、靴、衣類、残飯が入れられており、そこから虫が湧いて、さながら害虫の住み処となっている状態であった。

養育に対しても、後ろ向きな発言が増えていき、長女を施設に預けて一人になりたい、自分自身も施設で育ったから長女も施設に入れると訴えるようになる。

■——支援の内容と工夫

　長女が愛着性障害と診断され、不登校や自身のまつ毛を全部抜いてしまったりと、情緒面での不安定さが出てくるようになったこともあり、改めて課題の整理と施設が行ってきた支援の振り返りを行った。その中で、母親が職員に対して反抗的な態度をするようになった頃から、関係性が崩れていったが、それに対して関係を修正しようと職員側からの働きかけもなく、いろいろな場面で注意することばかりが増えていき、結果的に母親を追い詰めていただけではなかったのか。また、長女の成長に伴い能力面で長女が母親を追い越し逆転現象を起こしているのに、状況に応じた支援を展開していないことなどが見えてきた。

　当時は担当制でなかったこともあり、支援の統一性も図られておらず、場面場面で異なった職員が対応していた。そこで世帯への担当を決め、世帯の状態を確認しながら、とにかく母親の話を十分聞くように努めた。母親のヒステリックな声や子どもの泣く声が聞こえた際は、居室に職員が行ったり、長女を預かるなどして、母親の困り感や苛立ちに共感しながら対処方法を一緒に考えたり、時には母親が働いている飲食店に職員が出向き、母親の頑張っている姿を見て、子どもに伝えたりと関係の再構築に力を入れた。

　職員との関係が改善された頃から、少しずつ課題を提示し取り組み方を職員と話し合いながら、計画を立てていった。

　まずは居室の清掃から始めて物の置く場所を決めたり、出したものは元の場所にしまうことを習慣づけようとしたが、清掃については片付けてもすぐに散らかってしまい、なかなか改善には至らなかった。

　調理については、今までに料理の経験がほぼ皆無だったこともあり、調理指導からスタートしたが、調理器具も揃っていなかったため、別部屋を用意し、週1回の調理指導を行った。

　母子とのかかわりの中で見えてきたことは、母子で一緒に作業をしていても母親から子どもに話しかけたりすることがなく、職員を間に入れて何とかコミュニケーションが取れているような状態であったため尋ねると、母親自身が子どもとのかかわりをどのようにしたらよいかわからず、戸惑っている姿が見えてきた。特に団欒的なかかわりが苦手と話し、居室でも親子喧嘩をしているか、それぞれが自分のやりたいことをしているとのことであった。

そこで調理指導を週1回から2回に増やし、料理を教えるだけでなく、職員も一緒に食事を食べることで団欒的な雰囲気を意図的に作ったり、片づけの際、子どもへの手伝いの促しの声掛けの仕方やタイミングを伝えたりしながら、親子関係の調整を行った。

また、これまでに長女の授業参観等の学校行事に対して消極的であったため、調理指導の日に小学校の担任やかかわりを持っている教師を招待したりと、かかわりを深めていった。

この世帯については、長女が高校を卒業する18歳で退所し、現在も母子で暮らしている。十分な支援ができたとは思わないが、今でも節目節目で手紙や電話をしてくれる。その内容がすべて長女の就職や頑張っている姿を伝えてくれるものであり、支援してきた側としてうれしく思う。

CASE2　　施設に帰らなくなった母子

■――家族構成

母親：20代、派遣社員
長女：小学1年生
長男：保育園児

■――ネグレクトの状況と支援の経過

離婚し、実家の支援も受けられず住むところもないため入所。入所から半年ほどは特に目立ったこともなく職員ともあまり話をしないおとなしい印象であったが、光熱費の滞納や高額な通信販売の購入、代金の滞納が目立つようになり、そのことで職員が事情を聴いた頃から職員と距離をとるようになった。関係が作れないまま推移したため、職員との関係再構築を目的に母子支援員から家事支援等を提案したが、母親は「大丈夫」と断り、家庭の状況を知られることに強い抵抗感を示した。

長女が弟の保育園への送り迎えや世話などを担う様子が見え、遊びに行くことや学習室への登室も減り、負担が増えていたため、女性の少年指導員が積極的に長女にかかわりを持ち、個別対応を通して本児の気持ちに寄り添うよう努めたが、母親の話になると口を閉ざし、本児の気持ちを聞き出すまで

の関係構築にはなかなか至らなかった。

　ライフラインはこれまでに停栓・開栓を繰り返していたが、ある時から復旧されないままになったため、関係機関と協議し、児童相談所が指導を開始したが、母親は応対しない状態が続いていた。子ども達は学校には登校できていたが、トイレは施設の供用トイレを使ったり、学校の水道でペットボトルに水を溜めて持ち帰る姿が見られるようになったりと、生活は日に日に悪化していった。この間、児童相談所との面会は一度もできていなかったため、児童相談所職員に施設に来てもらい、母親の帰寮のタイミングでようやく面談ができた。児童福祉司から「施設職員のサポートを受けること」「ショートステイや一時保護利用が可能なこと」「現状が改善されなければ母子分離の可能性もある」との方向性が示されたが、分離には拒否感を示し職員のサポートを受けて生活を立て直すことを約束する。

　ライフラインが止まってから、施設には寝に帰るだけの状態であったため、まずは居室の清掃から始めたが母親は一度一緒に取り組んだだけで、あとは長女にやらせるようになったため、長女への負担を考慮しながら実施。だが、結果的には続けることが困難となり中断せざるを得なかった。

　中断後間もなくから、母子で外泊を理由に施設に戻らなくなり、子どもたちも外泊先から学校に登校するような状態となったため、児童相談所が学校に出向き子ども達と面会したものの、母親と別れて暮らすことは姉弟共に拒否し、身なりもきれいであり、やせたりもせず、今の生活に不自由さを感じていないように見えたため、職権での保護は難しいとの判断により現状を変えることはできなかった。

　のちに、子ども達は祖母宅で生活していたことがわかる。以前、施設から祖母に援助を依頼したのだが、自身が高齢であることと娘とはかかわりたくないことを理由に拒否。以降音信不通になっていたのだが、やはり孫のことを不憫に思ったのであろう、自宅を売却し施設の近辺に引っ越し、子ども達の面倒を見てくれていたのである。結果的に祖母の自宅売却等の自己犠牲により、子ども達は救われたのである。

■──事例から学んだこと

　本ケースを振り返ってみると母親は新しい環境や人との関係を構築するこ

とが不得手であり、そのような母親のパーソナリティを理解しないまま、光熱水費の滞納という母親にとっては嫌な部分からかかわりが始まったため、職員との関係が構築できないまま課題ばかりが先行し、母親の気持ちや地道な関係構築に向けての働きかけなどができていなかったように思う。

　本ケースも、その前に紹介したケースの頃も心理職員がまだ配置されていない時代であり、心理面からのアプローチの重要性など定着しておらず、今のような支援計画の枠組みすらない時代である。本ケースでは祖母の存在があったため、大事には至らなかったが、祖母がいなかったら一体どうなっていたのだろうと考えるとゾッとする。

　今も昔もそうであるが、母子生活支援施設に入所する利用者の中には多くの課題を抱える母子が少なからずいる。その課題すべてを支援課題として捉えるのではなく、母親の状況や子どもの発達に応じた重点的課題を明確にし、それに基づいた支援計画をしっかりと立案すると共に、計画に沿った施設でのかかわりを丁寧にそして切れ目なく実践していくことが重要であると考える。また、退所後の生活にも重点を置き、母子生活支援施設だけで完結することなく、地域の中にある他職種、他機関との連携し、いろいろな資源につなぐことなどについても、今後積極的に実践していかなければならないと考える。

第17章

民間支援団体における支援

坪井恵子（一般社団法人ストリート・プロジェクト）

1 ストリート・プロジェクトとは

　一般社団法人ストリート・プロジェクト（略称：ストプロ）は、福岡市博多区を拠点に、主として15～25歳の中卒・高校中退・高校生（以下、ユース）に無料で食べる・働く・学ぶための支援を伴走型で行っている団体である。活動の場および事務所の愛称は「ごちハウス」。このごちハウスで、主として「高認（正式名称：高等学校卒業程度認定試験。文部科学省資格）取得メインの無料塾」「ナースたまごの会等仕事探し」「オウチごはん（相談）」の3つのプロジェクトを行っており、常時10人ほどのユースが利用している。無料塾はその名のとおり、勉強を無料で教える塾で、一人ひとりの子どもの目標にあわせてボランティアの教師を組み合わせ、高認受験対策のほか、県立高校通信制課程のレポートと定期試験、准看護学校受験対策、英会話などの学習支援を行っている。ナースたまごの会は、看護師を考えたこともなかったユースに情報提供と後押しする仕組みで、これまでに数名のユースが看護師になった。なぜ看護師なのかについては後述する。オウチごはんは、無料塾とセットで皆で食べるごはんとは異なり、子どもと大人が二人きりでちゃぶ台に並び、ごはんとお味噌汁が定番の普通のごはんを食べるものである。ごはんの力はとても大きく、心を開いた相談につながる。詳しくは後述する。
　ストプロの前身は、2009年5月に市内の市民センター研修室を借りてスタートした高認取得のための無料塾である。筆者の子どもが中卒になったことをきっかけに塾設立を思い立つも現実的に何をすればよいのかもわから

ず、何度も諦めながら2年後にある人との出会いと協力があり、実現することができた。

　当初は講師を雇用しての有料塾を想定していたのだが、その協力者から困窮する中卒者（高校中退含む）を対象にすることを勧められ、中学校卒業後の15歳から39歳、生活保護受給世帯の親と子、ひとり親世帯の親と子、その他、経済的に厳しい状況にある人たちを対象に「困窮による中卒者（高校中退含む）のための高認無料塾」とした。

　塾をするにあたっての教材選び、授業の進め方、高認取得後の進路、塾生の家庭環境（親子関係）および学歴以外に抱えている問題など塾をする上でのノウハウからメンタル面まで、その協力者から幅広くアドバイスを受けた。そして、何より大切なアドバイスの一つが、「高認を取っただけでは最終学歴は中卒であり、高認を取ったからといって人生が変わるわけではない。社会的には何も変わらない。したがって、高認取得後は必ず『まず食べることのできる職業』に就くことができるよう、そこまで伴走すべきだ」というものだった。

　そして具体的に提案された職業が、看護師・自衛隊・地方公務員の3つだった。このアドバイスは決して塾生がもっている夢を諦めさせるものではなかった。まず、経済的な安定を獲得した上で、本来の希望の進路や職業を目指そうという、少しだけ遠回りにはなるけれど納得のいく提案であり、進路であると思った。そこで看護師については2010年秋ごろから、前述の「ナースたまごの会」をつくったのである。

　活動を始めた早い時期に気づいたことがある。高認は働きながら子育てしながらでも自分の生活スタイルに合わせて資格取得を目指すことができるし、受験費用も安い。そして、受験対策は無料塾でとなれば良いことづくしにも見える。ところが、現実には高認を取得し、進学したい学校の受験ができたとしても、また、学力にも自信があったとしても、受験料はじめ在籍期間の学費はもちろんのこと、その間の生活費もユース自身が賄わなければならないのである。また、誰もが高認取得や進学を目指せるわけではない、いやむしろ目指せないほうが圧倒的に多いということもわかった。

　その他にも気付くことはたくさんあった。たとえば、居場所づくりや学習支援以外の多岐にわたるサポートを必要とするユースの存在。心の居場所が

なく、ぎりぎりのお金で生活するユースに私たちが出会うには、「勉強」が入り口ではハードルが高く、狭いということにも気付かされた。それでは誰でもやってくることはできないのである。たとえ来ることができたとしても、勉強を続けるうちにギブアップする可能性もあり、そうなると二度と来ることはなくなる。そこで「無料でごはんを食べられる」というもう一つの入り口を作ったのである。「ごはん」を食べに来たけれど、勉強も教えてくれるらしい。「勉強」に来たけれど、ごはんも食べられる。そして、和室でゴロゴロしたりお昼寝したり、時々泊まることだってできる居場所。「無料」で学び・食べ・泊まることのできる実家みたいな居場所「ごちハウス」は、このような流れで2014年4月に誕生した。ごちハウスとは「ごちそうさまが言える家の略」である。ユースが利用する日、筆者はエプロンをかけ美味しそうな料理のにおいで彼らを迎えている。

2　ストプロの特徴

①伴走対象者（利用者）の年齢と属性

利用者は、ぎりぎりのお金で生活をしている中卒・高校中退・高校生で中学校を卒業した15歳から25歳である。すでに自活しているが安全で健全な生活ができていないユース。保護者（親）から養育放棄されているため、生きていくために自分自身が働くしか道がないユース。彼らはしっかり働くことのできる体力と働き続けるために最低必要な人間関係を築く力をもっている比較的エネルギーの高い子どもたちである。

保護者（親）は存在するが、保護者が自身の幸せを最優先にし、わが子を所有物（モノ）としか考えず、生活の保障をしないどころか搾取したり、進路を阻むなど、全くもって保護者として機能していないことが多い。経済的なことを中心とした積極的虐待を受けている状態といえるだろう。

まだ学籍があるうち、特に義務教育のあいだであれば大勢の大人がユースのすぐ近くにいる。SOSを出していないかとアンテナを張り、SOSを出せば助けてくれる大人がいるわけだが、ひとたび高校を中退してしまったなら

所属先がなくなり、セーフティネットからどんどん遠ざかる。もともと、保護者以外の大人の目にも触れず中学生などで家族の生活費を稼いでいる子どももいると聞くし、養育放棄・支配などで高校受験をさせてもらえず中卒になったユースもいる。児童相談所への相談や一時保護を勧めても「どうせ親元に戻されるから、スマホを取り上げられるから嫌！」と断るユースの話もたびたび耳にする。私たちは、彼らのように所属先がなくなったまま、どうにか外で暮らす（自宅には帰りたくない、帰れない）ユースがごちハウスにたどり着けばと願っている。もちろん、リスクはあるが関係性を深めた上で、しかるべき関係機関に繋ぐことはできるだろう。

②法人格ではあるが、とても個人色の強い活動団体
　前述したように、無料塾を始めたきっかけは団体代表者である筆者の実子が非行により不登校となり、高校受験をせず中卒になったことである。もし子どもが非行に走っていなければ「非行と向き合う親たちの会」につながることはなく、高認塾の情報を得ることもなく、100％活動を始めていなかったであろう。始めた当初から現在まで、いつも支援者（第三者的大人）視点ではなく、「わが子なら」の思いで必要な活動を広げてきた。そして、法人格ではあるが、組織体制は弱小であり、事業方針・計画を立てて実行・実現していくというやり方ではなく、筆者が「〜が必要だから始めよう！」「ユースの夢を叶えるために、人生の可能性を広げるために、さまざまなスキルや経験を持った人を探そう！」「◆×△な問題を解決するために◆×△な人にも参加してもらおう！」「新たな資金調達方法として〜をします！」などの希望や目標、計画をごちハウスに集うボランティアさんに直接伝えて手伝ってもらったり、資金や物品提供などで全国に住む同じ思いの人々から間接的に支えていただきながら、ユースの明日の幸せを願うみなさんの思いを載せて、形にする活動をさせてもらっている。

③公的な資金は活動開始時から現在まで入っていない、受け入れない
　ほぼ100％のユースが行政の紹介でやって来るが、業務委託契約をしているわけではないので無償で受け入れること自体、不自然ではないかとの声も多々聞かれる。しかし、大人の都合で中卒になったり、ごはんを食べること

ができなかったり、安全安心な場所での生活を奪われたユースたちの受け入れ先は他にないと認識しているので、対応（伴走）できると判断した場合はすべて受け入れている。ただ、ストプロにつなげばいい、つないだら終わりという人からの紹介は受け入れを断っている。なぜなら、一人でも多くの伴走者がユースには必要だからである。「では、これからはストプロで」とバトンタッチされるわけにはいかないのだ。彼らこそ応援者・支援者を増やしていくことが必要であり、成育歴や背景を把握している立場の人たちと共に伴走していくことを私たちは目指している。近年、生活保護の受給要件には届かないが、現実的には生活保護受給世帯より厳しい生活をしている家庭（生活困窮者自立支援法）への支援も始まったが、生活保護受給世帯でもその世帯員としてしっかり食事を取り、学校に通うことのできる保護費が支給されながら、その子どものために使われず、好き勝手に使ってしまう保護者を持つ子どもに重ねて公的資金は使えない。しかし、彼らこそ受け入れるべき子どもたちであると思う。

④出会った時がゼロスタート。過去は聞かない

　私たちの支援の基本は過去を聞かず、出会ったときがゼロスタートという考えである。当団体が得た情報の真偽のほどはわからないが、裏づけを取ることもない。よって、実親の年齢や名前、職業、住所なども知らない場合がほとんど。利用する本人の現在の住まいの状況と目指すところ（ごちハウスを利用する目的など）がおいおいにでもわかればよしとしている。

　ユースの多くが、義務教育が終わり働くことのできる年齢であり、見た目も大人ではあるが、やはり家庭環境などにより実年齢より社会年齢が少し低めな印象がある。そして自己肯定感も低めという彼らが縁あってやってきたごちハウスで、「私はココにいていいんだ！」「まんまの自分でいいんだ！」と自分の居場所であると感じてもらうと共に、一つでも二つでも、ごちハウスにやってくる理由（利用価値）が見つかればいいと思っている。

　彼らに通い続けてもらうためにはリスク回避は必至である。前述の個人情報は3名の理事のみが把握し、学習支援およびハウス内の家事などで活動するボランティアには名前と年齢と、高認受験のユースであれば「△月の試験で◇◇科目を受けるのでよろしくお願いします！」が紹介のすべて。その後

も、住所、きょうだい、お小遣い、趣味云々などの個人情報については一切聞かないというルールを設けている。なぜならどの質問1つとっても爆弾になりうるからである。たとえばきょうだいの話をしたとしたら、もしかしたら目の前のその子だけが虐待されているかもしれない事実に突き当たるかもしれない。お小遣い（お年玉）の話をしても、目の前のその子どもは一度ももらったことがないかもしれない。

　この私たちの方針については、ボランティアの説明会や面接のときに丁寧に説明し理解してくれた人だけに参加してもらうようにしている。利用するユースたちには団体から話題制限をしたことはないが、ユースみんなが何かしら保護者との関係で問題を抱えていると認識しているようで、相手の家庭の事情などに踏み込むような話はしない。親しくなって、傷けられたり、傷つけたくないという思いがあるのかもしれない。よくよくユースの様子を見てみると、話し相手は大人である（ユースには友だち作りの場でないことを伝えている）。

⑤「待つこと」とオウチごはん（その子のために作ったごはん）

　私たちは決して支援を急がない。単年決算で業務（支援の状況）報告などを求められる行政のサービスとは異なり、タイムリミットを設けないのが当団体の方針であり強みである。そして、机に向かい合ってではなく、その子の嫌いな食材を外したお皿数の多い手作り料理をちゃぶ台で大人と二人きりで食べる。「はじめまして」の挨拶がこのちゃぶ台での二人ご飯。向かい合わず隣の座布団に座ってお喋りしながら食べるごはんは、短い時間でお互いの関係を近づけ深めてくれる。「ごはんの力」は本当に大きい。二人きりの安全・安心な空間で食事を重ねるうちに、「あのね…」と辛かった子どもの頃の話や嬉しかった思い出、自慢話などが出てくる。親への思いや自分の今の気持ち、将来のことなど、無理なく少しずつ話はじめてくれる。そうかと思えば、時々、「今日ごはん食べに来ない？」「行きまーす！」という関係を続けて1年経ったある日、初めて聞く話がユースからポロポロ出てきたりする。そんな、ゆるく時間をかけた関係を続け、大切にしながら、彼らが今困っていること、実はやってみたいこと、手助けをして欲しいことなどが、自然に彼らの口から出た時に「そうだったんだね、わかったよ！」と、私た

ち「ごちファミリー」は全力で手助けし伴走する。彼らが望めばいつだって「ただいま」と帰って来られる"実家みたいな居場所"でありたいと思う。

⑥子どもの福祉および精神医療の領域の専門職はいない

専門職はいないが、熱い思いをもった大人たちがユースに寄り添い、見守り、必要があれば自身の知識や経験、スキルがユースに役立てばと提供してくれる。そんなマスターマインドのチームワークを目指している。ストプロの活動趣旨に賛同しボランティアとして直接的にユースに関わるメンバーの約半数は、その度合いは別として当事者であったり、その家族、また当事者の身近にいた人が多い。

その一方で、まったくネグレクトとは無縁な環境で育った人々もいるため、そこで最低限の知識を共有し、意識の統一を図るため、ボランティアに応募する際には、ストプロの活動紹介＆ボランティア説明会への参加と2冊の課題図書（魚住絹代『女子少年院』角川書店〈角川oneテーマ21〉、黒川祥子「親から子どもへ　鎖　なぜ生活保護は受け継がれるのか」『g 2』14号、講談社Mook）を読んでの感想文も含めた申請書の提出が要件になっている。活動時の交通費も持ち出しという他に例をみない、「思い」がなければ続かないボランティア応募者には、あまりにもハードルが高いとの意見もあったが、信頼できる子どもの福祉現場の先輩の方々にも相談して賛同していただいた上で取り決めたものである。容易に入手できない本を購入または借り、本の感想だけでなく、応募者自身の成育歴と重ねての感想までも求めている。読み始めただけで自身の過去がフラッシュバックしたり、自分の知らないあまりにも過酷な世界に生きる子ども達に思いをはせ、苦しくなって読むのをやめてしまった人、また、読み終えたが到底直接ユースに対面することは自分には無理だと間接的な支援を考える人もいる。このような経緯で面接、そして仮登録という流れで活動に参加してもらっているのが、「ごちボラ」（ごちハウスで直接ユースに寄り添うボランティア）のメンバーであり尊い仲間であり、ユースにとってはやさしくて安心して頼れる大人だと思う。

そして、現場に立つボランティア同士は初対面の時から旧知の仲とまでは言えないが信頼関係があり、ユースだけではなく大人たちも安心安全な場所で活動ができていると思う。

⑦私たちが関わるのはユース限定（保護観察対象者を除く）

　7年半の活動の中で出会ったユースは200名余りだが、ユースの保護者と対面したのはわずか10余名であり、その半数は紹介の行政の仕組み上、会わねばならない人たちで、自発的に会いに来た人はほんの数名である。これまでストプロを利用したユースの6割以上はすでに実家を出て一人暮らしをしており、彼らの保護者の多くは保護者としての義務を果たさないなど積極的養育放棄をしている人たちで、社会の中でも孤立気味、干渉や指導、批判を嫌う人たちであると思われる。よって、当団体にわが子が出入りすることをよく思わなかったり、団体の存在自体を望まない人たちがいることを活動の中で知った。いずれにしてもごちハウスを利用するユースは望む望まないは別として保護者との交流がなかったり、同居していてもストプロのことを話していないケースがほとんどである。

3　ストプロにやってくる子どもたち

①関係する機関

　2009年活動開始当初は、土木現場や飲食関係の職に就いているユースがほとんどで、中卒のまま社会で働き続けることの厳しさや将来を考えての入塾希望者が多かった。年齢も20歳以上、自らWeb検索したり、twitter、mixi、モバゲ（最近はfacebook）からの問い合わせが多く、その後実際に入塾し、モチベーションも高く、高認取得もするユースがほとんどだった。だが、最近はごちハウスにやってくるユースのほぼ100％が、行政の関係機関からの紹介である。行政から業務を受託することも、公的機関と協働することもないのだが、2011年に活動の幅を広げるため常設の居場所（事務所）を設置して以降、都心部で利便性がよいこと、メディアで取り上げられることも多くなり、周知されるようになったことが理由のようだ。

　具体的には児童相談所、各区の保護課および保護課に在籍するこども健全支援員（福岡市からの業務委託で社会福祉士が必要な家庭に子ども専属でサポートに入る制度）、各区の家庭児童相談室、スクール・ソーシャルワーカー

（SSW、担当校）、高校の生活指導担当者（SSWの助言あり）により高校から自立援助ホーム、弁護士による支援団体、ホームレス支援のNPO、保護観察所など。児童相談所からの紹介が増えたことで一気に利用者の年齢が下がった。ある時期は無料塾で同席した6名が全員一時保護経験者であったのには驚いた。

　保護観察所にあっては筆者が保護司になる前からたびたび問い合わせがあり、具体的には少年院仮退院およびそのOBを数名受け入れた。保護司複数制施行後は、ごちハウスの無料塾で学ぶ場合、副保護司として担当することもある。保護観察対象者の面接もごちハウスで行っており、所属の保護区を問わず全域から受けている。

②ストプロに来る子どもたちのネグレクト状況

　本書はネグレクトについて研究者や支援者がそれぞれの現場から執筆している。筆者にも虐待の事例を紹介するよう要請されたのだが、団体の特徴で述べたように、「出会った時がゼロスタート、過去は聞かない」という活動を行う上での大原則があるため、ほんの数名を除いて、虐待の詳細内容について知らない。また、それを聞く立場でもないと考えている。ユースが口にしない限り、私たちが知ることはない。ここにあげるものはユースの語りから実際にあったと思われることではあるが、真実である証拠はない。あくまでも彼らの語りの再現であることを理解していただきたい。またプライバシー保護の観点から多少の変更を加えている。

【A子】15歳。遅刻・欠席のなかった生徒が、突然欠席したのでわかった家庭の実態。保護者不在で通学定期券が購入できなかったのが理由。食事、ライフラインなど最低限の生活が保障されていなかった。

【B子】17歳。自活を強いておきながらアパートの賃貸契約を結んでくれない。

【C君】21歳。暴力と強制労働的に幾つものバイトを掛け持ちでさせられ搾取された。

【D君】15歳。母子家庭。母の交際相手が変わるたびの引越しは15歳までに10回。夜はいつも弟と2人で留守番。

【E子】19歳。高卒。過干渉、支配、暴力など壮絶な親とのバトルの末、家を出た。自ら親との連絡を絶ち、ギリギリの自活生活。
【F子】21歳。高校1年中退。精神的な虐待の連鎖の中で、「死ね」「出て行け」と怒鳴られるが最後は泣き落としで連れ戻される。マインドコントロールの実際を見た。「生まれてきた意味がない」と泣く。
【G男】18歳。高校1年中退。両親の別居、離婚、再婚などが繰り返される中、転居（友達との別れ）、転校（学力不振など）などで振り回される生活。自分の希望や意見は通らない。子どもは無力。
【H男】16歳。高校1年中退。母子家庭。生活保護を受給しているが食事が日に1食。

③さまざまな伴走
　以下は少し詳しく、子どもたちの様子と支援内容を紹介する（なお、プライバシー保護のため、子どもの名前は仮名。内容も変更を加えている）。

●マイ
　16歳。高校は受験せず中卒。将来、保育士の資格を取りたい、そのための一歩が高認取得ということで勉強に通い始めた。少しずつ進学先や学費のことなどを話す中、勉強に対してとても意欲的で理解も早いとわかり、費用が少なくて済む県立高校定時制か通信制への進学を勧めた。しかし、高卒の必要性は理解しながらもYESが取れない中、たまたま話した〈ハローワークの支援訓練／パソコンコース〉に強い関心をもち、資格を取って事務職に就くことが新たな目標に。資格を取っても学歴が中卒では就職はかなり難しいこと、パソコンのスキルだけでなく幅広い知識や経験も必要だからと再度高校進学を勧めたが、資格取得が最優先という固い決意を尊重し、訓練校入学に向けて伴走を始めた。筆者の子どもが受講（当時は基金訓練）し資格取得をした経験があるので大体の流れは知っていたが、以前からハローワークでの求職活動はストプロユースが一人でするのにはハードルが高いと感じていたので、実際にユースが応募する時は初回面接時から同行同席し、伴走者（支援者）であることを説明。幸いすぐに理解してもらい、以降都合がつく限り面接時に同席することができた。おかげで、触れられたくない親の話が深

まることを避けられた。必要な場面で補足説明をすることもできたし、直接担当者に相談などもできてよかった。いずれにしても書類の記入、添付書類の準備など確認しながら進めた。申請準備中に長時間労働で大きな収入が発生したことがわかり、一時は心配したが、担当者の親切丁寧な対応で無事、給付金の支給ありでビジネス総合パソコンコースの受講を開始することができた。受講中は週1回ペースでごちハウスで食事を食べ、また、調理し冷凍した料理を渡すなどして食事面でのサポートをしてきた。受講終了後は引き続き上級コースの受講を勧めていたが就職活動をするとのこと。事務職への就職希望は変わらず。パソコンだけができても難しい、中卒可の求人は非常に少ないと話してきたが、最後は本人が決めること。決めたことに最大限の応援をするのがストプロのやり方である。本人に内緒でストプロの活動に理解があり協力的な不動産会社の女性社長に少し相談して面接のみ内諾が取れていたが、ハローワークにも相談することなく自ら求人誌で見つけた会社に応募して念願の事務職として就職した。あっぱれである。こちらから連絡をすれば、わりとすぐに顔を見せてくれてしっかりオウチご飯を食べてくれる関係。まだ17歳。可能性は無限大。焦らず関係性を深めながら伴走を続けたいと思う。

● アヤ

16歳。高校2年で中退。保護課（子ども健全支援員）紹介。高認取得の要件は理科社会で3科目の合格。国公立受験クラスにいたこともあり、学力は高く意欲的で自学もできるタイプ。過去問をいくつも解きながらわからないところをクリアにするという流れで1回目の受験で見事、高認取得。早い時期に看護師を勧め「ナースたまごの会」に参加して先輩たちの話を聞き、准看護学校受験を目標に勉強も始めた。しかし、同じ看護師になるなら大卒ということで公立大学の看護科を目指すことにした。当時は、ボランティア先生もセンター試験対策のできる人が多く、支援体制は整っており、勉強は順調だったがモチベーションが突然下がり、まもなく連絡が取れなくなった。勉強で人生を切り拓く力のあるユースだっただけに連絡が途絶えたのは残念だった。

●ケンタ

21歳。高校2年で中退。NPO施設での生活から自立し、落ち着いたところで高認取得を目的にやってきた。卒業後に進学希望はあったが、学費を自分で準備しなければならないのはストプロユースの共通項であるため、高認ではなく県立高校通信制課程でしっかり学びながら高卒の資格を取ることを勧め入学。1年目の取得単位は少なかったが2年目はおおよそ順調。学校の仕組みになれたらバイトにも力を入れ、まずは、就職の必須要件である自動車の運転免許の取得と最終学歴高校卒業を目指す。趣味のプログラミングで自営の可能性もあるため、その道に強いボランティアとセッティングをする予定。

●アイ

26歳。高校1年中退。自習も含めて週3～4日通塾し、半日以上をストプロで過ごした。高認を8科目一発合格。その後、「ナースたまごの会」に参加。まずは看護助手からということで病院のアポを取り、引率して職場見学に。その病院ではパソコンでスキャナリングすることも助手の仕事であることを知り、とにかくパソコンが使えるようになろうと、ごちハウスのパソコンでしばらくタイピング練習もした。その後、看護助手として勤務しながら本当に看護の道に進むのかを検討しつつしっかり貯金。そして、3年を経て准看護学校に入学。

●ハルカ、ミライ

保護者が留守がちの高校生1年生と2年生。2人とも幸いごちハウスが自宅と高校の通学路にあったため、高校の下校時にほぼ毎日晩ご飯を食べに来た。土日祝日は、手作り料理を渡したり、届けたりもした。

●サクラ

16歳。一人暮らしをするための家探し。ストプロの活動を応援してくれている不動産屋に同行し安全面でもアクセス的にもベストな物件を紹介してもらったが、もちろん、16歳では賃貸契約を結べないので保護者契約となったが、最終的に緊急連絡先の部分でクリアできず断念した。

●ユウスケ

20歳。学習支援やオウチご飯の提供にとどまらず、身につけている物が古くて色褪せていたり、酷く痛んでいたりということが多かったので、第一印象はとても大切だと話し、洋服、靴、カバンなどを渡した。お誂えのスーツに彼にぴったりの物があったので、これもプレゼントした。

●ナツミ、ユキミ

18歳と19歳。関連機関より姉妹二人で住んでいるが、まともにご飯を食べていないみたいなので食べさせて欲しいとの連絡。さっそく、一人ずつ約束をしてちゃぶ台二人ご飯。いつものように嫌いな食材を外してお皿数多く準備したが、綺麗に完食。話のなかで家電（冷蔵庫、電子レンジ、炊飯ジャー）を持っていないことがわかり、すぐに市内の協力会社さんに3点（中古品）をお願いし提供してもらえることになった。1週間後には姉妹の住まいに家電がやってきた。

●アオイ

18歳。高校2年中退。高認取得済み。一般家庭で育ったが、台所に立つことがなかったらしくお料理はほぼできないに等しい状況。ごちハウスで教えることも考えたが、同じ用具や調味料など自宅になければ意味がないのでユース宅でお料理教室。台所にあるものを整理したり、食品の保存の仕方を教えながら肉じゃがと天ぷらを作った。手間いらずの簡単トイレ掃除も伝授。

●レナ

16歳。中卒。一人暮らし、キッチンはあるが調理まではなかなか。そこでごちハウスでチャーハン、ドリア、ちらし寿司、焼きそば、焼き魚、焼き餃子、チキンのフライ、ハンバーグ、切干大根煮、茹で野菜、マカロニサラダなどのお料理を作り、冷凍したりチルド状態でユースに届けた。ユースはレンジでチンで簡単にオウチご飯を食べられると喜んでくれた。こうした支援は、ご飯を炊くことさえ面倒で習慣にないユースがいることがわかったので、始めたことである。

●リョウタ
　21歳。高卒。5、6年土木現場で働いた経験はあったが、県外からの転入で自力での就職が難しかったため、さっそく、ネットワークを使って介護施設を紹介してもらい双方合意で1週間の職場体験をした。結果辞退し、同時に勧めていたナース職を見据え、まずは看護助手から始めてみることになった。ストプロにはベテランの看護師理事がいるので履歴書の書き方から面接までリアルな指導やその後のサポートを受けることができる。

おわりに

　序章のところでも書いたが、子どもにかかわる多くの人達にとって子どものネグレクトは大きな課題であるにもかかわらず、その実態や対応策についてきちんと解説している出版物はほとんど見られない。編集者3人は以前から子どものネグレクトへの支援の必要性を痛感し共同で研究を進めてきたが、本書はその研究成果の一部を紹介すると同時に、現場での取り組みを多くの知人の協力を得て公表できたことを大変誇りに思う。

　また本書の編集作業中に児童福祉法が改正され、今まで以上に市区町村での妊娠期から子育て支援までの切れ目のない支援の必要性が強調された。また要保護児童対策地域協議会の充実や（仮称）子育て支援拠点の整備など、心配で気になるレベルからの支援がますます強調されるようになった。身体的虐待に比べてネグレクトはその範囲の確定はあいまいであるが、今後はさらにネグレクト支援の必要性が高まったとも考えられる。

　なお本書は、明石書店の大野祐子さんのご協力により出版することができた。現場でネグレクトに取り組んでいる多くの方に分かりやすく、かつ実践で役に立つ内容にするために大野さんと議論を重ね、ご協力いただいた多くの執筆者にもご苦労をおかけしながら何とか完成することができた。

　このような時期に本書を刊行できたことで、子どもに接する機会のある方々のネグレクトへの理解が進み、「心配で気になる」レベルからの支援がさらに充実し、子どものネグレクトの発生予防や早期対応に寄与できれば幸甚である。

2016年10月31日

編者を代表して

安部計彦

◆執筆者一覧（執筆順） ＊は編著者（経歴は次ページの編著書紹介参照）

安部計彦＊ （西南学院大学教授）序章、第2章、第4章1節

加藤曜子＊ （流通科学大学教授）第1章、第6章

三上邦彦＊ （岩手県立大学教授）第3章、第4章2節、3節

坪井裕子 （名古屋市立大学大学院人間文化研究科教授）第5章

八木安理子 （枚方市子ども総合相談センター 家庭児童相談担当課長）第7章

土橋俊彦 （神奈川県立中里学園 園長）第8章

田代充生 （神奈川県中央児童相談所 児童福祉司）第8章

山田和子 （和歌山県立医科大学大学院保健看護学研究科 特任教授） 第9章

山本裕美子 （元大阪府保健所保健師）第9章

松澤秀樹 （社会福祉士事務所まほろば、スクールソーシャルワーカー）第10章

坂田正輝 （社会福祉法人慈愛園 児童養護施設シオン園 基幹的職員）第11章

山口和浩 （社会福祉法人カメリア 大村椿の森学園 園長）第12章

阿比留典子 （社会福祉法人恩賜財団 済生会福岡総合病院 医療相談室長）第13章

岡本エミ子 （社会福祉法人 杉の実福祉会 杉の実保育園 園長）第14章

野村　誠 （岩手県立杜陵学園 主任児童自立支援専門員）第15章

大神　嘉 （社会福祉法人福岡県母子福祉協会 母子生活支援施設 百道寮 施設長）第16章

坪井恵子 （一般社団法人 ストリート・プロジェクト 理事長）第17章

◆編著者紹介

安部計彦（あべ・かずひこ）
西南学院大学人間科学部社会福祉学科教授。日本社会事業大学大学院博士後期課程修了。博士（社会福祉学）。社会福祉士、臨床心理士。北九州市児童相談所で心理判定員、判定係長、相談第一係長等で22年勤務。大学に移って以降、児童相談所の一時保護所、市区町村と児童相談所の役割分担、要保護児童対策地域協議会の役割等の研究を通してネグレクトに関心を持つ。

加藤曜子（かとう・ようこ）
流通科学大学人間社会学部人間健康学科教授。元家庭裁判所調査官。大阪市立大学大学院後期博士課程修了。在米時、青少年の問題に取り組み、虐待予防の重要性を実感する。1990年からNPO法人児童虐待防止協会にかかわる。在宅支援・要保護児童対策地域協議会・アセスメントを中心に調査研究を継続させている。自治体の子どもの死亡事例等の検証委員なども務めている。

三上邦彦（みかみ・くにひこ）
岩手県立大学社会福祉学部人間福祉学科教授。東北福祉大学大学院社会福祉学研究科社会福祉学専攻修了。児童養護施設の児童指導員、児童相談所の心理判定員・児童虐待チーム等の福祉現場で20年勤務する。子どもネグレクトアセスメント、子ども虐待の支援、児童福祉施設の子ども達の自立支援について関心を寄せて取り組んでいる。

ネグレクトされた子どもへの支援
――理解と対応のハンドブック

2016年11月30日　初版第1刷発行
2017年 1月31日　初版第2刷発行

編著者	安部計彦
	加藤曜子
	三上邦彦
発行者	石井昭男
発行所	株式会社明石書店

〒101-0021 東京都千代田区外神田 6-9-5
電話　　03 (5818) 1171
FAX　　03 (5818) 1174
振替　　00100-7-24505
http://www.akashi.co.jp/

装　幀　　明石書店デザイン室
印刷・製本　モリモト印刷株式会社

(定価はカバーに表示してあります)　　ISBN 978-4-7503-4438-6

[JCOPY] 〈(社) 出版者著作権管理機構　委託出版物〉

本書の無断複写は著作権法上での例外を除き禁じられています。複写される場合は、そのつど事前に、(社) 出版者著作権管理機構 (電話 03-3513-6969、FAX 03-3513-6979、e-mail: info@jcopy.or.jp) の許諾を得てください。

児童相談所 一時保護所の子どもと支援
子どもへのケアから行政評価まで
和田一郎編著
●2800円

周産期からの子ども虐待予防・ケア
保健・医療・福祉の連携と支援体制
中板育美
●2200円

子ども虐待の画像診断
エビデンスに基づく医学診断と調査・捜査のために
ポール・K・クラインマン編　小熊栄二監修、溝口史剛監訳
●30000円

自閉症スペクトラムの子どもと「通じる関係」をつくる関わり方
言葉に頼らないコミュニケーション力を育てる
牧真吉
●1800円

子ども・家族支援に役立つ面接の技とコツ
〈仕掛ける・さぐる・引き出す・支える・紡ぐ〉児童福祉臨床
宮井研治編
●2200円

知的障害・発達障害のある子どもの面接ハンドブック
犯罪・虐待被害が疑われる子どもから話を聴く技術
アン・クリスティン・セーデルボリほか著　仲真紀子、山本恒雄監訳
●2000円

性的虐待を受けた子ども・性的問題行動を示す子どもへの支援
児童福祉施設における生活支援と心理・医療的ケア
八木修司、岡本正子編著
●2600円

性問題行動のある知的・発達障害児者の支援ガイド
性暴力被害とわたしの被害者を理解するワークブック
本多隆司、伊庭千惠
●2200円

子ども虐待在宅ケースの家族支援
「家族維持」を目的とした援助の実態分析
畠山由佳子
●4600円

虐待する親への支援と家族再統合
親と子の成長発達を促す「CRC親子プログラムふぁり」の実践
宮口智恵、河合克子
●2000円

児童相談所70年の歴史と家族再統合
"歴史の希望としての児童"の支援の探究
加藤俊二
●2800円

戦争孤児と戦後児童保護の歴史
台場、八丈島に「島流し」にされた子どもたち
藤井常文
●3800円

子どもと福祉
児童福祉、児童養護、児童相談の専門誌　[年1回刊]
『子どもと福祉』編集委員会 編
●1700円

そだちと臨床
児童福祉の現場で役立つ実践的専門誌
『そだちと臨床』編集委員会編
●1600円

里親と子ども
「里親制度・里親養育とその関連領域に関する専門誌
『里親と子ども』編集委員会編
●1500円

心の発達支援シリーズ【全6巻】
永田雅子、松本真理子、野邑健二監修
●各巻2000円

〈価格は本体価格です〉